# ブラジャーで天下をとった男

## ワコール創業者 塚本幸一

北康利
Yasutoshi Kita

プレジデント社

ブラジャーで天下をとった男　ワコール創業者　塚本幸一　目次

## 第四章 相互信頼の経営

# ブラジャーで天下をとった男

ワコール創業者　塚本幸一

# プロローグ

「国境さえ越えれば……」

それだけを呪文のように繰り返しながら、ビルマ（現在のミャンマー）の昏《くら》いジャングルの中を彷徨《ほうこう》していた。目指すは中立国のタイ。そこまで行けば敵も手を出せないのだが、執拗《しつよう》な追撃に多くの兵が命を落としていた。

いつどこからあるかわからない敵襲。神経は限界まで張りつめている。月明かりの下、聞こえるものといえば、足下で折れる小枝の音、戦友たちの息づかい、自分の心臓の鼓動……そして、とりわけ恐ろしかったのが耳元で時折聞こえてくる蚊の羽音である。

骨と皮だけの幽鬼《ゆうき》のような姿になっても、熱帯の蚊は容赦なくなけなしの血を奪い、そのお代とばかりにマラリア原虫を潜り込ませてくる。すると草の根を食べてようやく飢えを凌《しの》いでいる体はたちまち高熱を発し、ひとたまりもなく衰弱していくのだ。

すでに多くの仲間の魂魄《こんぱく》が、胸かきむしるほど思い続けた家族の元へと戻っていった。この世の地獄にあっては、永遠の静謐《せいひつ》の中にいる死者よりも生きている者のほうが幸運だとは必ずしも言いがたかった。

突然、目の前に沼が現れて行く手を遮《さえぎ》られた。迂回《うかい》する体力は残っていない。

(万事休すか……)

諦めかけたその時、何やらぼーっと一筋の黒いものが見えてきた。

「おい、見ろ！　橋じゃないのか？」

喜んだのもつかの間、そこにたどり着いた者の口からは、言葉にならないうめき声がもれた。橋だと思っていたものは、無数に折り重なった日本兵の死体だったのだ。のどの渇きを癒《い》やそうと水辺にたどり着いたものの、そこで力尽きたらしい。

だが、ここで躊躇《ちゅうちょ》しているわけにはいかない。

(許してくれ……)

口の中で念仏を唱えながら、死体を踏んで渡り始めた。踏むたびにずぶりと沈む。その感触がたまらない。

その時である。水の中の目がかっと開き、濁《にご》った眼球と視線が合った。半ば白骨化した腕で抱きつかれ、あっという間に底知れぬ沼の中に引きずり込まれていく。

「うぁー！」

絶叫した瞬間、周囲が暗闇に包まれた。

(真っ暗だ。何も見えない！)

底知れない恐怖に全身の毛が逆立った時、明かりがぽっと灯《とも》った。

そこは見慣れた我が家の寝室だった。前髪が額に張り付き、水の中にいたかのように汗がしたたっている。夢だったと理解するのに数秒を要した。

「またどすか……。なんにも心配いりしまへん」

隣で寝ていた妻良枝《よしえ》が、そう言いながら物憂《ものう》げに起き上がってきた。

慣れたもので驚く様子もない。しなやかな白い指で彼の寝間着《ねまき》の前を合わせると、子どもをあやすように背中をぽんぽんと叩いてくれた。

男の名は塚本幸一《つかもとこういち》。世界有数の女性下着メーカーとして知られるワコールの創業者だ。

彼は太平洋戦争の激戦の中でもとりわけ悲惨なものとして知られるインパール作戦の生き残りだった。


かつてこの国は、今とは比較にならない男尊女卑の国であった。男が生まれると喜び、女が生まれると露骨なほど落胆を見せた。家長はもちろん、国を支えるのは男であり、女はそのしもべのような扱いを受けた。

だがこの国を破滅させたのは、国を支えるはずの男だったのだ。

銃後を守る女性たちに「贅沢《ぜいたく》は敵だ！」と忍耐を求め、頭にパーマなどかけようものなら「非国民！」とののしった。「生めよ増やせよ」と子作りを励行し、その子どもたちを次々に戦場へと駆り立てては、物言わぬ白木の箱に入れて帰した。その果てが無残な敗戦である。

（真の平和とは、女性の美しくありたいと願う気持ちが自然と叶えられる社会であるはずだ）

そう確信した彼は、女性のために女性とともに、ビジネスの世界で再び戦いを挑んでいった。最初はアクセサリーを扱っていたが、やがて本格的な武器を見つける。それがブラジャーなどの体型を補正する女性用下着だった。それまでになかった未開の市場だ。

男性からすれば少し気恥ずかしく、強い覚悟なしには扱えない。ワコール創業の地である京都は保守的な土地柄だけに余計である。

〟女のフンドシ屋〟などと陰口を叩かれているのを逆手に取り、

「エロ商事のエロ社長です」

とおどけながら自己紹介したが、目は笑っていなかった。

磁力のような人間的魅力で優秀な仲間や〟伝説の女傑《じょけつ》〟たちを集めると、ライバルを蹴散らし、日本に上陸したアメリカ企業を手玉に取り、成長の糧《かて》にしていった。わが国最強の商人集団である近江商人の血を引く彼は、失った命を力に変えて、ビジネスという戦場で思う存分暴れまくったのだ。

やがて欧米の一流メーカーと肩を並べる存在となったワコールは、品質でも販売方法でも彼らを凌駕するまでになり、

「アメリカに商売の仕方を教えてやる！」

と勝利の雄叫びを上げる。

そして彼の活躍の場は、業界の垣根をも超えていった。

父のように慕った〝経営の神様〟松下幸之助《まつしたこうのすけ》と政治の世界にもの申し、弟分であった京セラの稲盛和夫《いなもりかずお》と力を合わせて京都を盛り上げ、盟友であるサントリーの佐治敬三《さじけいぞう》とともに、新たな文化を築き上げた企業こそが尊敬に値するのだと怪気炎を上げ、重厚長大企業が幅をきかせる財界に下克上を挑んでいった。

熱い、どこまでも熱い。本書は、そんな熱い男の物語である。

# 第一章 復員兵ベンチャー起業家

## 復員船での誓い

太平洋戦争は多くの悲劇を生み出したが、数ある作戦の中でも最悪の作戦として知られるのがインパール作戦だ。

英国陸軍の拠点であるインド東北部の州都インパールをビルマ側から攻略し、中華民国への支援物資の供給ルート（蒋介石《しょうかいせき》を援助する、いわゆる〝援蒋《えんしょう》ルート〟）を分断しようとするものだが、食糧の確保も武器装備も不十分なまま四七〇キロを行軍させようとする無謀極まりないものであった。

この作戦を指揮した牟《む》田《た》口《ぐち》廉《れん》也《や》中将の言葉に、

「元来日本人は草食である」

という迷言がある。戦場にはいくらでも草が生えているというわけだ。

そして現地で牛を調達し、荷物を運ばせた後に食糧として利用するという作戦が立案された。かのチンギス・ハーンが家畜を連れ、中央アジアを征服していった故事にならったものだ。

だが前方に広がるのはビルマ・インド国境の峻険な山々や沼地である。一面の草原である中央アジアとは違う。そんな戦場で、のんびり牛など引いていけるはずもない。案の定、渡河の際、連れてきた半数が流れにのまれてしまった。

これは数ある愚策の一端にすぎない。インパール作戦の悲惨さは、彼らが敗走した道が後年、

〝白骨街道《はっこつかいどう》〟と呼ばれたことからもわかるだろう。

五五名いた幸一の小隊は、彼を含めわずか三名になっていた。

生き残ったことを幸運として喜べる無神経さを彼は持ち合わせていない。復員船の甲板から油のような南洋の海を眺めながら、

（本当に俺は生き残ってよかったのか……）

それぱかりを繰り返し自問自答していた。

身体から何か大切なものをごっそり削ぎとられ、心はすっかり干からびてしまっている。そんな状態のまま、果たして生きていくことができるのか……いや、生きていていいものなのか。

出航して三日目のこと、いつものように波頭を照らす日の光をぼんやり眺めていた時、ふとある考えが頭をよぎった。

（俺は生きているのではなく、生かされているのではないか？　それがどれだけ心の重荷になろうが、死んでいった戦友の分まで生きていかねばならないのだ）

そう悟った時、その重さが逆に彼の心を軽くした。

（それならば、生きて帰っても許してもらえるかもしれない……）

そう思えたからだ。

「日本だぁ！　日本に帰ってきたぞ！」

陸地が遠目に見えてきた瞬間、兵士たちの間からすすり泣きの声が起こり、幸一もまた甲板

に並んでいる他の戦友たち同様、滂沱《ぼうだ》の涙に頬を濡《ぬ》らしていた。

昭和二一年（一九四六）六月一二日の夕方、復員船は浦賀港に入港する。その翌日、五年半ぶりに、夢にまで見た祖国の土を踏んだ。

だが感傷的な気分に浸っていられたのはそこまでだ。ノミやシラミがたかっているというのでＤＤＴの白い粉を頭からかけられ、我にかえった。

「よし、次！」

内地で除隊になった兵隊は、持てるだけの米や毛布を持って帰らせてもらえたようだが、幸一たちは五年七ヵ月の兵役の報酬として七二〇円を支給されたほかは、身の回り品を入れるための麻袋とマラリアにかかっていた時のために特効薬のキニーネを一本渡されただけだった。

驚いたのが物価の高さだ。

上陸してすぐ浦賀の町で食べたトコロテンが一〇円もしたのには仰天した。戦前なら五銭ほどだったから二〇〇倍だ。

すさまじいインフレを前にして、激しい焦燥感にかられた。

一方、幸一の帰りを一日千秋の思いで待っていたのが母信《のぶ》と父粂次郎《くめじろう》だ。

息子が出征している家々には戦死公報が次々に届けられている。南方の島々では玉砕した部隊も多いと聞く。終戦の報《しら》せにほっとしたものの、帰還する可能性が低いことは覚悟していた。

幸一の話題には極力触れないようにしながらも、彼のことを思わぬ日は一日とてない。彼らにとって幸一は一人息子だ。妹の富佐子《ふさこ》が嫁に行って夫婦二人だけになっていた家の中は、重苦しい空気に包まれていた。

そのうち信は心労から床に伏してしまい、富佐子は看病のため、嫁入り先から実家に戻ってきた。

富佐子が戻って二日目の夕方のこと、玄関の戸を誰やらたたく音がする。

「電報です！」

みなの心臓がぎゅっと縮み上がった。

（ついに来たか……）

彼らが予期したのは、当然のことながら戦死の報せである。粂次郎は覚悟を決めて受け取ると、電文に目を走らせた。

顔がぱっと明るくなるのと声が出るのがほぼ同時だった。彼は信の寝ている部屋に向かって大声でこう叫んだのだ。

「幸一生きとったぞ！　もうすぐ帰ってくるらしい！」

その電報は、幸一が浦賀から打ったものだったのだ。粂次郎は電報を握りしめると、病床の信に駆け寄り、富佐子ともども抱き合いながらうれし涙にくれた。

## 護国神社で見た衝撃の光景

帰国して二日目（六月一四日）の夕刻に浦賀を出発した幸一は、品川駅で東海道線の貨物列車に乗り込み、同郷の復員兵たちとともに家族の待つ京都へと向かった。

彼らとは、そこではなればなれになる。誰言うとはなしに、京都駅に着いたら東山の護国《ごこく》神社（現在の京都《きようと》霊山《りようぜん》護国神社）にお参りしようという話になった。

六月一五日午前四時前、京都駅に到着。

プラットフォームに降りたつと同時に、階級の上だった者が、

「整列っ！」

と声をかけ、隊列を組んだ。護国神社まで行進しようというのである。

ところが、ここで予期せぬことが起こった。ＧＨＱの憲兵が血相を変えて飛んできたのだ。

「今すぐ解散せよ！　徒党を組んではならん！」

有無を言わせず、その場で解散させられた。

日の丸の旗を振られて送り出され、命を賭けて国のために戦ってきたにもかかわらず、帰ってきたらこのありさまだ。情けなくて涙も出ない。

だが、それをしばし忘れさせてくれる瞬間がやってきた。出迎えの人混みの中に家族の姿を

見つけたのだ。粂次郎と富佐子と叔父が出迎えに来てくれていた。

感動の瞬間である。

だが喜び合いながらも家族は内心、幸一の変貌ぶりに驚いていた。もともとギリシャの胸像のように彫りの深い顔をしていたが、頬肉が削げ落ち、目が妙にギラギラしている。

家に向かう道すがら、幸一はずっと押し黙っていたが、突然、妙なことを口走った。

「今にビルを建ててやる！」

「はぁ？」

（お兄ちゃん、頭おかしなって帰ってきはったんとちがうか？）

富佐子は少し心配になった。

戦争に負け、肩身の狭いことこの上ない。このままで終わってなるものかというやるせない思いが、そんな言葉となって口を衝いて出たのだが、富佐子には幸一の苦しい胸の内など知るよしもなかった。

自宅で彼の帰りを待っていたのが信である。

「幸一！」

玄関で音がした瞬間から信の顔は涙で濡れている。床から無理をして出てきた彼女は、最愛の息子を今度こそどこにも行かせないとばかりにひしと抱きしめた。それは彼女にとって人生最良の瞬間だった。

幸一は後年、深い感動とともに、この日のことをこう振り返っている。

〈私には誕生日が二回ある。その第一回目は、この世に生を受けた大正九年九月十七日。そして第二回目の誕生日は昭和二十一年六月十五日、二度と京都の土が踏めないだろうと覚悟していたのが、どこで、どう神様がお目こぼし下さったのか、戦地から生還した、その日である〉（『塚本幸一――わが青春譜』塚本幸一著）

ひとしきり無事を喜びあったが、頭の中は冷《さ》めたままだ。畳の上に座っている現実が受け入れられない。

家の中にいても落ち着かず、

「ちょっと護国神社に行ってくる」

と言い残して一人外に出た。

京都の護国神社は東山区清閑寺《せいかんじ》霊山町《りょうざんちょう》にある。明治天皇の勅令により、維新前、志半ばに倒れた志士たちの御霊《みたま》を祭神として創建以来、日清・日露戦争などを含む英霊たちを祀《まつ》ってきた。

みんなと一緒に参ることはできなかったが、戦場に散った戦友たちの眠るこの場所に帰国の報告をしないわけにはいかない。出征前、あれほどにぎわっていた境内も、今はひっそり静まりかえって不気味なほど。夏草が茂り放題で、かつての面影はない。

さらに驚くべきことを発見した。なんと占領軍の手によって護国神社は〝京都神社〟と名を変えられていたのだ。

敗戦の屈辱を改めて噛みしめ、千々《ちぢ》に乱れる心を必死に鎮めながら、とにもかくにも本殿の前で静かに手を合わせた。生まれてこの方、この時ほど敬虔《けいけん》な思いでお参りをしたことはない。本殿の奥にざわざわと戦友たちの気配を感じ、全身に鳥肌が立った。

（やはり帰っていたんだな……）

そう思った瞬間、次の言葉が自然と口をついて出た。

「生かされたこの命続く限り、日本の復興のために尽くします！」

戦友たちの冥福を祈るとともに、彼らの分まで精一杯生きることを心に誓ったのだ。

ところが……である。彼は忘れがたい光景を目にすることになる。

参拝を終えて参道を戻ってくる途中のこと、草むらの中でがさっと音がした。戦場にいた時の癖でこうした物音には反射的に姿勢を低くして身構える習慣がついている。

腰を落とし、目を凝らして音のした方向をうかがうと、目に飛び込んできたのは米兵と派手な化粧をした日本の女性が抱きあっている姿だった。強姦されているのでないことはすぐにわかった。だが、彼女はよりによって護国神社の草むらで敵だった米兵と抱きあい、白昼堂々キスをしているのだ。

たまらなく汚らわしいものを見た思いで、ぱっとその場を飛びのくと、参道を駆け下り、右に折れて八坂神社の山門あたりまで駆けに駆けた。走ることで、身体から汚らわしさを振り払おうとしたのだ。

悲しくて、情けなかった。

## 帰還したその日からのスタート

護国神社から帰った幸一は、京都駅に迎えに来てくれた礼を言おうと、自宅裏の離れに住む叔父を訪ねた。

玄関を開けると一人の男が商品の見本を広げ、叔父と話している。

「おお幸一か。こちらは、わしが戦争中に徴用されていた島津製作所で上司だった井上早苗さんだ」

と紹介された。

井上は風呂敷包みの中から桐の箱を取り出した。蓋《ふた》に花の図柄が描かれている。

「京都の画家に一つずつ手描きしてもらいましてん」

蓋をあけて中の品物を見せられたが、戦地に長くいた幸一にはそれが何か思いつかない。

「数珠《じゅず》ですか？」

そう言うと呆《あき》れたような顔をされた。

「模造真珠のネックレスや」

「ネックレスってなんですか？」

「首飾りだよ」

後年、女性のファッションに関するものならどんなことでも知っていると豪語するようにな

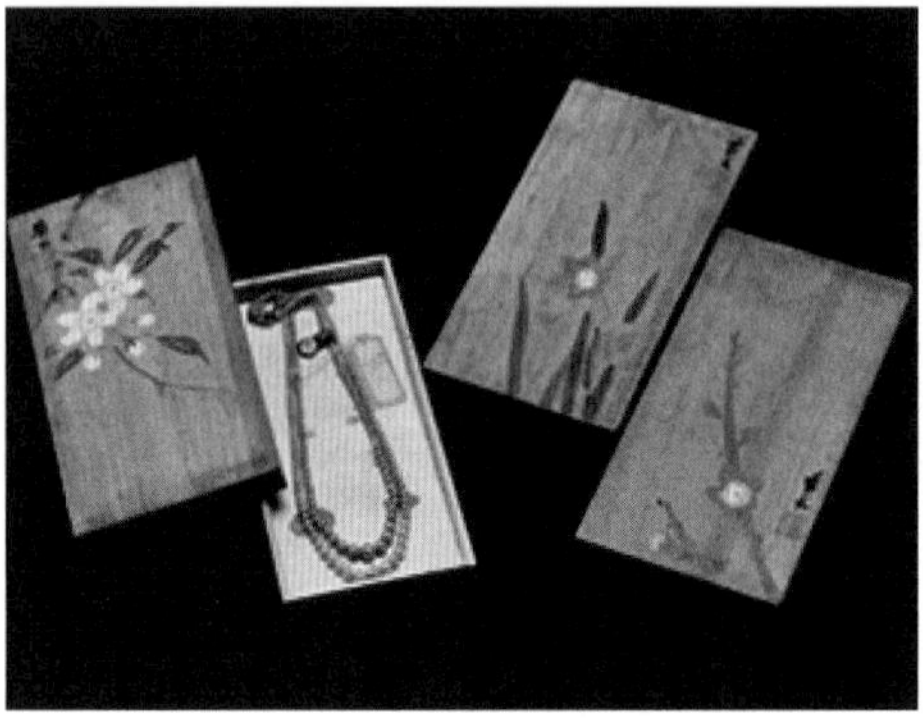

井上早苗から仕入れた桐箱入りの模造真珠のネックレス

る幸一は、この時なんとネックレスも知らなかったのである。

敗戦によってわが国は焦土となったわけだが、男性の多くが虚脱状態だった一方で、この国の女性たちの立ち直りは早かった。

敗戦の翌年には並木路子《なみきみちこ》の流行歌「リンゴの唄」が人々に元気を与え、もんぺ姿だった女性たちの中には、早くもおしゃれを楽しもうという人が出てきていたのだ。

井上は岡山に住む親戚の作る模造真珠を取り寄せ、人《じん》絹《けん》でくるんだ台紙に載せ、さらにそれを桐箱に入れて高級感を出し、商品にした。米や砂糖などの統制品でないから自由に商売ができる。

そうは言っても貧しい日本人女性の購買力はたかがしれている。一番売れるのはやはり米兵相手の売店（PX）だった。日本土産と言えば、世界的に有名な〝ミキモトのパール〟が人気だったからだ。

「進駐軍に卸《おろ》すだけでは在庫がさばけんので、他の売り先を探しとるんや」

その言葉を聞いて血が騒いだ。ただでさえ米兵と戯《たわむ》れる女性を目にして興奮冷めやらぬ状態にある。何にぶつければいいかわからない怒りを商売で発散しようと思い至った。

「僕に任せてください！」

そう言って頼みこみ、その日決済の約束で商品を貸してもらうことにした。こうして彼の日本女性を美しくしようとするビジネスは、まさに故郷の土を踏んだその日から始まったのである。

余談ながら、アクセサリーのことを教えてくれた井上はその後、株式会社五十鈴《いすず》を設立し、アクセサリー販売一筋の道を歩んでいくが、後年、ワコール四〇周年記念パーティーに招待された彼は、乾杯の音頭をとる大役を任されている。

塚本幸一という男はその人生において、世話になった人物の恩を決して忘れなかった。

重いトランクをひっさげてまず目指したのは、少女歌劇で知られる宝塚だ。

装身具を売るのにふさわしい地だと思ったのだが、駅を降りてみるとかつての華やかな雰囲《ふんい》気《き》はみじんもない。劇場はGHQに接収され、繁昌していた「花のみち」の土産物屋もほとんどが店を閉めてしまっていた。

唯一開いていた店の主人に話を聞くと、

「ここんとこ宝塚はさっぱりだよ。十三《じゅうそう》や豊中の方がまだ活気があるんやないか」

と教えてくれたので、幸一は早速豊中に赴いた。

確かに賑やかだった。だが、それはいわゆる〝闇市〟が開かれていたからだった。

当時は物価統制令による配給制度の下で人々は生活していたが、配給物資だけではとても生きてはいけない。そのため非合法な闇市が人々にとって身近な市場として存在し、食物や酒にはじまって、PXからの横流し品など、ありとあらゆるものが売られていた。

早速、闇市で商品を並べてみた。商才のある彼は、初日からなんとか稼ぎを得ることができたが、思ったほどではない。翌日はもっと売れそうな場所を求め、すし詰めの満員電車に乗って三宮や心斎橋の闇市も回ってみた。

だが結局、戦災に遭っていない京都が一番ましだということがわかった。


闇市でひしひしと感じたことがある。

世間は復員兵に対して驚くほど冷ややかだということだ。連日、新聞には復員兵による犯罪が掲載され、それが、ますます白眼視される結果につながっていた。

出征の際には万歳三唱を受け、小旗を振られながら戦地に向かった。命がけで戦い、九死に一生を得て帰ってきたところが、まるで犯罪者扱い。世間は復員兵たちにねぎらいの言葉すらかけようとはしない。むしろ戦争に負けたのはお前たちのせいだと言わんばかりだ。そのことが彼らの心をすさませ、さらに犯罪に走らせるという悪循環に陥っていた。

しかし、時代の変化は幸一たちにとってマイナスなことばかりではなかったのだ。

軍人はもとより、会社経営者を含む戦前の指導者のほとんどが次々に戦犯指定や公職追放になっていった。戦後という時代は戦前の権威のほとんどを失墜させ、若い世代や新興勢力に活躍の場を与えていたのだ。

ただし時代の動きが激しいから、タイミングを間違うとすべてを失ってしまう。

幸一が復員する四ヵ月前にあたる昭和二一年（一九四六）二月一七日には金融緊急措置令が公布され、三月三日以降の旧円の流通が停止されていた。いわゆる新円切り換えである。預貯金は封鎖され、引き出しは一ヵ月に世帯主で三〇〇円、それ以外は一〇〇円までと上限が決められた。その頃から商売を始めていたら大変な目に遭っていたはずだ。

幸一が復員した五ヵ月後の一一月二〇日、財産税法が施行となり、これによって旧華族など、戦前の富豪たちの多くが没落していった。財閥は解体され、おまけに昭和二一年から始まった農地改革で大地主は軒並み小作人に安価で農地を売却せねばならなくなり、わが国に大地主なるものはなくなるという大変革まで起こった。

下克上の世の中が始まっていたのである。

## 和江商事設立

本格的に商売を始めようと思った彼は、商号を定めることにした。それが今日のワコールのもとになる和江商事《わこうしょうじ》だった。

〝商事〟とえらそうな名前をつけたが個人商店にすぎない。だからしばらくの間は、幸一も社長ではなく〝大将〟と呼ばれていたし、社員ではなく店員であった。

和江はもともと父粂次郎の雅号である。江州《ごうしゅう》（滋賀県）出身だった粂次郎が〝江州に和す〟

という意味でつけたものだが、〝長江《ちょうこう》（揚子江《ようすこう》）で契りあった和〟とも読める。幸一は長江をさかのぼり、中国の歩兵第六〇連隊に配属された。戦友たちの失った命の分まで頑張って生きると誓った思いを社名に込めたのだ。

昭和二一年（一九四六）七月、幸一は模造紙に「和江商事設立趣意書」なるものを筆で書いて自宅の玄関に貼り出した。彼は面白い男で、自分の決意を社内外に宣言するということを生涯好んだ。

――終戦以来道義地に落ち、人情紙の如《ごと》く、復員者の益々《ますます》白眼視《はくがんし》されつつある現在、揚子江の滔々《とうとう》として絶ゆる事なく、悠々《ゆうゆう》天地に和す。彼《か》の江畔《こうはん》に契《ちぎ》りを結びたる戦友相集り、明朗にして真に明るい日本の再建の一助たらんと、茲《ここ》に、婦人洋装装身具卸商を設立す。

「俺はあまり本を読まん」

と公言していた割に、彼の書く文章はなかなかの名文が多かった。おまけに達筆なので内容が引き立つ。

〝道義地に落ち、人情紙の如く〟とは、派手な化粧をした女性が米兵と抱き合っていた護国神社の光景であり、法律などおかまいなしに本音がぶつかり合っていた闇市であり、何より戦地で命がけで戦ってきた者への冷遇に対する怒りであった。

敢えて復員者を集めて商売を始めたことを明らかにし、同時に、婦人洋装装身具卸商として女性のために働くことを高らかに宣言したのである。

彼は模造真珠のネックレス以外にも、竹ボタン、竹に刺繡《ししゅう》張りのブローチ、金唐草《きんからくさ》革財布、ハンドバッグ、キセルなどを山と担ぎ、化粧品や装身具の小売店に飛び込んで売り歩いた。規制品以外を扱っていたから闇とは言えないが、こうしたものを男子一生の仕事にしようと考える者は少ない。

戦友たちも復員後の生活に困っていたから、幸一の呼びかけにすがるような思いで集まってきてくれたが、しょせん腰掛けとしか思っていない。そのうちほかに仕事を見つけ、一人減り二人減りしていった。結局、復員兵中心の会社運営がまがりなりにもできていたのは、ほんの数ヵ月の間だけで、再び人手不足に陥った。


当時の商人は早くに妻帯し、奥さんにしっかりと家を守ってもらい、場合によっては仕事も手伝ってもらっていた。幸一はこの時、二五歳。当時で言えば十分結婚適齢期だ。本人以上に周囲が彼の結婚について真剣に考え始めた。

彼は若い頃からもてた。

夏の盆踊り仮装大会で女装して特賞を取り、一躍町内中にその男前ぶりが知れわたるともう大変だ。近所の若い女性たちの来訪がどっと増えた。

だが結婚する気はさらさらない。信の持ってきてくれた見合い話もことごとく断り、

「三〇までは絶対結婚しない。それまでに商売のめどをたてるから」

そう言って、女性に目もくれず商売に邁進することを決意した。ところが幸一の年貢を納める日は意外と早くやってくるのである。

昭和二一年（一九四六）九月一七日、彼は二六歳の誕生日を迎えた。復員してからのこの三ヵ月間、ずっと働きづめだったこともあって、この日、久々に映画を観に行こうという気になった。映画が〝娯楽の王〟だった時代のことである。今風に言えば〝自分へのご褒美〟ということになるだろうか。

映画館に行く途中、近所で薬問屋を営む上田良吉の長女良枝（当時二〇歳）が弟と一緒に停留所で市電を待っているところに出くわした。幸一の父は町内会の会長で良枝の父は副会長。知った仲で父親同士は飲み友達でもある。

行く方向は同じだが、年頃の娘と一緒にいるのを気まずく思った幸一は、軽く会釈だけして線路沿いに歩き始めた。すると不思議なことが起こった。後ろから来た市電が幸一を追い越していったのだが、五〇メートルほど過ぎたところで急に止まったのだ。

どうも故障のようで全員降ろされている。そこで再び良枝たちと一緒になるのである。

さすがに二言三言言葉を交わした。すると彼らも京都座に映画を観に行くところだという。それだけではない。なんと良枝は風邪で来られなかった母親のチケットを持っているという。

それを譲ってもらい、三人で映画を観ることになった。

天下の二枚目・長谷川《はせがわ》一夫《かずお》主演の『雪之丞《ゆきのじょう》変化《へんげ》』である。ヒーローものだけにすっきりした気持ちで映画館をあとにし、チケットのお返しにと、二人にぜんざいをおごってあげた。

別になんということはない日常のありふれた出来事だ。ところが帰宅してそのことを幸一が信に話したところから、事態は思わぬ展開を見せ始める。

信の目が、俄然輝きだしたのだ。

早速彼女は上田家に行き、親同士の間で結婚話が進んでいく。幸一も良枝の控えめなところをにくからず思っていた。それから三ヵ月後、信に背中を押されるようにしながらプロポーズ。数日後、承諾の返事が来た。

彼はこの結婚のことを〝電車故障結婚〟と呼んでいる。

昭和二二年（一九四七）二月四日、二人は平安神宮で式を挙げた。

モーニングなど持っていないから、得意先に貸してもらった。良枝の花嫁衣装は信が義妹から借りたもの。みな生活に余裕がないから借り物競走のようになるのはしかたない。それでも、角隠《つのかく》しに鶴の吉祥文様《きっしょうもんよう》の本振袖を着た花嫁姿の良枝は、惚れ惚れするほどあでやかだった。

たまたまこの時、平安神宮にロバート・アイケルバーガー陸軍中将一行が訪れていた。GHQの最高司令官であるダグラス・マッカーサーに次ぐナンバー2だ。彼の後ろを記者たちがぞろぞろついて歩いている。

アイケルバーガーは、良枝の花嫁姿を目にして興味深そうに立ち止まった。

中将と日本の花嫁――カメラマンたちにとって、これは格好の被写体だ。良枝のほうばかり写されて、幸一としては大いに不満であったが、翌朝の新聞に載ったのはいい記念となった。

平安神宮での幸一と良枝の結婚式(昭和22年(1947)2月4日)

さすが節分

花嫁姿の良枝を祝福するアイケルバーガー中将(昭和22年(1947)2月5日付京都新聞より)

幸一が伴侶を迎え、肩の荷を下ろした信だったが、結婚式のわずか一週間後の二月一一日、思わぬ災難が降りかかってくる。

その日、信は幸一の結婚報告と食糧の買い出しを兼ね、近江八幡《おうみはちまん》の実家を訪れていた。駅までは遠いのでバスに乗らねばならない。当時は木炭ガス（一酸化炭素）で走る木炭バスだ。荷物は多い。両手に風呂敷包みを持ったままバスに乗り込もうとしたが、ぎゅうぎゅう詰めなものでまごついているうち、急にバスが発車してしまった。信ははずみで転げ落ちてしまう。急ブレーキをかけたが間に合わない。あっという間に右足がバスの後輪にまきこまれ、無残に轢《ひ》かれてしまった。

病院に担ぎ込まれた信は気丈にも気を失うことなく姓名を名乗り、連絡先を伝えたという。傷口はぐちゃぐちゃで泥も付着している。化膿して敗血症になると命取りだ。一刻も早く大腿《だいたい》部《ぶ》から切断すべきだと診断が下された。

ただちに手術が行われ、そのまま入院となった。ベッドから起き上がれないから、足がどうなっているか見ることができない。右足が切断されたことは伏せられ、結局彼女は一ヵ月以上、足がなくなったことを知らなかった。

悲報を聞きつけ、近くに住む富佐子や信の父岡田伝左衛門が飛んできた。幸一も仕事の合間に急いで駆けつけたが、足をなくしたことを知らずにいる母親を前にして言葉もない。

六ヵ月後にようやく退院し、義足をつけての歩行訓練が始まったが、彼女は落ち込んでいる様子を一切見せなかった。

幸一が戦地に赴いた折、毎晩、御池通《おいけどおり》の御所《ごしょ》八幡宮に参りながら、
（自分の足や手は片方なくなってもよいから、どうか無事で帰ってきてほしい）
と祈っていたからだ。

自分が祈った通り、息子の身代わりに右足を失ったのだと信じていたから、落ち込むことなくすぐに前を向けたのである。

だが、幸一にはたまらない。もともと人一倍親孝行だったが、これを機にますます大切にするようになっていった。

不幸なことばかりではなかった。結婚の翌二三年（一九四八）一月二九日、長男能交《よしかた》が誕生する。赤ん坊の力は偉大である。塚本家の中に笑顔が戻った。

粂次郎は幸一が出征する際、珍しい形で息子の無事を祈っていた。強運な名前への改名である。もうすでに幸一という十分福々しい名前をつけているにもかかわらず、占い師にもっといい名を考えてもらったのだ。

その占い師は、粂次郎を含め三代分を選んでくれた。

泰交《やすかた》（泰《やす》らかに家を興し）
展交《のぶかた》（我はこれを展《のば》す）
能交（能《よ》く交わりて固めよ）

それから粂次郎は泰交と名乗るようになり、幸一は塚本展交と改名して出征していった。幸一は復員後、元の名に戻し、粂次郎はそのまま泰交を名乗り続けたが、本書では便宜上、一貫して幸一、粂次郎のままとしたい。

ともあれ、無事生還させてくれた占い師に感謝し、長男が生まれた時、能交と名付けたのだ。良枝はワコールが創立二〇周年記念に発刊した社内報『知己』特別号『ワコールうらばなし』の中で、結婚当時の幸一の睡眠時間は四時間ほどで、息抜きは年に一、二回の映画鑑賞程度だったと述べている。相変わらず毎晩のように戦場の夢を見た。あまりに眠りが浅く、生涯、睡眠薬を手放すことができなかった。

能交の後すぐ年子として長女真理が生まれ、良枝も子育てに大忙しである。

子どもたちを乳母車に乗せて錦《にしき》（京都市中京区《なかぎょうく》にある京都の台所とも言うべき有名な市場）のてんぷら屋に行き、天かすを一袋買って、そのダシで大根や蕪《かぶ》をたいたりした。できるだけカロリーの高くて安いものが食べられるようにと懸命にやりくりしていたのだ。

こうして工夫して料理したものを食卓に載せても、幸一は味わう暇なく一五分ほどでかき込み、また仕事に戻るあわただしさだった。

この頃の幸一の口癖はいつも決まっていたという。

〈皆と同じ事をしていたのではダメだ。人の三倍も五倍も、否《いな》十倍も頭を使い、身体を働かさなければ人の上には立てない〉（「夫としての塚本幸一」塚本良枝著『ワコールうらばなし』所収）

能交誕生を記念しての一枚(左から良枝、能交、幸一)

現代人にはちょっと想像もできない仕事人間だが、当時の日本人のほとんどはこうして懸命に生きていた。

(死んでいった者の分まで頑張らねば!)

と考えていたのは、何も幸一だけではなかったのだ。

## 真っ正直な商売

どんな世界でも、上を目指せば必ずそこにライバルが立ちはだかる。


新規取引を獲得しようと、しばしば飛び込みで小売店の門を叩いたが、門前払いされる時、

「うちは青山さんと取引させていただいてるんで」

と決まって同じ社名を聞かされた。

京都に青山商店という強敵が存在していたのである。この世界の老舗であった。

同じような商品を仕入れていたのでは青山商店には勝てない。だからといって、新しい仕入れ先にあてがあるわけではない。そこで幸一が考えたのは奇想天外な一手だった。

『月刊仕入案内』という戦前から大阪で発刊されている業界誌に広告を出し、新しい仕入れ先

を公募したのだ。大企業ならまだしも、個人経営の商店がすることではない。

仕入先求む
当方二十六歳の復員軍人、財無けれど精励恪勤《せいれいかっきん》期待を裏切らず
京都市二条通　東洞院東入《ひがしのとういんひがしいる》
和江商事
塚本幸一

この広告を出したのは昭和二二年（一九四七年）二月頃のことだったというから、良枝と結婚した直後のことだ。

世間から毛嫌いされていた〝復員軍人〟であることを前面に出した。それは隠すようなことであるはずがない。〝財無けれど〟というのもユニークだ。そんな会社と誰が取引しようと思うだろう。だが彼は〝私は裏表なく真っ正直に生きている人間です〟ということを伝えたかったのだ。

軽い気持ちで出したのではない。掲載料の二〇〇〇円は現在価値にすると五〇万円ほどだ。彼にとって乾坤一擲《けんこんいってき》の大勝負だった。

果たして反応があった。一ヵ月ほどしたある日、山梨県の山間の村で水晶加工業を営んでいる依田喜直《よだよしなお》という人物から手紙が届いたのだ。

広告を見た依田は、

（世の中にはおもしろい男があるものだ。端的に自分の信念を言い放っている。よし、俺が信用してみよう）

と思ったのだという。

当時、依田は四七歳。代々村長を務める裕福な家だったが、戦後の農地改革でほとんどの田畑を失っていた。

だがそこはさすが商売上手な甲州人。敗戦で放出されたブラジル水晶（通信機の水晶振動子用に備蓄されていた）を一〇トン買い入れ、水晶の加工業・依田製作所（現在のオーナメント依田）を立ち上げた。

依田からの手紙には、依田製作所の概要と製品内容、単価が具体的に書かれ、それらがいかに高品質で廉価であるかが一〇枚あまりの便箋《びんせん》に細かい字でびっしりと書かれていた。

その内容に感動した幸一は一面識もない彼に、すぐさま手持ちの金すべてを送るのである。仕入れの代金を前払いしたわけだ。しめて三〇〇〇円。

数日後、幸一の手元に依田から荷物が届いた。水晶ネックレスだ。開いてみると、注文より六〇〇円分多く送ったと書いてある。三〇〇〇円分では少ないから、製品を少しでも多く送ってやろうという心遣いからであった。

依田の心温まる対応に、幸一がやる気を出したのは言うまでもない。

彼は届いた商品をなんと三、四時間で売ってしまった。そしてすぐに売上金を依田のもとに郵便局から電信為替で送金した。儲けを手元に置いておくという発想はない。儲けも次の仕入れに回しながら、ただひたすらに大きくなることだけを考えた。

昭和二二年（一九四七）はインフレが急激に進行した特殊な年である。昭和二一年（一九四六）の国会議員の給料は月一五〇〇円だったが、翌年五月には三五〇〇円になり、一二月には五五〇〇円、昭和二三年（一九四八）一月には一万八〇〇〇円となっている（『値段の明治・大正・昭和風俗史　上』週刊朝日編）。

こういう時期は現金を持っていても目減りするだけだ。一刻も早く商品に替えて売り、さらにまたそれを商品に替えて売ることが合理的な時代でもあった。

売上金を送った数日後、依田のもとから、さらに多くの商品が送られてきた。

するとまた幸一は、あっという間に売ってしまう。一ヵ月の間に何度もそんな取引が繰り返されるうち、それまで月に二、三万円だった売上は一気に一〇万円にはね上がっていた。

（塚本幸一とは、いったいどんな男なんだろう。会ってみたい！）

商売熱心さと律義さに感心した依田は、来訪を促した。そして幸一はこの年の六月、山梨の依田製作所を訪れたのだ。

幸一の第一印象を、依田は次のように回想している。

〈観るに「やや痩身《そうしん》なれど筋肉ひき締り眼光輝きて気品備わり、内に斗志《とうし》を深く秘めたるあた

深い信頼で結ばれた依田喜直（左）と幸一

り、戦国の武将を想わする風格の青年」なので、心中驚き「うん、やっぱり唯者《ただもの》ではない。必ず成すある男」と読み取りました〉（「塚本社長と私の奇しき出会いと追憶」依田喜直著『ワコールうらばなし』所収）

ワコールの社内報に掲載された文章であることを差し引いても、〝戦国の武将を想わする〟とまで言わせたのはたいしたものだ。その時の依田の感動の大きさが伝わってくる。

幸一は逆に、依田製作所が立派な会社であり、分不相応と言ってもいいほどの相手であることを知って恐縮していた。

その晩は依田家に泊まらせてもらい、食糧事情の悪い頃だったが歓待を受けた。

夜を徹して将来の夢を語り合い、

〈意気投合、一夜にして十年の知己《ちき》になったものです〉

そう依田は書いている（前掲書）。

翌朝、別れの挨拶をする幸一に、依田は改まった様子でこう言った。

「塚本さん、貴方はもっともっと大きな仕事をされる方だ。私のところを踏み台にしなさい。そしていつでも、チャンスを見つけたら、この商売をおやめなさい。私はその日を待っています」

依田製作所との取引は約二年半続いた。そして依田の予言通り、その後、和江商事は主たる商品を女性用下着に切り替えることで大きな飛躍を遂げていく。

だが幸一はその後も井上同様、依田をワコールの創立記念日に招待することを忘れなかった。

## 変装して勝ち取った代理店契約

依田と深い信頼関係が築けた一方で、幸一は大きな難局に遭遇する。

それまで彼は、仏具職人やブリキ職人に頼んで女性用アクセサリーを作って販売していた。ところが昭和二二年（一九四七）秋、京都にまったく新しいアクセサリーが出回り始めたのだ。ライバル会社の商品のほうが、はるかにデザインがよく精巧にできている。

「きみとこのは、もういらんわ」

納入先がどんどん減ってくる。

焦った幸一は販売元を必死に調べ、埼玉県の浦和にある平野商会であることがわかった。しばしば京都に来て販売先を回っているという。定宿《じょうやど》にしているのが三条通《さんじょうどおり》の旅館だということも突き止めた。

早速出向いて交渉してみると、平野社長は、

「得意先に卸した後なので残品でよければ」

と言ってくれた。

残りと言っても商品は一万五〇〇〇円分あり、手元には三〇〇〇円しかなかった。普通なら自分の持っている金額分だけ仕入れさせてもらうところだが、幸一は敢えてすべて仕入れようとした。

「手付けとして三〇〇〇円しか持っておりません。残りは明日の夕方七時までにお支払いします」

そう申し出たのだ。

会社に金があるわけではない。次の日の夕方までに商品を売って、その売上金で払おうというのである。初対面の相手を前にして、なんとも大胆なはったりだ。

平野は幸一の申し出を了承した。


幸一は翌朝早くに家を出て、神戸、大阪と売って回った。何としても一万二〇〇〇円の金を作らねばならない。

だが彼には勝算があった。事実、夕方までにはほとんどの商品を売りつくし、平野のいる旅館に出向くと、残りの代金を支払った。

そして初対面から二日しか経っていない平野に対し、またも驚くべき申し出をする。

「今後、うちを関西での代理店にしてくれませんか？」

これには、さすがの平野も首を縦には振らなかった。和江商事などという聞いたこともないところに、関西という大きな商圏を任せるわけにはいかない。

「私には兄がおりまして、彼とも相談しませんと……」

という平野の言葉に、幸一もその場は引き下がった。

だが何日経っても返事がない。手紙を出してみたがなしのつぶてだ。あきらかに避けられている。そうするうち、また平野商会の商品が出回り始めた。

危機感を抱き、定宿に何度も足を運んだ。だが追い返すよう言われているようで取り次いでもらえない。

そうこうするうち、神戸に平野商会の一番の得意先がいて、そこの人が訪ねてくると宿の人間も丁寧に応対しているという情報を入手した。

そこで幸一は一計を案じた。この時に彼がとった作戦は、伝説に残る奇抜なものであった。

昭和二二年一一月のある夜のこと、一人の怪しげな男が三条通のくだんの旅館の前に立っていた。つけ髭《ひげ》をし、伊達《だて》めがねをかけ、髪型を変えてはいるが幸一である。何度も旅館の人間に追い返されて顔がばれていることから、彼はその日、なんと変装して現れたのだ。

死地を何度もくぐり抜けた男だけに、度胸満点である。

出てきた女性に向かい、うつむき加減で声色も変え、

「神戸のもんやが、平野さんはいらっしゃるかな?」

と告げた。

「まだお帰りやおへんが、どうぞお上がりやして」

疑っている様子はない。彼女は二階の平野の部屋へ通してくれた。そしてしばらくするとお膳と酒が出てきた。持ってきてくれた仲居には礼を言ったが、手をつけるわけにはいかない。

じっと腕組みしたまま平野を待った。


ところが平野はなかなか帰ってこない。結局、戻ってきた時には午前一時近くになっていた。

宿の者は寝ずに待っている。階下で玄関を開ける音がしたかと思うと、

「ああそうか、それはえらい待たせたな」

そう話している声が聞こえてきた。

平野の声だ。そして階段をのぼる足音が近づいてきたところで、急いで変装を解いた。

ここがまさに正念場。腹は据わっていた。

「長い間お待たせしました」

部屋に入るなりそう言って詫びた平野は、平伏していた人間が顔を上げ、それが幸一だとわかると絶句した。

「あんたは……」

「申し訳ありません。どうしてもお会いしたかったので」

「まいったなぁ……」

そもそも兄と相談すると言ったきりなしのつぶてだったのだから平野も悪い。観念した彼は、

「あんたの熱意には負けた。いいでしょう、売ってもらいましょう」

と、その場で商談に入ってくれた。

「ちょうどどうちの商品を一二万円分ほど持ってきてます。これでどうでしょう」

持参していた商品を全部売らせてくれるというのである。

今度は幸一が絶句する番である。変装までしてきたにもかかわらず、幸一の手元には、必死にかき集めたものの一万円しかなかったからだ。

だが今さらあとには引けない。

「いつまでご滞在ですか？」

と尋ねると一週間だという。頭の中で瞬時に計算し、腹をくくった。

「手付金として一万円持ってきました。残りは一週間後の午後五時にお支払いします。拙宅までお越しください」

（一週間あればなんとか商品を売って金が作れるだろう。自宅で会うと伝えて逃げも隠れもしないことを示したら、平野はんも信用してくれるはずや）

幸一の勘は当たった。

「わかりました」

ほっと胸をなで下ろして旅館をあとにしたが、ばんざいをして跳び上がりたい気持ちはまったく起きない。前回以上の緊張感に包まれながら、それこそ寝食を忘れて死にものぐるいになって売りまくった。

戦場でも証明されたことだが、幸一には運があった。なんと彼は期日より一日早く、すべての商品を売ってみせるのである。

そして、すき焼きを用意して平野を丁重に出迎えた。なごやかなうちに食事も終わり、これから酒の席に移るという時、幸一は急に姿勢をただしてこう言った。

「実は前回の三〇〇〇円も今回の一万円も私の有り金のすべてでした。お支払いした金はすべて商品を売った代金です」

正直すぎる告白に平野は驚いた様子だったが、幸一はここで一気に詰め寄った。

「私は資本をたくさん持っているわけではありませんが、売る力はあります。平野さん、あなたは資本と売る力とどちらを評価しますか？」

「……」

「どうか私に代理店をやらせてください！」

しばらく平野は考えていたが、やがて苦笑しながらこう口にした。

「あんたには負けたわ……」

こうしてついに代理店を任せることを確約してもらえたのである。

幸一は戦場での経験で、ある確信を抱いていた。それは〝戦いにおいては機先を制さねばならない〟ということだ。劣勢の部隊が生き残る道は先制攻撃しかない。先制攻撃して主導権を握り、戦いを有利に進めていかねば、じり貧になるだけだ。

彼はワコールの創業期、

「機先を制するんや！」

としばしば檄《げき》を飛ばした。

平野との商談の場でも、彼はそれを遺憾《いかん》なく発揮したのである。

平野商会の代理店になることとは、創業間もない和江商事には相当荷の重い仕事だった。

平野が帰るとすぐ、次々と商品が送られてきた。その額しめて五〇万円。これまでの和江商事の月商は一〇万円ほどだったから、これがいかに高いハードルだったかわかるだろう。

だが、あんな啖呵《たんか》を切って代理店契約を結んだからには売り残すわけにはいかない。

（既存の得意先だけでこれだけの数量は無理だ。新規開拓するしかないやろう）

京阪神はすでに一巡している。そこで炭鉱景気に沸く九州への販路拡大を考えた。

宿代を節約し、夜行列車が宿代わり。食事もろくにとらないから、相変わらず体はがりがりだ。ようやく売り切ったと思って帰宅すると、また平野商会から商品がどさっと届いている。

そんなことの繰り返しで、昭和二三年（一九四八）の正月を迎えた。

京都で家族と正月を祝った幸一は一月二日、浦和に平野商会を訪ねてみた。意外なことに、思ったほど大きな店ではなかった。

新年の挨拶を終え、年末までの代金をすべて支払うと、平野は、

「あんたは超人やな！」

と言って驚いた。

そろそろ音を上げるかと思っていたのだ。実はほかにも平野が驚嘆せざるを得ない理由があったのだが、それは後に触れる。

「そろそろ新商品を出していただけませんか？」

「わかりました。では春先までに届けましょう」

幸一の依頼も快諾してくれた。

だが幸一は決して超人ではない。戦場で鍛えられたが、それまではむしろ身体が弱かったのだ。さすがに無理がたたって、身体が悲鳴を上げ始めた。そして四月に入り、疲労からくる黄《おう》疸《だん》の症状が出るに至り、医者から安静を申し渡された。

そんな折も折、平野商会からブローチ二〇万円分がどさりと届いた。お願いしていた新商品である。こちらから頼んだのだから売らないわけにはいかない。

ところがその後、この商品にクレームが殺到する。

「これまでの商品にラッカーを塗っただけの再生品やないか！」

よく見るとその通りだ。見抜けなかった不明を恥じた。

しかし代理店である和江商事は、平野商会からの商品供給に文句は言えない立場である。返品したら代理店契約は解消され、関係は終わってしまう。かといって返品せずにこのまま商品を抱えてしまえば、半年のつきあいでこつこつ積み上げてきた約一〇万円の儲けは吹き飛んでしまう。

悩みに悩んだ挙句、医者が止めるのも聞かず、九州でもさらに遠い南九州に出張することにした。新規顧客を開拓して、なんとか売ってみようと試みたのだ。

だが見向きもされなかった。京都に戻ると京阪神の得意先からの返品が相次いでいる。

幸一は一晩寝ずに考えた。やはりこの責任は、再生品を送りつけてきた平野商会にあるのではないか。そこで得意先に迷惑をかけないよう、商品はすべて回収し、平野商会に返品することを決めた。

平野商会との関係はこうして切れた。

（本当にこれでよかったのか……）

平野商会との取引中止は長い間、幸一の心にほろ苦い思いを残した。

実はこの話には後日談がある。

それから一七年が経った昭和四〇年（一九六五）のこと、浅草橋のワコール東京店に幸一を訪ねてきた人がいた。誰かと思えば、あの平野商会の社長である。

「悪いことはできないものです」

平野は、ばつが悪そうにそう切り出した。

「実はあなたのところに卸していた商品の価格は問屋への卸価格ではなく、小売店への価格でした。だから取引していただいていた半年間は大変な儲けだったのです」

かつて平野は幸一に〝あんたは超人やな！〟と言って驚嘆したが、それは割高な商品であるにもかかわらず売り切ってくる幸一が、平野には本当に超人に見えたからだったのだ。

その後、会社の経営はうまくいかなくなり、今はワコール東京店の真裏で傘の骨を作っているという。

幸一はその後、二度と平野と会うことはなかった。後味の悪い形ではあったが、ようやく心の整理がついたのだ。

そして商いの基本が〝誠実〟であることを再認識していた。

## 右腕となってくれた二人の同級生

平野商会の代理店を返上したことで、売上げが激減してしまった和江商事のその後についてである。

たまたまことの経緯を神戸の中野ボタン店の店主に話したところ、

「塚本はん、ようやったがな！」

と幸一の男気に感動してくれ、

「よっしゃ、売る商品がないんやったら、うちのを扱わせてあげよ」

と胸をたたいて、同店の扱う飾りハンカチなどの雑貨を売って息をつくことができた。

窮地に思わぬ助け船が出るというのは成功者に多いエピソードだ。それは日頃、思わず助けてやりたくなるほど必死に働いている姿を見せているからなのだろう。

その後、ヘアークリップを京都のメーカーに試作させてみると飛ぶように売れ、なんとか平野商会代理店返上の穴を埋めることができた。

だが、さらに儲けるためには取引先の新規開拓が至上命題。そのためには人手がいる。

父親の粂次郎は昭和二三年（一九四八）で五五歳とまだ働ける年齢だったが、以前の不摂生《ふせっせい》がたたって心臓の調子がよくない。そのため帳簿つけくらいしかやってもらえなかった。

そこで目をつけたのが妹富佐子の夫である義弟の木本寛治《きもとかんじ》である。当時、幸一の母校でもある滋賀県立八幡商業《はちまんしょうぎょう》学校（現在の八幡商業高等学校、略称・八商）の学生部長をしていた彼を熱心に誘った。

だが木本は、

「いずれは行きます」

と繰り返すだけで、なかなか首を縦に振らない。

それはそうだろう。身内だけに当時の和江商事の台所が火の車であることは熟知している。

戦前、大阪の商社に勤めていた木本であればなおのこと、一生を託して入社するのは難しかったのだ。

そんな折、幸一たち八幡商業五五期生の同窓会が行われた。

昭和二二年（一九四七）八月、戦後初めてのことだった。出席者はわずか十数名。出征直前の同窓会で顔を合わせた同級生も、その多くが帰らぬ人となっている。当然のことのように、献杯で始まる会となってしまった。

この時、川口郁雄《かわぐちいくお》という同級生と再会する。柔道部の猛者《もさ》で、学生時分からたばこを吸い、けんかで停学になったこともある乱暴者だが、その一方で大変な働き者であった。

実家が新聞販売店をしていたのだが、毎朝二時に起きて近江八幡駅に配送されてきた新聞を自転車に積んで一二キロ離れた八日市《ようかいち》まで運び、少し仮眠した後、学校に行って柔道の朝練をし、放課後にはまた柔道の稽古をして、夕刊の配達を手伝う。まさに驚異的な体力と根性の持ち主であった。

そんな川口は八幡商業を卒業後、三菱重工業京都機器製作所に入社したが、わずか半年で召集を受け、戦後、職場復帰して給与計算の部署で働いていた。

学生時代はほとんど口をきいたこともなかったが、この際そんなことは関係ない。とにかく人が欲しい。八商出身なら即戦力になることは疑いなしだ。大企業である三菱重工で働いている人間を和江商事に勧誘することが無謀極まりないことなどはなからわかっているが、最初からだめだと諦めてしまっては何も起こらない。

彼は本気で川口を口説き始めるのだ。

一方の川口は、幸一の変貌ぶりに驚いていた。軟派な二枚目の優男だったはずの彼が、テキヤの親分のような迫力を身につけている。

もともと八幡商業には〝鶏口《けいこう》となるも牛後《ぎゅうご》となるなかれ〟という精神が横溢《おういつ》していた。二人で一から新しいものに挑戦することに心惹かれ、驚くなかれ川口は、零細個人商店である和江商事への入店を決意するのである。

次に狙いをつけたのが、同じ八幡商業の同級生の中村伊一《なかむらいいち》だった。とは言っても、それは川口の勧誘を始めた一年後のことである。中村は同窓会の時、まだ復員していなかった。酷寒の地シベリアに抑留されていたからだ。

柔道部で活躍していた頃の川口郁雄

きっかけをくれたのは義弟の木本寛治だった。何度誘っても入店を承知してくれない木本が、自分の代わりにと紹介してくれたのが中村だったのだ。

中村も川口と同じく八幡商業柔道部に所属していたが、タイプはまったく違った。まじめで誠実、しかも勉強家。絵に描いたような好青年である。八幡商業時代の成績はずっと学年五位以内をキープし、首席で卒業した。

学徒出陣の際の中村伊一

貧しい母子家庭に育ったが周囲の助けがあり、横浜高等商業学校（現在の横浜国立大学）、東京商科大学（現在の一橋大学）へと進むことができた。栄養不足から来る脚気で大学を一年休学したことを除いては、幸運な学生時代を過ごすことができたと言えるだろう。

だが時代が彼を翻弄していく。

エリートの特権として大学生の間は兵役免除のはずだったが、学徒動員によって満州に渡り、幸一同様、生死の境をさまよう経験をする。

敗戦後もソ連に抑留され、酷寒の捕虜収容所で餓死寸前の状況に置かれた。

帰国も遅れ、昭和二二年（一九四七）一二月一日になって、ようやく復員船で舞鶴港に到着。就職先がすぐに見つからず、とりあえず翌年の三月から八幡商業の臨時教員をして糊口《ここう》をしのいでいた。つまり木本とは職場の同僚というわけだ。

経営者の中には、自分がリーダーシップを維持し続けたいがために、自分を凌駕しそうな人材をそばに置かないケースもあるが、幸一は違った。

「事業は人だ！　自分より学力のある偉い人物が必要だ」

というのが口癖だった。

そしてその〝自分より学力のある偉い人物〟こそ、中村伊一その人だったのである。

木本が、幸一と中村との再会の場を用意してくれた。

昭和二三年（一九四八）一一月の日曜日、八幡商業の宿直室でのことである。幸一はもてる弁舌のすべてを動員して中村を口説いた。午前中から始まって昼食を挟み、話し合いは午後まで続いたという。

「俺たちは闇商売で小金を貯めようと思ってる奴らとは違う。うちの商っているのは統制品やない。だから堂々と商えるんや。そして俺たちが八商で教わった通り、基本に忠実に、しっかり資金を蓄え、人材を確保し、株式会社を目指していこうと思ってる！」

話し合いと言っても、ひたすら幸一が夢を語り、木本が相づちを打ち、中村は黙って聞いているだけ。ほとんど幸一の独演会である。和江商事はその頃、復員兵がやめて五人ほどの個人商店だったことを考えると、少々滑稽でさえある。

この時、中村には同じ八幡商業の同期生が経営する、もっと規模の大きい会社からの誘いがあった。それは実家に近い近江八幡に本社を持つ、滋賀県下でも有数のゴム靴卸商だった。

中村は悩んだ。そのゴム靴卸商との間で迷っているわけではなかった。もうこの段階で、その会社に行く気はほぼなくなっている。ただ彼がずっと抱き続けていた、学問の世界に進みたいという思いを諦めるかどうかで悩んでいたのだ。

今はすぐに難しくとも、世の中が落ち着けば、再び学問の世界に進む道が開けるかもしれない。しかし一方で、中村家の大黒柱として稼がねばならないという思いもある。

その時彼はふと、以前、八日市で評判の八卦見《はっけみ》に占ってもらった時のことを思い出した。彼は後々まで占いや方位学などを重視しており、その萌芽がすでにあったのだ。

八卦見はこう言っていた。

「教育界に進んだら大学教授になれるかもしれん。じゃが、あんたには世俗的なところがある。一番向いているのは財界の巨頭と言われるような人間の側近としての仕事やろう」

いくらなんでも、当時の幸一が将来〝財界の巨頭〟になるなどと思うはずがない。だが〝あんたには世俗的なところがある〟という言葉が、商いか学問かで迷っていた中村の背中を押した。

こうして中村もまた、幸一と一緒に働く道を選ぶのである。それだけではない。八幡商業の教え子の福永兵一郎《ふくながへいいちろう》も伴っていくと言ってくれた。人不足の折、願ってもないことである。

自分の進んでいる道に間違いがないことを、中村の入店を通じて確認できた気がした。

後年中村が告白したところによると、しばらくは同級生に、幸一の店で働いていることは内緒にしていたという。

だが入店後しばらくして、二条通高倉西入で四柱推命をやっていた占い師にこう言われた。

「あなたのところの大将は必ず大物になる。性格は正反対だが、ものすごく相性が良い。大将を補佐するのがあなたの役割だから、一生大将から離れないようにしなさい」

『塚本幸一追想録』の中村の回想によれば、この占い師に見てもらうよう勧めたのは幸一だったそうだ。事前に裏から占い師に手を回していたのではないかと考えるのは、筆者の考えすぎだろうか。

ともあれ幸一も、中村が相当無理をしてくれていることはわかっていた。

「金のことは苦手や。あとは任せたで」

そう言って、塚本家の実印から貯金通帳から、すべてを経理財務担当の中村に渡してしまった。全幅の信頼を置いたという証《あか》しである。幸一はこの習慣を後々まで続けた。やがてそれらの印鑑を、伝説の女傑が引き継ぐことになるのだが、それは後に触れる。


人材が、しばしば〝人財〟と表現されるように企業にとってのかけがえのない宝だとするならば、川口と中村は幸一が手にした最初の宝であった。

川口は入店するやいなや、猛烈な勢いで働き始めた。

夜行列車の乗り継ぎをものともせず、北海道の販路開拓に乗り出したのだ。青函《せいかん》連絡船では一番安い船底の三等船室に寝る。衛生状態が悪いためシラミを移され、寒い北海道なのに慌てて下着を捨てるといった災難にも遭ったがめげなかった。

北海道の市場は処女地に近い。

「京都から来ました」

と言うと、遠いところからやってきたことへの同情もあって一〇軒に一軒は買ってくれた。

夜行だと京都に明け方帰ることもしばしばだったが、運悪く警官の職務質問に引っかかると大変だ。いかつい身体なのに、カバンには模造真珠のネックレスが入っている。いかにも怪しいということでしつこく尋問され、九時を待って会社に電話を入れ、ようやく〝釈放〟してもらったことさえあった。

川口から少し遅れて入った中村も負けてはいない。

粂次郎から帳面づけを引き継ぐと、塚本家の家計と和江商事の経理が一緒になっていることに気づいた。個人商店にありがちなことだ。まずはこれを分離し、その上で和江商事の資産を整理し直し、近代的な経理を導入した。これで資金繰りがはっきりとわかるようになった。

中村が感心したのは、経費の水増しなどが一切なく、思った以上に帳簿がしっかりしていたことだ。幸一も八幡商業で経理の基礎は学んでいる。我流だったが月に一回店を休んで棚卸しをするなど、彼なりに一生懸命やってきたのだ。

幸一の商売に対する真摯《しんし》さに好感が持てた。


中村の経理・財務の知識は一流であり、川口の営業力は時として幸一をもしのいだ。

彼らの能力の高さは、社員が一万人ほどになり、グローバル企業となったワコールの副社長として問題なく通用したことでも証明されている。

この三人の出会いは、『三国志』の中で劉備玄徳《りゅうびげんとく》が、関羽《かんう》や張飛《ちょうひ》と桃園《とうえん》の誓いを交わす場面のようなドラマチックで運命的なものだが、実際には三国志の三人とは少し違う、微妙な人間関係があった。

参謀役の中村に対して現場で汗をかく川口。時として冷たいとも言われた中村に対して人情家で知られた川口。入社以来、何かと比較されることとなったこの二人の間には、性格の違いもあってしばしば見えない火花が散った。中村と川口が仲良くなることは一切なかったのだ。

創業期から幸一を支えてきた八商の同級生（左中村、右川口）との珍しい3ショット

女性は嫉妬深いと言うが、男性の嫉妬は女性以上に根深く妥協がない。

どちらがナンバー2であるかをめぐって激しいライバル心をむき出しにするのを、幸一は敢えて見て見ぬふりをした。トロイカ体制というのは三人が力を合わせる図式のはずだが、幸一が中村と話す時は中村とだけ、川口と話す時は川口とだけで、三人で会議というのはまったくなかった。

会社が大きくなってからはなおさらだ。パーティーぐらいでないと、三人が顔を合わせることはない。広報担当者は一生懸命三人一緒のところを写真に収めようとするのだが、カメラマンが三人寄り添ってくださいといくら言っても、微妙な距離感が埋まることはなかった。そしてそんな時は、いつも幸一が真ん中に入ることとなった。

当然、幸一も気を遣う。中村と二人で、あるいは川口と二人で飲みに行くことはできない。後に祇園《ぎおん》に入り浸るようになるのは、あるいはこの二人との関係があったからかもしれない。

## 〝にせオッパイ〟との出会い

春はファッションの季節だ。昭和二四年(一九四九)の春も、装身具の販売は順調だった。だが手放しで喜ぶことはできない。流行が大きく変化するためだ。模造真珠だ、ブローチだ、竹細工だ、水晶ネックレスだといろいろ扱ってきたが、安定して売れる商品がなかなか見つからない。

最初のうちは、それが商売をする上での面白味でもあったのだが、会社を大きくする上で、絶えず流行を追うのは危険すぎる。

そこで幸一が目を付けたのが女性下着の世界だった。

女性下着には大きく分けてファウンデーションとランジェリーの二種類がある。

ファウンデーションは身体のラインを美しく補正する下着のことで、幸一がまずターゲットにしたブラジャーとコルセットがこれにあたる。それに対してランジェリーは補正された身体と服の間に着るもので、ペチコート、ショーツ、ガードル、ネグリジェなどを指す。

幸一は、ブラジャー・コルセット・アソシエーションという業界団体がアメリカにあることを突き止め、手紙で問い合わせてみた。

すると、なんと昭和一八年（一九四三）の売上げがアメリカ国内だけで二〇〇〇億円近くあることがわかった。昭和二四年（一九四九）の日本の国家予算は七四一〇億円である。米国の市場が日本とは比較にならないほど巨大なものであったとはいえ、女性下着市場の大きさは容易に理解できた。

（これから日本の女性は絶対洋装化する。洋装になったら体型を補正する下着がアメリカのように売れるはずだ）

目指していた大企業への道がここにあったのだ。

昭和二四年五月のある朝、幸一は中村にこう宣言した。

「俺は将来、女性下着を店の主力商品にしたいと思っている。目をつけているのはブラジャーとコルセットや。和江商事の将来はそこにある！」

（ブラジャーやコルセットねぇ……）

中村は半信半疑だったが、日本ではまだ未成熟なこの市場の可能性に、幸一はいち早く気づいていたのだ。

その予感が確信に変わったのは、ある商品との出会いがきっかけであった。

同年の八月初め、大宝物産社長の安田武生という人物が〝オマンジュウのようなもの〟を持ってやってきた。

アルミ線を蚊取線香のように巻き上げたスプリング状のものに古綿《ふるわた》をかぶせ、布にくるんでバストラインを補正するよう作られたものだ。幸一は後に〝にせオッパイ〟と冗談めかして表現したが、これこそ女性下着に進出するきっかけを与えてくれた「ブラパット」だった。

ところが安田はこの時、気になることを口にした。

「実は青山はんにも買ってもらいまして」

〝青山はん〟とは宿敵青山商店のことである。いつもアクセサリーの販売で競合している相手だけに負けるわけにはいかない。

(この商品が日本中で流行するかどうか、試すならやはり東京や。東京で売れたら絶対売れる)

幸一はアクセサリーを担いで全国を行商して回っていたが、東京だけはいつも避けて通っていた。自分の商品が東京で通用するという自信がなかったからだ。だが今回は勝負する気になっていた。東京で売ることで青山商店の機先を制しようとしたのである。

彼は安田の持ち込んできたブラパットを全部仕入れると、夜行に飛び乗って東京へと向かった。当時の夜行列車は本数が少ないのでいつも混んでいたが、この日は特にひどくてすし詰めだ。ドアに半身を乗り出した乗客が鈴なりで、これ以上乗れそうもない。

普通なら諦めて翌日にしようと思うところだが、幸一は諦めなかった。

開いている窓から、

「すみません、入れてください。すみません!」

とあやまりながら、無理やり身体を押し込んだのだ。

荷物も持っているのだから強引そのもの。並の神経ではできない芸当だ。

乗ったはいいが、座席はもちろん床まで人で一杯である。すると彼はひじ掛けにつま先を乗せ、背もたれにおしりの片方を乗せ、片手で網棚の棒をつかみ、反対側の肩にブラパットの入ったダンボール箱を担いだ格好のまま、東京までの一〇時間以上を耐えた。

昭和一五年（一九四〇）、東京に住んでいる親戚を訪ねて東京見物をしたことがあったが、それ以来、九年ぶりの東京だった。

東京駅に着き、八重洲口から銀座に向かって歩いた。東京に慣れていないから、新橋駅で降りたほうが銀座に近いことを知らなかったのだ。

ブラパットを置いてくれそうな店に飛び込み営業をしたところ、どの店でも関心を持ってくれ、飛ぶように売れた。

（これは幸先がええぞ！）

と内心ほくほくしながら、銀座四丁目交差点の服部時計店（現在の銀座和光）の前までやってきた。三越や御木本真珠店の並ぶ銀座のど真ん中である。信号を待っていてふっと交差点の向こう側を見た瞬間、全身に緊張が走った。

幸一と同じように段ボール箱を持っている男がいる。見たことのある顔だと思ったら、青山商店で番頭役をしている男だ。

ブラパット

向こうはまだ気づいていない。相手の持っている荷物を見て、売っているのはブラパットに違いないと確信した。多分向こうは新橋方面から売り始め、銀座をちょうど半分ずつ販売して真ん中で出会ったのだ。

（今から銀座の残り半分を回っても、すでに彼に先回りされているから売れる数は知れている。それより、東京で銀座周辺の次に売れそうな娯楽の町浅草に行くのが得策だ）

一瞬でそう判断した。

戦場で敵と遭遇したようなものである。自然と幸一の動きはジャングルの中に戻ったように俊敏になった。相手に気づかれる前にさっと身を翻《ひるがえ》し、近くにあった地下鉄銀座駅の階段を駆け下りると、銀座線に飛び乗って浅草へと向かった。

浅草でもブラパットは売れに売れた。

持ってきた分を完売すると、久々の東京であったにもかかわらず観光することもなく、その日の夜行で京都にとんぼ返りし、すぐに安田との間で独占販売契約を結んだ。

今度こそ機先を制することができたのだ。おそらく青山商店の番頭は、その日、この製品が完売したことだけで満足していたであろう。しかし幸一はその先を見つめていた。

後にソニーの盛田昭夫と対談した彼は、

「これが番頭役と経営者の違いですな。この時の決断がなければ、今のワコールはなかったでしょう」

と当時を振り返っている（「にせオッパイ、見せ金の創業時代」『財界』昭和四四年八月一日号）。

今でもワコール本社に「初心忘る可《べ》からず　塚本幸一」と書かれた初期のブラパットがガラスケースに入れられて大切に保管されているのは、これがまさにワコールの原点であったからにほかならない。

## 女性社員第一号

昭和二四年（一九四九）一〇月五日、父条次郎が他界する。五五年の生涯だった。

前年八月、張り切って九州まで行商に行ってくれたはいいが、猛暑と疲労が重なって帰宅後熱を出し、慢性の心臓疾患もあって、その後、急に衰弱していってしまったのだ。

（そもそも親父が寿命を縮めたんは、病気がちやった親父を手伝わせんといかんほど、自分が和江商事をしっかりした会社にできていなかったからや……）

深い悔恨が彼を苛《さいな》んだ。

幸一は父の死を契機に、和江商事の法人化を決めた。世間から一人前と認められる株式会社にすることが亡父への一番の供養だと考えたからだ。同年一一月一日を和江商事株式会社の新発足の日と定め、株式会社設立準備に入った。

資本金をある程度積まなければ信用は生まれない。思い切って設立時の資本金を一〇〇万円と決めた。

ところがこれは相当な背伸びであり、どうしても一〇〇万円を集める算段が付かない。銀行口座に一日でも預金残高を置いて株式払込金の保管証明書を発行できればいいのだが、それができなかったのだ。

ここで幸一は一計を案じ、一〇月三一日に当時取引をしていた日本勧業銀行（現在のみずほ銀行）の小切手を一〇〇万円切って千代田銀行（現在の三菱ＵＦＪ銀行）に預け入れ、一方で千代田銀行の小切手一〇〇万円を日本勧業銀行に預け入れた。

小切手の交換が終わる翌一一月一日の勘定が締められたら、どちらの銀行の残高にも変化はない。つまり資金は払い込まれていないのだ。

ところが幸一は勘定が締まる前の一一月一日の午前中、千代田銀行にいた八幡商業時代の同級生に頼んで株式払込金の保管証明書を発行してもらい、登記を完了することに成功した。

〈こんな芸当は終戦間もない時代だったからできたようなもので、現代ではとてもできない〉

（『私の履歴書――塚本幸一』）

と幸一は述懐している。

『ワコール五〇年史　こと』にも〈事実この方法は一年後、法務省の通達で禁止された〉と記されているが、通達で禁止されるもなにも明らかな違法行為だ。
だが、当時はまだ違法な闇市が横行していた時代である。闇市が姿を消すには、昭和二六年（一九五一）末まで待たねばならなかった。生きるのに必死であった当時の日本人に対し、安穏と暮らしている現代人が時を超えて今風のコンプライアンスを持ち出すのは愚の骨頂であろう。

父の死を悲しむ余裕すらなく働き続けた男が、必死の思いで株式会社への階段をよじ登った昭和二四年一一月一日。父の死の一ヵ月後にあたるこの日が、ワコールの創立記念日となった。

会社設立を機に、幸一は二つのことを行った。一つは自分の呼び名を大将から社長に変えさせたこと。そしてもう一つが、初めて女性社員を採用したことだった。

最初は女性の事務員を雇ったというにすぎなかったが、やがて幸一は女性の持つポテンシャルに気づき、彼女たちの力を大いに引き出していく。女性活用こそがワコール発展のカギであり、同時に塚本幸一という経営者の強みとなっていくのである。

幸一は後年、ラジオ番組で評論家の草柳大蔵《くさやなぎだいぞう》から、女性のマネージメントのコツについて問われた際、

「経営者であってもある意味において、女性に好感を持たれるタイプでないといけないと思います」

と答えている。

要するに女性にもてなければ経営者失格だというわけだ。

ダンディな社長として有名になっていただけに説得力があるが、それだけであるはずはない。幸一は女性ならではの気づきをビジネスに取り入れ、彼女たちにやる気を起こさせ、そしてその先輩社員の活躍に後輩たちもまた奮起した。

その歴史はまさにこの昭和二四年にはじまったのだ。


そして栄《は》えある女性社員第一号が内田美代《うちだみよ》と長谷川照子《はせがわてるこ》だった。

長谷川は女子事務員としてはすこぶる優秀だったが早くに退職した。ひと昔前まで女性社員の典型であった寿退社《ことぶきたいしゃ》であろう。詳しい情報は残っていない。

だが一方の内田美代は、時代の枠を超えた女性だった。〝キャリアウーマン〟のはしりと言っていいだろう。後に和江商事の飛躍のきっかけとなる一大イベントで獅子奮迅《ししふんじん》の働きをする。

ここで、〝伝説の女傑〟第一号となる内田美代の生い立ちについて触れておきたい。

内田美代は陸軍軍人の家に生まれ、幼い頃から厳格な教育を受けた。

戦前は裕福で使用人も三、四人いたほどだったが、陸軍大佐だった父がニューギニアで戦死し、敗戦によって戦時公債が紙くずとなると、一気に貧しい生活を強いられることになる。

三人姉妹の真ん中だったが、上の姉は嫁に行き、内田が家を支えねばならなくなった。桃山高等女学校（現在の京都府立桃山高校）卒業後、義兄の紹介で日本輸送機（現在の三菱ロジスネクスト）に入社し、設計課で事務員として働き始める。

そんなある日、ふとしたことから和江商事を知ることになった。

内田は伏見稲荷に近い京都市伏見区深草開土町《ふかくさかいどちょう》に住んでいたが、町内会長がある日、家を訪ねてきて母親にこう言ったのだ。

「友達が和江商事いう会社やってて、女子事務員を探しとるらしいんや。おたくの美代ちゃんどうやろ？」

彼は幸一の八幡商業時代の同級生だった。幸一が女性だけでなく男性にも人気があったことがうかがえる。

日本輸送機は立派な会社だったが、戦後は厳しい経営状態が続き、レイオフの噂が出ていた。友達思いの町内会長の押しの強さもあって、

「面接だけでも受けてみたら」

と母親も加勢してきた。

多勢に無勢である。説得に負けた彼女は翌日、とりあえず面接に行くこととなった。

（二条通東洞院東入……）

教えてもらっていた住所に、果たして和江商事はあった。

（えっ……これが会社？）

日本輸送機とは段違い。外から見たらただの民家である。

雑多な商品が所狭しと並べられ、土間から一段高くなった畳の部屋では、一生懸命荷造りしている人がいる。

「すみません……」

内田が声をかけると、梱包《こんぽう》のクッションにしていた藁《わら》くずをいっぱいつけたまま、その男が振り返った。それが社長の幸一だった。

昭和三年（一九二八）生まれの内田はこの時二一歳。幸一より八歳年下であった。


早速、そろばんの試験をすることになった。女性社員の採用は初めてなだけに、どんなレベルかお手並み拝見である。

内田が日本輸送機に入ったのは義兄の紹介によるコネ入社だったから、これが彼女にとって初めての入社試験である。長谷川はそろばんができたが内田はからっきしできない。

しかし、ともかく人が欲しかった幸一は二人とも合格にした。

こうして彼女たちは昭和二四年（一九四九）一一月一日付で入社することとなった。先述したように和江商事が株式会社化された日、つまり創立記念日であった。

そろばんのできる長谷川は経理に配属され、経理以外の総務を内田が担当することとなった。

内田の仕事は接客と電話番、そして便所掃除。

接客などしたことのなかった内田は、

「毎度ありがとうございます」

という言葉がなかなか言えなくて苦労した。

当時の社員には中村と川口のほか、高卒で採用した服部清治、中村が連れてきた福永兵一郎、そして粂次郎の代から一緒に働いてくれている柾木平吾《まさきへいご》、三田村秀造《みたむらしゅうぞう》、池澤喜和《いけざわよしかず》がいた。幸一や内田たちも入れて全部で一〇人である。

土間を上がった六畳ほどの畳の部屋に幸一と中村、内田と長谷川の四つの机が向かい合わせに置かれた。営業の川口たちは机などない。奥に台所と幸一たちの居住空間があり、二階には服部と福永が住み込みをしていた。服部の最初の仕事は、幸一がいない間の店番と能交の子守だった。

入社した内田が一番がっかりしたのは、給料の遅配があったことだ。月三回に分けて一〇日分ずつ払われることもあった。それだけ資金繰りが大変だったのだ。

（大丈夫やろか……）

心配になったが、もうあとには引けない。懸命に仕事を覚えようと努力した。

「商品の名前と種類、教えてもらえませんか？」

と尋ねても、先輩社員はなかなか相手にしてくれない。

「そんなあわてんでも、そのうちに覚えるて」

と軽くいなされたが、それでも必死に食らいついていった。

そろばんも長谷川に負けたくないという一心で、見よう見まねで覚えてしまった。

そうした彼女の頑張りを、社員たちとの会話を背中で聞きながらしっかり把握していたのが幸一だ。

「ちょっと内田君いいかな？」

昭和24年(1949)11月2日に京都の紅葉の名所である高雄で開いた会社設立祝いのすき焼き会。前列左から福永、長谷川、内田、幸一、中村。後列左から池澤、柾木、2人おいて服部(前の人物)、三田村、安田武生(大宝物産)、川口

ある日、幸一から呼ばれた内田は、経営の根幹とも言うべき在庫管理を任されることになる。

最初のうちは在庫と帳簿があわなくて大変だった。営業がろくに商品の数も数えず売りに出るからだ。

「すみません。売りに行く時、商品の数を確認して、申告してから営業に出てください」

とお願いすると、

「何言うてるねん、邪魔くさい」

ですまされてしまうこともしばしばだった。

十分な売上金を持って帰ってくれば文句はないだろうというのが営業の言い分だった。

だが内田は譲らない。任された仕事に対する責任感は人一倍ある。邪魔くさそうな顔を露骨にされても折れなかった。見本にする分も含め、いくら持ち出し、売上げがいくらで

在庫がどれだけあるか。商売の基本を彼女が押さえていったのだ。

（さすが軍人の娘や。並の女性やない……）

言葉にはしなかったが、幸一は内心感心していた。

## 危機の中から生まれた「五〇年計画」

女性社員も採用し、気合いを入れてブラパットを売っていこうと力こぶを作った矢先、幸一はいきなり倒産の危機に直面することとなる。

昭和二四年（一九四九）の冬はことのほか冷え込みがきつかった。するとブラパットがぱったりと売れなくなってしまう。厚着をする冬はバストラインを気にする必要がなくなることに気づかなかったのだ。

独占契約を結んでいたので、売れなくてもブラパットは次から次へと運び込まれてくる。当然、代金を支払わねばならない。とたんに資金繰りが厳しくなった。

とりあえず寒い季節でも売れるベビー服を扱うことで急場をしのぐことにして、社員にはこう告げた。

「みんなすまん、年末賞与は払えない。一月の給料も支払を少し待ってほしい」

経営が危ないのは明らかだ。ところが社員はほとんどやめなかった。世間が大不況だったからだ。

まだ当時の日本は占領下にある。サンフランシスコ平和条約が発効して日本の独立が回復するのはこの三年後の昭和二七年（一九五二）四月二八日のことだ。それまではGHQの指導下にあり、GHQの経済顧問がデトロイト銀行頭取のジョゼフ・ドッジだった。

幸一が給料の遅配を宣言することになる年（昭和二四年）の三月、そのドッジによって財政金融緊縮策（いわゆるドッジ・ライン）が発表となると、それまでのインフレが一転して強烈なデフレとなり、倒産件数も増え、失業者が急増していたのだ。日本の財政が自立するためのやむを得ない措置だったとはいえ、経済は大混乱に陥っていた。

そうした事情もあって社員たちはついてきてくれたが、不安は拭えない。幸一も眠れない夜が続いた。

明けて昭和二五年（一九五〇年）、この年の正月は文字通り餅がのどを通らなかった。悪い予感は的中する。一月に入っても売上げは下がる一方だった。

ベビー服の販売も、当初は順調かと思えたが、二月になると次々と返品されてきた。景気が悪い中、収入の少ない若い世代にしゃれたベビー服を買う余裕などなかったのだ。委託販売の形をとっていたので、一旦販売店に商品がわたっていたが、実際には売れておらず、在庫ばかりが積み上がっていった。

こんな時に限って取引先が倒産し、売掛金が回収できなくなるという不運が重なる。創立してわずか四ヵ月。和江商事は倒産の危機に直面した。

（まだ戦力になっていない服部たち住み込みの若い社員にはやめてもらわざるを得まい……）

そう思いながら、深夜、そっと部屋をのぞいてみると、彼らはまだあどけなさの残る顔で寝息を立てている。

（今クビを宣告したら、あいつら明日からどうやって食べていくんや……）

そう思うと涙が止まらなくなり、胸詰まらせながら階段を下りていった。

（自分には亡くなった五二人の戦友の分まで生きる責任がある。ここで弱音を吐くわけにはいかん）

あれこれ考えた末、とにかく社員に夢を語ろうと決めた。

（今世紀の終わりまでに、あと五〇年ある。ここで五〇年間の計画を立て、計画の実現に人生を賭けてみよう。社員たちはそのスタートラインに立つ伝説の生き証人だと思えば元気も出るはずだ！）

そう自分に言い聞かせた。

塚本幸一の有名な五〇年計画は、前向きな攻めの姿勢から生まれたのではなく、にっちもさっちもいかない逆境の中で脳髄を絞り尽くした果てに見えた一筋の光明であった。これを生涯大切にし続けたのは、これこそが自分の経営者としての原点だという思いからであったろう。

五〇年計画にはモデルがあった。松下幸之助の「二五〇年計画」である。

一代で松下電器産業（現在のパナソニック）を作り上げた松下幸之助は、昭和七年（一九三二年）

三月、天理教本部を視察して衝撃を受けた。

自分は給料を払い、役職を与えることで社員にやる気を出してもらっている。ところが天理教の信者たちは、給料をもらうどころか率先して寄進をし、勤労奉仕をしている。

(何が彼らをここまで一生懸命にしてるんや……)

天理からの帰りの汽車で考えに考えた彼は気づいたのだ。それは精神的なやりがいを持たせることの大切さである。そして彼は社員たちに、会社の社会的使命をしっかりと認識させ、自分たちの進むべき道を示さねばならないと確信した。

同年五月五日、松下は大阪堂島浜の中央電気倶楽部講堂に、幹部社員一六八名を集めてこう宣言した。

「生産をしよう。生産につぐ生産をして、物資を無尽蔵にしよう。無尽蔵の物資によって、貧窮のない楽土を建設しよう。それが松下電器の使命である。本年を創業命知《めいち》元年とする。『命知』とは、真の使命を知ったということである。忘れないでほしい。今ここから、この日から、人類を救済する事業が始まるのだということを！」

それこそ「水道哲学」と呼ばれる〝電気製品を水道水のように安価で大量に消費者に届けることが松下電器の社会的使命である〟という考え方であった。

同時に、それを達成するための「二五〇年計画」が発表された。二五〇年を一〇節に分割し、二五年をさらに三期に分け、第一期の一〇年は建設時代、次の一〇年は活動時代、最後の五年は世間に対する貢献時代とし、それを一〇回繰り返そうという遠大な計画である。

今でもパナソニックは、この五月五日を創業記念日としている。この時松下はまだ三七歳という若さだった。

関西の人間なら〝今太閤《いまたいこう》〟と呼ばれた松下の、この有名な逸話を知らないはずがない。

（よし、俺もやってやる！）

と、〝命知元年〟を宣言した時の松下より八歳も若い、二九歳の幸一は思ったのだ。

幸一の美質の一つに、先人の成功体験を素直な気持ちで吸収し、仕事に生かそうとする点がある。この時がまさにそうであった。

真似るのは誰にでもできるが、実質が伴っていなければ意味がない。松下が命知元年を宣言した時には社員の間に激しい熱狂が起こり、社長の松下に対する強力な求心力が生まれた。

問題は、それが和江商事にも起こるかどうかだった。

寒さが最も厳しくなり、体型補正下着が一番売れなくなる二月。今こそ切り札である五〇年計画発表の時である。

もうすっかり在庫管理が板についてきた内田が、二月一日に月初の在庫確認を終えた後、全員ですき焼き会を開いた。

社員たちの気持ちとしては、

（すき焼きはいいから、しっかり給料を払ってほしいなぁ）

というのが正直なところである。

みななんとなく元気のない顔をしている。

ここで幸一はやおら立ち上がると、手にした巻紙を勢いよくばっと広げた。

そこには得意の毛筆で例の五〇年計画が書かれている。そして手振り身振りを交えながら熱く語り始めたのだ。

「我々はこれから世界一の下着メーカーを目指す。そのために一〇年一節の五〇年計画を考えた！　最初の一〇年で国内市場を開拓し、次の一〇年で国内における地位を確固たるものにする。七〇年代から八〇年代にかけては海外市場の開拓に注力し、九〇年代にはブランドを確立して世界企業になるんや！」

九名の社員たちはみな、箸を止めて聞いてくれてはいたが、口をポカンと開けたままだ。

気宇壮大さに打たれたからではない。明日にも倒産しそうな会社が何を言っているのかと、呆れてものが言えなかったのである。

「『何を言うてはんのやろぉ。大風呂敷もええとこや』と思いましたよ」

これを聞いた時の率直な気持ちを、内田は昨日のことのように筆者に語った。

あきれ顔でいる社員にかまわず、幸一は語り続けた。

「まず手始めに三年で親父の墓を建て、一〇年で自社ビルを建築し、従業員は一二〇〇人くらいにする！」

顔が上気して次第に真っ赤になっていく。真冬なのに額に汗がにじみ始めた。

結局この時、社員の間に幸一の期待したような熱狂は起きず、独り相撲に終わった。

だが塚本幸一という経営者が信念を貫く男として世に知られ、ある種の伝説として語られるようになるのは、この時社員の誰もが本気にしなかったこの五〇年計画を、その後、黙々と実行し続けていったからなのである。

後年、幸一はよく〝貫く〟と揮毫《きごう》した。

〈根性とは信念を持ち、長期の正しい計画を持ち、どのような困難にも打ち勝ち、そのために何年かかろうが、どのような迫害にあおうが、やり抜き、やり遂げることだと私は信じている〉

そう記した彼の著書のタイトルは『貫く――「創業」の精神』。

女性下着市場の将来性に対する揺るぎない確信と、五〇年計画で示した世界企業に至る道筋を、まるで人生を貫く一本の道のように、愚直なまでに忠実に歩み続けていくのである。

「そのうち『あの社長が言いはるんやったら』と思えるようになっていったんです」

内田は取材の際、遠い昔を懐かしむような目をしながら語った。もちろんそこにたどり着くまでには、相当の年月を必要としたのだが。

## 宗教に心のよりどころを求めて

五〇年計画を掲げたからといって、悪化した資金繰りが良くなるわけではない。財務を任されていた中村の悩みは深かった。

彼は後年『株式会社ワコール財務小史』という冊子を編纂している。その中で、〈昭和二十四年の暮から二十五年の春にかけて、この約半年間の経営の切回しは、まことに劇的かつ悲愴であった〉

という印象的な言葉で、この時期の葛藤の日々を刻印している。

そもそも彼が『株式会社ワコール財務小史』なるものを書き残したのも、大企業となってからの財務しか知らない若者たちに、スタートアップ企業時代の苦労を伝える目的があったはずだ。なんとこの冊子には「裏面史」という意味深《いみしん》な項目がある。その驚くべき内容は後で触れる。

幸一も精神的にとことん追い込まれた。

経営者は孤独である。いくら川口や中村でも相談できないこともある。思い悩み、眠れない日々を過ごした。

そんな中、創業メンバーの一人である柾木平吾の結婚式で、宗教法人自然社京都教堂長の小《お》野悦《のよし》という人物と出会った。

自然社とは、戦前の「ひとのみち」教団を継承し、森羅万象の根元たる皇大神《すべらおおかみ》を信仰の中心とする新興宗教である。人間本来の明るく素直で、自然（さながら）な心で生きていく道を人々に示した。

小野について詳しい資料は残っていないが、『自然社五十年史』に掲載されている昭和二六年（一九五二）一一月付の写真を見ると、知的な風貌の初老の紳士であったことがわかる。「ひとのみち」教団時代からの教師（信者たちの指導役）で、小野悦師と〝師〟をつけて呼ばれていた。

幸一にとっては、精神的な支えが欲しくてならなかった時である。

「そもそも難関を突破するにはどうしたらいいのでしょう？」

という切実な問いをぶつけてみたところ、

「難関など、この世にありません」

という言葉が返ってきた。

「どういうことですか？　納得できません！」

幸一が語気強く不満を漏らすと、

「難関は個人の主観であり、絶対的なものではないからです。もし絶対的な難関というものがあれば、一〇〇〇人が一〇〇〇人耐えられなくなり、自殺に至ることになってしまいます。ところが現実には、そんなことは起こっていない。かける眼鏡が違えば、難関は難関でなくなるのです」

という言葉が返ってきた。

これは深い。感心した彼は次の日からしばらく自然社の京都教堂に通うことにした。

早朝まだ家人が寝ている時に起きて道場に向かう。午前六時から八時頃まで、信徒の体験談の発表があったり、小野の教話があったり、瞑想の時間などがあった。

そこで小野に会うたびに疑問をぶつけ、教えを受けていったが、一番感動したのは、

「そもそも我々は生きているのではなく、生かされているのです」

という、あの復員船で感じたことを小野の口から聞けたことであった。

そして二年ほどが経ったある日のこと、小野と対話をした後、いつものように瞑想していると、これまで自分の生きてきた人生の歩みについての記憶が次々とよみがえってきた。

どれほどの時が経っただろう。やがて彼の胸の内に、戦友たちの命を背負っている自分なら、生かされていることに気づいた自分なら、必ずや五〇年計画を達成できるという自信がふつふつと湧いてきた。

その瞬間、

「わかりましたぁ！」

と絶叫すると、涙と鼻水を流しながらその場に倒れ込んだ。

幸一なりの悟りの境地を開いたのだ。


この時、生かされている自分を貫くため、小野との対話に助けられながら見い出したキーワードが「知己」（おのれを知る）という言葉だった。

塚本幸一の経営思想の根幹をなすものであり、少し長いが彼自身の文章をここに引用する。

〈おのれを知る――。言葉通りに解釈すれば簡単なことだが、これを実践することは、なかなかできない。おのれを知る、ということは、物事に対する判断でつねに「可」か「不可」をい

える状況に自分をもっていることだ。

よく、「あれは大変だ」とか「むずかしい」といった表現をする人がいるが、これほど物事から逃げている言葉はない。世の中のことは、自分が「できる」ことと「できない」ことの二通りしかないのだ。その判断をつねに無意識のうちに下せるようにしておくのが、「おのれを知る」なのだ。

では、なぜ、「できる」「できない」の視点からしか物事を見ずに、もっとあいまいな解釈も認めないのか。人生にリハーサルはないからである。

人生はつねに本番である。一刻一刻が、死ぬほどの真剣勝負のときなのだ。特に自分は「生かされている」と思って毎日を過ごしているわけだから、天が私にいつ死を与えるかもしれない。そのときがいつ来てもいいように、一日一日を真剣でいたいと思うのは当然のことである。

しかし、どんなときでも「可」「不可」を明確にいえる自分をつくっていくためには、不断の克己心、努力が必要である。

例えていうなら、甲子園球場のピッチャーズマウンドに立っている自分がいて、それを見つめている観客席のもう一人の自分がいるようにすることだ。つまり、主観と客観をつねに用意しておくことだ。これがないと、異常事態が起きたとき、とんだ失敗をやらかす。また、人生というのは、異常事態のくり返しである。それに対処できるようにしておけば、恐いものなどはない〉（『私を支えた人生の座右書』扇谷正造監修）

戦場で、あるいは経営者として、修羅場をかいくぐってきた者ならではの迫力ある言葉だ。

彼がいかに厳しい思いで〝おのれを知る〟という境地を捉えていたかがわかるだろう。彼はこの言葉を自分の座右の銘とするとともに、後に社内報のタイトルにもしている。

この開眼を契機に、昭和二七年（一九五二）一〇月、幸一は自然社を退会する。彼が入会していたのは二年八ヵ月間ということになるが、振り返ってみれば実り多い時間だった。

## 東京飛脚

ここで時間を少し戻したい。

自然社に入会したのと同じ昭和二五年（一九五〇）二月のこと、会社存続の危機に立っていた幸一は、強い決意を持って上京した。百貨店攻略のためである。

以前、だめもとでブラパットを三越に持ち込んだ際、

「直接の納入は認められませんが、半沢商店さんを通じてなら検討してもいいですよ」

と言われたことがあった。

半沢商店は東京の大塚に本社を置く大手衣料雑貨問屋である。都内の百貨店への女性下着の納入をほとんど押さえ、飛ぶ鳥を落とす勢いだった。

当時を知る人の証言を総合すると、半沢商店は創業社長である半沢巌《はんざわいわお》の強力な個性に裏打ちされたワンマン会社であり、半沢社長の祇園での豪遊ぶりは京都でも有名で、幸一が後に贈られることになる〝祇園の夜の帝王〟の称号を、当時は彼がほしいままにしていた。

機先を制することの好きな幸一としては珍しいことだが、これまで半沢商店へのアプローチは敢えて避け、距離を置いてきた。

ここは慎重に事を進めようと考えたのだ。もし半沢商店に取引をお願いして失敗したら、百貨店への進出は諦めねばならない。なんと言っても百貨店に置いてもらえるのが、当時の一流の証明だった。

ところが……事情が変わった。そもそも倒産の危機に直面しているのだ。失敗を恐れている場合ではない。うまく取引ができれば、大きな商売になる。起死回生の一手にするべく、不退転の決意で半沢商店訪問を決意した。

行ってみると意外と小さな店舗であった。商品が道にはみ出すほど置かれ、みなかいがいしく働いている。

「ブラパットの和江商事ですが……」

と挨拶すると半沢社長本人が出てきてくれ、彼の口から意外な言葉が飛び出してきた。

「いいところに来てくれた！　春も近づいてきたので、そろそろブラパットを仕入れようと思っていたところだよ」

なんとその場で五〇ダースもの注文をくれたのだ。

「ありがとうございます！」

深々と頭を下げ、店を出てもう誰も見ていないところまで来た時、へなへなと力が抜けた。

これで倒産の危機はなんとか回避できる。

（まだ天は俺を見捨てていない！）

そう思った。

京都に帰る道すがら、その日見た半沢商店の店先を思い出していた。扱ったことのない商品がたくさんあった。とりわけコルセットの優美さに強く惹かれた。

京都に着くとすぐ、半沢社長に宛てて手紙を書いた。五〇ダースもらったブラパットの注文代金を、お金ではなくコルセットでもらいたいと申し出たのだ。幸一は半沢商店を、自社製品を百貨店に売ってもらう問屋として利用しながら、逆に自社で小売りする製品を卸してもらう問屋としても利用しようとしたわけだ。

半沢は驚いたに違いないが、了解したという返事とともに商品が送られてきた。

それらに和江商事が当時商標として使っていたクローバー印を貼って売り歩いたところ、仕入れ分はまたたく間に売り切れてしまった。

それからというもの、幸一は毎週ブラパットを担いで夜行に乗り、半沢商店にブラパットを届けると同時にコルセットの仕入れをしに出かけた。この後、約一年四ヵ月の間、京都と東京の往復が続くのである。彼はこれを〝東京飛脚〟と呼んだ。

そのうち幸一は〝東京飛脚〟に内田を同行させるようになった。

男性社員はそれぞれの得意先回りで忙しい。そこで内勤の彼女に目をつけ、荷物を持たせると同時に、もう一つの目的を秘めて連れていったのである。

大型のトランク二つに商品が一杯入っている。救いは、かさばりはしたが商品自体が軽かったことだろう。

夜行列車だから席が取れないと大変だ。上りは特に混む。そこで入社したばかりの服部清治にあらかじめ席取りをさせておく裏技を使った。

宿賃を節約するため、相変わらず日帰りである。

特急列車の「つばめ」でさえ東京まで行こうとすれば七時間半ほどかかった時代。夜行だと一〇時間以上かかる。東京に出るのは、今で言えばアメリカ出張くらいのイメージだった。一等や二等でなく、もちろん三等列車だったから、今の飛行機のエコノミークラスのほうがよほど快適であったろう。

夜行列車は朝六時半に東京駅に着く。半沢商店が店を開ける八時までの間を利用して、銀座にできたばかりの東京温泉で汗を流し、朝食をとってから半沢商店に乗り込んだ。

半沢商店の商品は人気があるから、仕入れ量を確保するのが大変だ。ここで内田の出番である。男だけなら向こうも関心を持たないが、わざわざ女性が長い時間をかけて上京してきたとわかると対応が違う。

二人並んで頭を下げ下げしながら、できるだけ多く仕入れさせてもらえるよう頑張った。当時のコルセットは人気商品だ。他社もみな欲しがっている。二人はずっと職人の横にはりついて、他の店に持っていかれないよう見張っていた。

そしてもう帰らねばならないリミットである夕方六時頃、完成された商品がたまったところで最後にもう一度頭を下げ、帰途についた。ブラパットと違いコルセットはかさばるので、持参したトランクだけでは間に合わない。一反風呂敷と呼ばれる大判の風呂敷に包んで逃げるように店を出て、再び夜行列車に飛び乗るのだ。

列車に乗る頃には、くたくたになっている。

「もうちょっと会社が立派になって、このへんに一泊できるとこができるとええなぁ」

熱海を通る時、幸一が独り言のように口にしたのを内田は記憶している。

その後も幸一たちは、五日から一週間に一度の割合で京都と東京を往復した。すると三ヵ月ほどしたところで、和江商事の収支はついに黒字に転じたのだ。

ところが好事魔多《こうじまおお》しという。

突然半沢商店から、

「和江さん、申し訳ないが、おたくのブラパットはもういいよ」

と告げられた。

理由を聞けば、ラテックス（ゴム原料）製ブラパットが出回り始めたからだという。それを手に取ってみた瞬間、はっきりと悟った。

（こらあかん……）

柔らかくて、針金の入った従来のブラパットとは比べものにならない装着感だ。値段は高いのだが、それでも従来品はあっという間に駆逐《くちく》されていった。

これでブラパットを卸すことはなくなり、コルセットの仕入れだけが残った。同時に和江商事の主力商品も、ブラパットからコルセットに変わっていくのである。

「コルセットを売るにも見栄えが大事や。箱の中張りを桃色にして中味のコルセットが浮き上がって見えるようにしよう」

化粧箱にも工夫を凝らした。デザインや広告に気を遣うのは創業期からの伝統である。

この分野は自然社で出会った若者が頑張ってくれていた。京都市立美術大学（現在の京都市立芸術大学）の学生であった西村恭一《にしむらきよういち》である。最初は夜間のアルバイトとして雇い、後に正社員にして、広告宣伝分野を担当させていたのだ。

コルセットの売上げは順調だったが、幸一は物足りないものを感じていた。それは女性下着を扱っていながら、肝心のブラジャーの品ぞろえがなかったことだ。

そしていよいよ、ブラジャーへの本格参入を試みることとなるのである。

## ブラジャーへの進出

そもそもブラパットは洋服の裏に縫い付けるため手間がかかる。それに比べブラジャーは着けやすく、すでに中島武次《なかじまたけじ》という人物が昭和二三年（一九四八）に大阪の高槻《たかつき》で中島商事を設立し（設立の翌年にはニュールックと社名変更）、ブラジャーの製造を始めていた。

負けてはいられない。自分でも作ってみようと考え、シアーズ・ローバックのカタログの中のブラジャーの写真を手本に、見よう見まねで型紙作りから始めることにした。

モデルが必要だ。妻の良枝に声をかけた。

「ちょっと胸貸してくれるか？」

最初は驚いていたが、こころよく協力してくれた。

仕事が終わってから採寸を始め、深夜までかかってボール紙で型紙を起こした。これを縫製業者に出して第一号自家製ブラジャーが完成したが、良枝が試着するまでもなかった。洋裁の知識のない幸一は、型紙に縫い代を入れることさえ知らず、おもちゃのようなものができあがってしまったのだ。

気を取り直し、縫い代も考えた型紙でいざ生産に入ろうかと思ったが、今度は肝心の生地が足りない。衣料品はこの当時、統制品だったからなかなか手に入らなかったのだ。

ここでまたも八幡商業時代の人脈が生きた。

同級生が京都の浜口染工という会社の経営者一族だったつてを頼り、反物の端切れを手に入れたのだ。ブラジャーは小さなパーツを縫い合わせてできているから端切れでも縫製できる。それに端切れは統制の対象外だ。

こうしてようやく和江商事オリジナルのブラジャーができあがり、新商品第一号であることから「一〇一号」と命名された。カップのサイズは同じだったが、脇布の長さでＳＭＬの三段階にして売り出した。

ところが発売早々、壁にぶつかる。和江商事のブラジャーを作っていた下着工場が、幸一の苦心して作った型紙を利用して横流しを始めたのだ。その先は、よりによってライバル会社の青星社《せいせいしゃ》（旧青山商店）だった。

（信頼できる専属の契約縫製工場が欲しい……）

そう痛感していた折も折、出入りしていた京都産業新聞の記者から、元京都被服社長の木原《きはら》光治郎《みつじろう》を紹介された。

幸一より三三歳も年上の六二歳である。

「商品は神様なり！」

という木原の言葉が残されているが、職人かたぎで真面目を絵に描いたような人物だ。かつて高島屋呉服部に勤務し、外商部を経て独立。「古代屋《こだいや》」という屋号で呉服商を営んでいたが、戦争中は軍服製造に転じ、戦後も細々とではあるが仕事を続け、信頼できる人だと評判であった。

早速、木原の事務所で専属契約交渉に臨むこととなった。

木原の工場（木原縫工所）は、中京区室町《むろまち》姉小路角《あねやこうじかど》にある。表から見ると典型的な京町家にしか見えないが、奥に洋館の事務所があり、中庭を挟んで裏に地下一階、地上三階のビルが建っていた。

会ってみると、和服の似合う大柄な人物であった。

「木原さんにお会いできて本当に嬉しい。誠実に製造してくれる方を探していたところだったのです。うちは資金力はありませんが販売には自信があります。貴社で作ってもらった製品はすべて買い取らせていただきます」

威勢のいいことを口にしたが、幸一は資金力のないことを裏付けるように、極めて虫のいい条件を出した。

「そのかわり木原さんには、うちの注文した製品の材料を仕入れていただくのに五〇万円の資金をご用意いただく必要があります。当社は貴社の全製品の代金を六〇日間の手形で支払います」

簡単に言えば、〝材料の仕入れはそちらでしてください。そのかわり、できあがった製品はすべて買い取ります。ただし支払いは六〇日後になります〟ということだ。

木原はしばし腕組みして考えていたが、

「わかりました」

と静かにうなずいた。すべての条件をのんで和江商事と専属縫製工場契約を結んでくれたのである。

これには条件を出した幸一の方が驚いた。

〈よく木原氏が僕を信頼して呉《く》れたものと之《これ》も未だに不思議である〉（社内報『知己』）

というコメントを残しているが、これにはある事情があった。

実はタイミングが絶妙だったのだ。たまたま木原は今後の事業展開に行き詰まっており、何か新しいことに取り組まねばと焦っていたところだった。そこへ現れた塚本幸一という青年実業家は、自分の失いつつあった若さと強烈な事業意欲を全身にみなぎらせていた。

（この男に賭けてみよう！）

そう思ったのだ。

幸一の情熱が、運をぐいっと引き寄せたのである。

ワコールの初期のブラジャー（昭和26年(1951)頃）

木原は和江商事からの受注に備え、ミシン一六台を整備し、新たに縫製工の募集までしてくれた。幸一も木原の熱意に応え、販路拡大に努めていった。

東京に定期的に出張して半沢商店からコルセットを仕入れる〝東京飛脚〟は続けている。相変わらずこれは売れたが、抜け目なく次の一手を探っていた。

「また〝偵察〟に行ってくるわ」

いつからか彼は〝東京飛脚〟をこう表現するようになっていた。

半沢商店からコルセットを仕入れながらも、彼らがパーツをどこに作らせているかといった情報収集を行っていたのである。時には半沢商店の店内の伝票を盗み見ることさえした。

「いつまでも半沢はんの風下についているわけにはいかん。これからは半沢はんに代わって、うちが直接、百貨店にも納入していきたいんや」

幹部たちには自分の思いを正直に語った。

(なんと豪胆な。しかし、社長はすでに商売の世界を戦場と心得ているのだ。弾は飛ばずとも、命をとるかとられるか。〝偵察〟という軍隊用語を使ったのも、そうした気持ちの表れだろう)

川口たちは今更のように、幸一の強い覚悟を知ったのである。

## 四条河原の決戦

半沢商店を仲介しない百貨店への直接納入先として、最初に狙いを定めたのは、四条河原《しじょうかわら》町《まち》にある高島屋京都店だった。東京に本拠を持つ半沢商店の目が届きにくく地の利のある京都から攻略していこうと考えたのだ。

戦災でも焼け残った堂々たる構えの難波《なんば》の高島屋大阪店(実質的な本店)とは違い、京都店は〝マーケットセンター〟という名の鉄筋三階建て地下一階のこじんまりとした店舗だ。それでも百貨店としての格式は十分ある。

たまたま遠縁にあたる岡田和子がここで働いており、店内の様子を教えてくれたが、まだ女性下着を置く様子はないという。売れ筋商品として認識していない証拠だった。

そうこうするうちにチャンスがやってくる。

昭和二五年（一九五〇）六月、京都円山《まるやま》公園内の東観荘でファッションに関する京都産業新聞主催の座談会が開かれ、高島屋京都店の中川次郎課長とともに幸一も呼ばれたのだ。

メンバーはそのほか、有名デザイナーの藤川延子《ふじかわのぶこ》（京都造形芸術大学創立者）、復員してきた日に伯父の家で模造真珠のアクセサリーを教えてくれた五十鈴の井上早苗社長、戦前から幸一がお世話になってきた婦人雑貨店の花房吉高という顔ぶれ。

主催者には申し訳ないが、幸一の関心は完全に中川課長に向いていた。座談会で話した内容も、中川が女性用下着の可能性に目覚めるよう仕向けるものだったのだ。後に幸一を応援してくれることになる藤川も援護射撃をしてくれたのはありがたかった。

座談会が終わるのを待って、中川を呼び止めるとこう切り出した。

「先ほどお話ししましたように、これからは体のラインをきれいに見せる女性用下着が必ず売れます。高島屋さんでも扱われませんか？」

こうなるともう、中川は幸一の術中にはまっている。

「今のスペースでは無理ですが、今年の一〇月頃に売り場拡張が完了する予定です。その時には是非置きたいですね」

と言ってくれた。

売り場拡張と一概に言っても大規模な増築であり、高島屋京都店は〝新規開店〟と銘打って大々的なセールをする構えだった。その後の交渉で、納入日も聞き出し、間違いなく商品を置いてもらえるという感触を得ることができ、鋭意準備を進めていった。

「一〇月には高島屋と取引できるぞ！」

あんまり嬉しくて、社員だけでなく家族や親戚にまで話してしまった。そして四条通の高島屋の前を通るたび、工事が終わるのを今や遅しと眺めていた。

ところが九月二七日の夜、驚愕の報せが届く。

「お兄さん、あの話あかんようになったみたいよ！」

仕事帰りに家に寄ってくれた和子が教えてくれたのだ。

知らない間に、ライバルの青星社が巻き返していたのである。難波の高島屋大阪店の推薦により、京都店への商品納入を決めていた。

複数社が納入できるはずはない。幸一の顔色が変わった。

「中川課長の家はどこや？」

と和子に尋ねると、すぐさま家を飛び出していった。

中川の家を訪ねあてた時には、もうすでに夜の一〇時を回っていた。家の明かりも消えている。しかし、そんなことはおかまいなしに、戸をたたいて中川を起こした。

「こんな時間にどうしました？」

けげんな顔の中川に、幸一は真っ赤な顔で詰め寄った。

「聞けばほかに納入先が決まったというではないですか。一体どうなってるんです？」

激しい口調で不誠実を責めた。

幸一の勢いにたじたじとなりながら、中川はやっとの思いでこう口にした。

「上層部の判断だよ」

だが、そんな常套句《じょうとうく》の言い訳で納得できるはずもない。

「うちはお約束の日に納入できるよう一生懸命商品を作ってきたんです！　それを商品も見ずに取引しないとは、あまりにひどい話じゃないですか？」

納得のいく説明をしてくれなければ、その場をてこでも動かない構えだ。

中川にも約束をたがえた後ろめたさがある。明日、上司で雑貨第二部長の花原愛治に会わせようと言って、その場は引き取らせた。

だが幸一は知らなかったのだ。翌日、中川から事情を聞いた花原が、よしわかったと引き受けた上で、

「例によって、うまく断っておくから」

と告げていたことを。

雑貨第二部の担当範囲は、婦人雑貨のほかに靴、鞄《かばん》、文具、玩具、時計、眼鏡、家庭用品、家具等と幅広かった。売れ筋は、傘、ショール、ハンドバッグなどである。初めて扱うことになった婦人下着は試しに置いてみるだけで、さほど期待してはいない。

ましてて新規開店のドタバタだ。どこの会社のものがいいとか吟味する暇もなく、たまたま本店から推薦があったのをもっけの幸いと、納入業者は青星社に決めてしまったというわけだった。

幸一は高島屋側の事情を知っていたわけではないが、絶体絶命のピンチから一発逆転を狙わねばならない状況であることは理解していた。

そして臆《おく》することなく一世一代の大演説をぶった。

花原は話を聞きながら思い始めた。

（この人はどんな商品でも売ってみせるという迫力がある。一旦決めた青星社を断ることは本店からの推薦があった手前できないが、両者を競争させてみるというのはありかもしれん）

そして思案した揚句、

「では一週間だけテスト販売の期間をさしあげよう」

と譲歩案を示してくれたのである。

要するに青星社と販売競争をやってみろというのである。

「望むところです！」

幸一は深々と頭を下げた。

与えられたのは一〇月一日からの一週間。スペースの関係で、両社ともに商品を陳列できるのはショーケース一つだけ。

何が何でも勝たねばならない。

さすがに女性下着の店頭販売を男性がやるわけにはいかないが、腹は決まっていた。

内田美代に任せようとしたのである。

九月二九日、いつものように市内のセールスをして帰ってきた後、幸一は内田を呼んだ。

「あさって午後から、高島屋さんで新築開店セールをやる。青星社と競争や。その結果でうちが納入できるかどうかが決まる。ついては君に販売員として立ってほしいんや」

ところが内田は、簡単に引き受けてはくれなかった。

内田に取材した際、彼女は当時の心境を思い出したらしく、興奮気味にこう早口にまくし立てた。

「だって売り子ってね、私らの時代、水商売みたいなイメージやったんです。だから絶対無理やって言うたんです！」

六〇年以上前の出来事だというのに、そう語る彼女の表情は、本当にいやだったことがリアルに伝わってくるものだった。

だが幸一は、では他の女性にやらせようとは言わなかった。

「内田しかおらんのや！」

この一点張りであった。

幸一の強みは人を見抜く力である。社運を賭けた戦いに、すべてを任せられるのは彼女しかいないと確信していたのだ。

内田は必死に固辞したものの、最後には折れた。

「あの時の塚本さんは、〝断れない雰囲気〟を持ってはりました」

内田はさっきまでの興奮気味な口調とは一転して、いかにも懐かしそうな表情をしながらしみじみとそう語った。

こうして昭和二五年（一九五〇）一〇月一日、青星社と対決する日の朝を迎えた。

高島屋京都店一階の入ってすぐのロビーに両社の売り場が設けられている。今で言えば宝飾品や香水・化粧品などが並んでいる場所である。いかに高級品扱いだったかわかるだろう。実際、当時の商品は高いものだと一〇〇〇円ほどもした。公務員の初任給が五〇〇〇円という時代だから、現在価値にして四万円はする計算だ。

商品の扱い方も違う。今のようなワゴン販売やつり下げられているのではなく、ショーケースの中にうやうやしく並べられていた。

売り場には内田が立っている。高いハイヒールを履いて背筋をピンと伸ばし、凛《りん》としたいでたちだ。

一方の幸一は目立たないよう背後に控えている。男性がいると女性は下着が買いにくいからだ。女性客の眼に極力触れないようにしているため、こそこそした動きになるのはやむを得なかった。

販売が開始されると、初めて取り扱いが始まったことに加え、二社が競争で売っているというので評判となり、大変な人だかりとなった。

内田は接客に専念し、幸一に売れた商品とお客からもらった代金を渡す。すると彼がレジへ行って包装し、おつりとともに内田に戻す。二人三脚の連係プレーが始まった。

内田は抜け目ない。自分の商品を売りながら、横目で青星社の売上げをチェックしていた。

（うちのほうがずっと売れてる……）

おつりを受け取る時、そっとささやいた。

「社長、いけてまっせ！」

幸一はそれまでの緊張した表情を緩《ゆる》めて破顔した。

店が閉まってから当日の売上げを計算していく。内田は予想以上の好調に思わず泣き出してしまった。

「あれほど嫌がってたのに、ほんまに良くやってくれた。ありがとうな、内田のお陰や。よし、帰りにとんかつをごちそうしてやろう！」

当時のとんかつは大ご馳走だ。今まで泣いていた内田の顔に笑顔がこぼれ、大きくうなずいた。

こうして一週間はあっという間に過ぎていった。

後に〝四条河原の決戦〟と呼ばれ、ワコールの伝説となるこの勝負、結果は売上高ベースで五対一。和江商事の圧勝に終わった。

この時の和江商事の売上げは一日平均一万五〇〇〇円。現在の六〇万円ほどにあたる。一つのショーケースの売上げだと考えれば、大健闘と言うべきだろう。

青星社には、新参者の和江商事に負けるはずがないというおごりもあったのだろう。販売員が売り場でたばこを吸っているところを高島屋の幹部に見つかり、こっぴどく叱られるおまけまで付いた。

「おたくに決まりました」

花原部長からそう告げられた時、幸一は戦地から帰ってきて初めて男泣きに泣いた。

だが、ここで満足するわけにはいかない。

高島屋の本店は難波にある大阪店だ。〝四条河原の決戦〟の二ヵ月後、その高島屋大阪店の地下に大きな売り場が完成することになっていた。彼らはそれに「ニューブロード・フロア」という派手な名前をつけ、目玉商品をずらっと並べて大々的に売り出そうとしていたのだ。

幸一はここでも機先を制しようと、高島屋京都店の花原部長に口添えを頼んだ。

「あっちは、うちとは格が違うよ」

そう忠告しながらも、花原はこころよく推薦状を書いてくれた。推薦しても顔をつぶされない確信があったからだ。二人の間にはすでにそうした信頼関係ができていた。

昭和二五年晩秋、幸一は高島屋大阪店の婦人子供洋品仕入れ課長だった伊藤重恭《いとうしげやす》を訪ねた。花原の推薦状が功を奏したのだ。このチャンスを何が何でもものにしなければならない。

この時の幸一の様子を、伊藤課長は後年、次のように記している。

〈当時、私達のところではニュールックさんといったところと取引関係にあり、「和江商事」さんなど私の頭の中にはなかったのであるが、この青年は私のデスクの前に坐るなり、自分の生立ち「和江商事」設立のいきさつ、「和江商事」の商品の優秀性、女性下着の将来性などについて、真剣に、誠意をこめて話出したのである。私は机の上に並べられたブラジャー、コルセットの見本には目もくれずひたすら相手の澄んだ黒い瞳に注目をしながら、この青年の話に耳を傾けていたのであるが、とうとうと述べるこの青年の話の中に、商売に打込もうとするひたむきな気迫と若い情熱が感じられた〉（『ワコールさんと私』伊藤重恭著『ワコールうらばなし』所収）

花原部長の時と似た感想である。この頃の幸一が、いかに相手に強い印象を残したかを物語るエピソードであろう。

果たして、幸一の熱意は伊藤課長の心に届いた。

「商品をすべて見せてくれますか？」

そう言ってくれたのだ。

品質には自信がある。チェックしてもらった結果、ブラジャーを各種一ダースずつ、その他の商品を半ダースずつ納入してもよいとの回答を得た。

和江商事は、ついに高島屋の本丸を落としたのだ。

## 株主総会の練習

昭和二五年（一九五〇）一二月一日、高島屋大阪店地下に「ニューブロード・フロア」がオープンすると、来店客が最も行き来する場所に和江商事のショーケースが三台、青星社のショーケースが一台置かれることとなった。

幸一はオープンセールに際し、内田を再び起用する。

高島屋京都店の売り場(昭和26年(1951)頃)

彼女もさすがにセールスレディの大切さは十分理解した。やる気が出たことに加え慣れもあって、売り場での動きは前回以上にきびきびしたものとなっていた。

毎日売り場に立つだけでなく商品別販売状況を分析し、本社に売れ筋商品の発注をした。連絡するだけではない。六時の閉店を待って京都の本社に戻り、翌日持っていくための梱包を誰の手も借りず一人でした。そして翌日には彼女自身が商品を持って大阪までやってきて納品を済ませ、またすぐ売り場に立って販売をするのである。無駄な動きは一切なかった。売上げを最大にするために、自分ができることは一人ですべてやってのけたのである。

先述の伊藤課長は、次のように書いて内田のことを絶賛している。

〈毎日毎日、女性にとって苛酷とも思われる仕事を何の不平も抱かずに続けたのであるが、彼女こそ本当の意味でワコールと運命を共にしてきた人ではなかろうかと思われるのである。例え社長の経営理念に共鳴したとはいえ、昭和二十五年当時に、すでに、このような猛烈社員が「ワコール」さんにおられたということは、非常な驚きであった。そして私は驚きながらも「ワコール」という会社は、どえらいことをし遂げる会社だと思ったものである〉（前掲書）

内田自身も気づいていなかった彼女の才能は、こうして開花した。

これから先も内田は新規開拓先の切り込み隊長を任され、その売り場の運営が軌道に乗ると後進にバトンタッチするということを繰り返していくこととなる。

そのうち内田は幸一の個人の通帳や印鑑も管理し始める。それはこれまで中村がやってきた仕事だ。全面的な信頼の証しである。その後、代々優秀な女子社員にその仕事は引き継がれていった。

「ニューブロード・フロア」オープンセールの結果は〝四条河原の決戦〟の再現でしかなかった。和江商事の圧勝である。しばらくすると青星社のショーケースは和江商事に取って代わられ、姿を消した。

時を経ずして、強力なライバルだった青星社は倒産の憂き目に遭う。市場が拡大しているからと安心していられるほど女性下着業界は甘くはなかったのだ。

感傷に浸っている暇はない。幸一は五〇年計画に掲げた大きな夢を目指し続けていた。

この期に及んでも、女性下着を扱うことに抵抗感がまったくなかったかと言われれば嘘になる。後年、彼は次のように本音を語っている。

〈名刺を出した相手から〝何屋さんですねん？〟と聞かれると、自分自身が惨めになってしまう時代がありました。社長が下着を扱うことを恥じているようじゃ社員も胸張って働けないだろうと気がついて、その後は自分の方から〝エロ商事のエロ社長です〟というようにしました。相手を圧倒するために先手を取るんですよ〉（「財界人まで生んだ『女の下着』」『週刊新潮』昭和五六年二月一九日号）

彼は〝エロ商事のエロ社長です〟と語る道化を演じながら、天下をとる日を虎視眈々《こしたんたん》と狙っていたのである。

まだ社員が三〇名もいない頃、幸一は仕事が一段落してから、しばしば社員たちの前で株主

終戦記念日に家族とともに(昭和25年(1950) 8月15日撮影)

総会の練習をした。

「本日はご多忙の中お集まりいただきまして誠にありがとうございます。私が本日の議長を務めさせていただきます塚本幸一でございます」

まじめな顔で株主総会の開会宣言をする。内田たちは噴き出しそうになるのを必死にこらえていた。

幸一はこうしたパフォーマンスを見せながら、社員たちに夢を語り、必死にモチベーションを上げていたのである。

高島屋大阪店からの要請により、昭和二六年（一九五一）一月、和江商事大阪出張所が開設されることになった。売上げが伸びた結果、商品を京都から運んでくるのは非効率であり、常駐の社員が必要となったのだ。

人手が足りないというので、一時は乳飲み子だった能交や真理を抱えた良枝が店番として大阪の出張所に通う有様だったが、しばらくしたところで、いい人材が見つかった。

幸一の母方の遠縁にあたる奥忠三《おくちゅうぞう》である。大阪出張所長を任せたところ、すぐに頭角を現した。

満州からの引き揚げ者だった彼は、平壌《ピョンヤン》の三中井《みなかい》百貨店で支配人を務めた経歴を持っていた。三中井百貨店は塚本家と同じ五個荘《ごかしょう》出身の中江勝次郎《なかえかつじろう》が創業し、一時は中国、朝鮮、満洲に一八店舗を展開するまでになっていた。売上げは内地最大であった三越をもしのぎ、日本一の巨大百貨店だった。

奥は内部事情に精通していることから、そごうや大丸といった大阪に本店を置く有名百貨店にも物怖《ものお》じすることなく入り込んでいく。仕入れ担当者を夜討ち朝駆け、瞬く間に攻め落とし、関西で残るは小林一三が手塩にかけて育てた名門阪急百貨店のみとなった。

時と人の利を得て、この昭和二六年から翌年にかけての販路拡大は、和江商事の大きな飛躍につながっていくのである。

第二章

# 男の戦争、男の敗戦

## 日本最強の商人集団・近江商人

ここで時間を巻き戻し、幸一の生い立ちと、彼の中に流れる近江商人の血について触れておきたい。

塚本幸一は大正九年（一九二〇）九月一七日午前八時、宮城県仙台市花壇川前町《かだんかわまえ》（現在の青葉区花壇）の地で、父粂次郎、母信の長男として生を享《う》けた。

両親ともに近江の出身だが、近江商人は様々な土地に進出しており、仙台もその一つだった。

彼らは地方にビジネス上の本拠を置いても、近江の屋敷を残し、二重生活をしている者が多い。そうすることで近江商人の伝統は途切れず、人材は再生産されていったのだ。塚本家もそうした近江商人の一族だった。

近くに住んでいた詩人の土井晩翠《どいばんすい》が、幸一の誕生を祝してこんな歌を詠《よ》んでいる。

一《はじめて》の国の調べに生まれきて
　　花壇の奥に幸《さち》まさるらん

生まれた年の一〇月一日、わが国最初の国勢調査が行われたことにかけたものだ。

土井晩翠と言えば、「荒城の月」の作詞でも知られる当時を代表する詩人である。その彼に歌を詠んでもらうとは、ただならぬ家柄であることがわかる。

絵心のあった幸一は生家のスケッチを残している。

庇《ひさし》付きの立派な門があり、木塀に囲まれていた。門を入ると石畳があり、向かって右にお勝手口、左に庭があり、左隣の軒続きの二軒は人に貸していた。

広瀬川がゆったりと蛇行《だこう》しながら家の前を流れ、仙台城のある青葉山をのぞむ風光明媚《ふうこうめいび》な場所だ。対岸には帝国陸軍第二師団の練兵場があり、訓練の様子がよく見える。軍国少年に育っていくのは自然な成り行きだった。

両親は絵に描いたような美男美女。生まれてきた幸一も父親に似たくりっとした目をし、はっきりした目鼻立ちの愛らしい子どもだった。

父粂次郎は滋賀県神崎《かんざき》郡川並《かわなみ》村（現在の滋賀県東近江市五個荘川並町）の出身である。川並村に塚本という郷があったことでもわかるように、先祖はこの地の有力者だった。粂次郎というのは祖父の名前であり、幸一の父親は二代目にあたる。

琵琶湖の東岸に位置する五個荘、近江八幡、日野《ひの》は近江商人の三大発祥地とされるが、父親は五個荘、母の信は近江八幡で生まれている。幸一は自分が近江商人の末裔《まつえい》であることに、この上ない誇りを感じていた。

近江商人――それはこの国の長い歴史において、特に傑出した商人集団だった。

商人と言えば船場商人が有名だが、近江商人は商都大坂にも勢力を伸ばし、江戸時代の船場の地図には〝近江屋〟や〝近長〟といった屋号の商家が多く見られる。江戸でも近江商人の進出は目覚ましく、日本橋界隈《かいわい》にしても〝近江屋〟という大店《おおだな》は十指に余る。結局、日本中の商取引を近江商人が牛耳っていたと言っても過言ではなかった。

近江商人が心がけたのは、今で言うCSR（企業による社会貢献）である。

近江商人にとって、「売り手よし、買い手よし、世間よし」という〝三方よし〟こそ商売の基本だった。〝世間よし〟がポイントで、社会貢献がなければその商売は永続しないということに彼らはいち早く気づいていたのだ。

全国各地に近江商人が寄付した橋などが残っているのは、その土地に貢献し、根付こうとした彼らの努力の証しなのである。

明治以降も近江商人の伝統は受け継がれていく。

住友財閥の基礎を築いた広瀬宰平《ひろせさいへい》と、その甥の伊庭貞剛《いばさだたけ》。丸紅と伊藤忠商事を創業した伊藤《いとう》忠《ちゅう》兵衛《べえ》。東洋綿花（後のトーメン）を創業した児玉一造《こだまいちぞう》に江商《ごうしょう》（現在の兼松）を創業した藤井《ふじい》善助《ぜんすけ》らなど、かつての十大商社のうちの四社までもがこの地をルーツとしているのは壮観である。西武グループを率いた堤康次郎《つつみやすじろう》もまた、広い意味で近江商人の伝統を受け継いでいた。

幸一には、このわが国最強の商人集団の血が流れていたのである。

近江商人の中でも塚本一族はとりわけ名門だった。

塚本家隆盛の礎《いしずえ》を築いたのは塚本浅右衛門《あさえもん》（教悦《きようえつ》）の長男市右衛門《いちえもん》、次男孝左衛門《たかざえもん》、三男定《さだ》右衛門《えもん》、四男伴右衛門《ともえもん》、五男仲右衛門《なかえもん》の五兄弟で、すぐ途絶えた家もあったものの、子孫はおおむね代々この名前を継承していった。

とりわけ成功したのが定右衛門家で、幸一の本家筋である仲右衛門家がそれに次いだ。塚本一族について説明するのは、五兄弟からの枝分かれが多いことと、何代目という名跡《みようせき》と本名の両方が出てくるのでややこしいが、わかる範囲でさかのぼってみたい。

まずは最も繁栄した定右衛門家についてである。

大正一二年（一九二三）発刊の『今古《きんこ》大番附《おおばんづけ》』（東京番附調査会編）所収の「大正全国富豪番附」によれば、塚本定右衛門（おそらく四代目）は西日本で九位であり、山口県の毛利家や福岡県の安川財閥や、当時、造船成金として有名だった岸本兼太郎と肩を並べている。

滋賀ではダントツの一位であり、塚本定右衛門が当時、近江商人の頂点に君臨していたことがわかる。ちなみに納税額は一〇〇〇万円で、現在の貨幣価値にして六〇億円前後になる。

総合繊維商社のツカモトコーポレーションは、初代塚本定右衛門が創業した小間物問屋の「紅屋《べにや》（紅定《べにさだ》とも）」をルーツとしている。

中でも二代目定右衛門（本名定次）は傑物で、勝海舟とも交流があった。定次は貧しい人々のために学校を作り、奥石《おいそ》神社（近江八幡市安土町《あづち》）に山桜《やまざくら》一五〇本、八重桜《やえざくら》数十本の苗木を植え、人々の目を楽しませた。

勝海舟は『氷川清話《ひかわせいわ》』の中で彼についてこう語っている。

〈なかなか大きな考えではないか。かような人が、今日の世の中に幾人あろうか。日本人もい

ま少し公共心というものを養成しなければ、東洋の英国などと気取ったところで、その実はなかなか見ることはできまいよ〉

そして先述した通り、塚本五兄弟のうち定右衛門家に次いで隆盛を誇ったのが、幸一の本家筋にあたる仲右衛門家であった。

初代仲右衛門は明治二二年（一八八九）、仙台市大町《おおまち》（現在の仙台市青葉区大町）に塚本商店の看板を掲げ、綿織物や麻織物を扱い、東北六県を商圏に収め、繊維の卸業者としてはこの地方の最大手となっていった。

戦後しばらくは仲右衛門家の立派な本宅が五個荘川並町に現存し、柱が漆塗りで蔵が三つもあり、その繁栄ぶりをしのぶことができたという。

仲右衛門家も裕福であったが、定右衛門家にはさすがに及ばない。ひそかにライバル心を燃やすのは人の常である。定右衛門家が桜なら自分たちは楓《かえで》だと考えたようで、三代目仲右衛門（本名松二郎）は五個荘川並町に楓の木を植えた大規模な庭園の建設を計画する。

湖東平野のほぼ中央に位置する標高四三三メートルの繖山《きぬがさやま》の一角に登山用の道を開削し、川をめぐらし、橋を架け、人工の滝を造り、紅葉狩りをしながら様々な景色を楽しめるよう趣向を凝らした。

筆者も訪れたが、その規模の大きさに驚いた。山頂にある見晴台に立つと湖東平野から鈴鹿山脈を一望することができる。安土城《あづちじょう》址《し》から三キロほどしか離れておらず、かつて織田信長が天守から眺めていた景色もほとんど同じであったはずだ。

今は「紅葉公園《こうようこうえん》」として一般に公開されており、紅葉の時期は大勢の人が訪れる東近江市の観光スポットの一つになっている。

公園の近くには仲右衛門家の墓地も作られ、幸一の家もこの公園と墓地の造成には資金協力させられた。

さて、最後に幸一の祖父と父母についてである。

幸一の祖父である初代粂次郎は三代目仲右衛門の弟だったが、エリートぞろいの一族の中にあって少々異質な存在だった。

幸一は後年、

「極道《ごくどう》もんの筋だから」

としばしば口にしたが、ことに初代粂次郎は暴れん坊として知られていた。

大陸に雄飛する夢を抱いて朝鮮半島に渡るが、運悪く病気に倒れ、明治二八年（一八九五）二月、三二歳の若さで亡くなっている。その三年後には彼の妻せいも他界。この時、幸一の父である二代目粂次郎（以下粂次郎と略す）は五歳にも満たなかった。

初代粂次郎の兄である三代目仲右衛門に引き取られて他の従兄弟たちと一緒に育てられ、長じて後、塚本商店に入社する。

粂次郎はいい男ぶりで恰幅《かっぷく》も良く、おしゃれでハイカラなものを好んだ。このあたり、幸一は父親の血を色濃く受け継いでいるようだ。

【塚本家 家系図】

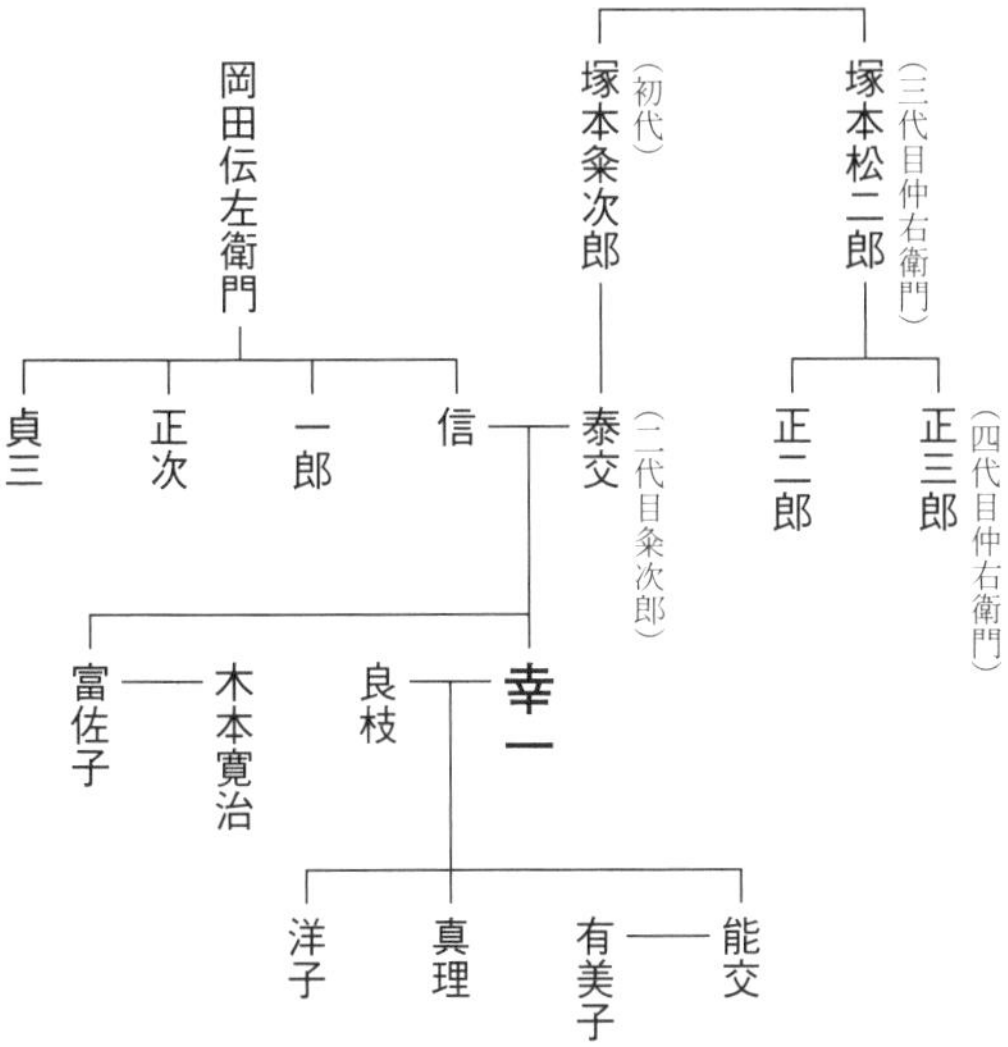

現在の紅葉公園

そして入社九年目に滋賀県蒲生郡宇津呂村《うつろ》（現在の近江八幡市）の岡田伝左衛門の三女信と結婚した。幸一の母である。

岡田家は宇津呂村に一三代続く大地主であった。代々村長を務めていたが、同村が八幡町に編入されてから、岡田伝左衛門はそこの町長を務めている。

胸に七つも勲章を下げた堂々たる写真が残されており、筆者が取材で訪れた近江八幡市の大雲院西光寺には、雅号である「岡田松翁《しょうおう》碑」と刻まれた五メートルを超える顕彰碑が残されていた。よほどの人物であったに違いない。

大正八年（一九一九）三月に二人は婚礼を挙げ、翌大正九年（一九二〇）九月一七日午前八時、幸一が誕生した。翌年には妹の富佐子が生まれている。

塚本家はオシメに困らなかった。見本の布地がたくさんあったからである。これを代用したので、色とりどりのオシメが物干し竿に並んだ。

## 仙台を追われて

粂次郎は商才に恵まれていたが、父親である初代粂次郎同様、一攫千金《いっかくせんきん》を夢見て一か八かの賭けを好むところがあった。そのうち本家の従兄弟たちと一緒に三品《さんぴん》（綿花、綿糸、綿布）の先物相場に手を出し始める。

自分が扱っている商品だ。誰よりよく知っているという自負があるだけに、強気に相場を張っ

岡田松翁碑

前方左から信と幸一、後方左粂次郎、右の二人は本家の従兄弟と思われる

信の実家・岡田家にて。前列右から幸一、伝左衛門、富佐子、その右後ろが信

ていった。

一方、信は子育てに追われていた。子どもが年子だと大変だ。同じような時期に風邪をひき、同じような時期におなかを壊す。気の休まる暇がなかった。

間の悪いことに、この頃から粂次郎のお茶屋通いが始まっていた。また心労の種が増えたのだ。帰宅する日はまだましで、そのうち泊まりも増えていった。この点、幸一は父の血を濃く、非常に濃く受け継いでいる。

粂次郎の相場の方だが、一時は大きく儲け、番頭や丁稚《でっち》に一〇〇円札を惜しげもなく配ったりした。当時の一〇〇円といったら小学校教員の初任給の二ヵ月分である。だが負ける時は大きく負ける。相場が急落した際には信の嫁入り衣装まで質入れした。

そのうち彼は一線を越えてしまう。

仲右衛門夫妻の留守中に、無断で塚本商店の建物を抵当に入れて借金してしまうのだ。すぐ近所に本店があった七十七銀行から一二万円（現在価値にして五億円ほど）もの大金を借り、これを相場につぎ込んだ。本家の従兄弟も相場仲間であることが気を大きくしていたのだろうが、物事には限度があり完全に自分を見失っている。そもそも仲右衛門が許すはずがない。

そのうち粂次郎は致命的な損失を出して使い込みがばれ、塚本商店から追い出されてしまう。信と幼子二人は、近江八幡の実家に一時身を寄せることとなった。

その後、信の父岡田伝左衛門が取りなしてくれ、粂次郎一家は二年ほどしたところで仙台に戻り、再び粂次郎は塚本商店で働き、使い込んだ分を働いて返すことになった。

そこからは、針のむしろのような日々が続いた。

給料を一度に払うとまた使うかもしれないので二回に分けて支給された。しかも本人に渡さず、給料日に信が本家へ給料をもらいに行く。その時には家計簿を持参せねばならない。本家が家計のチェックまで始めたのだ。

三代目仲右衛門は晩年、糖尿病と思われる症状で失明しており、身の回りの世話をする青年を置いていた。煙草の好きな仲右衛門がキセルの灰を落とすと、すぐその青年が新しい煙草の葉を詰める。その悠揚迫らぬ様子が威圧的でさえある。

ある時、青年がいつものように二人を前にして家計簿を読み上げていると、途中で仲右衛門が待ったをかけた。

「お信、その出費の理由を説明してみい」

それは信が雪深い仙台の道を通学する幸一のことを思い、奮発してゴム長靴を買ってやったものだった。それを聞くなり、仲右衛門の雷が落ちた。

「ゴム長靴などぜいたくだ！」

粂次郎の素行をただすためとはいえ、良家の子女である信には応えた。

〈毎日毎日の気苦労が積み重なり、よほど家の前を流れる「広瀬川」へ二人の子供たちを連れて、身投げしようかと思ったことさえありました〉（『思い出の記――喜寿を迎えて』塚本信著）

そうこうするうち、信の身体に異変が出てきた。

頑健そのもので病気一つしたことがなかった信が微熱と倦怠感に襲われ、体調が日ましに悪化していく。そして昭和二年（一九二七）一〇月一五日、ついに入院を余儀なくされる。診断の結果、結核と判明した。この当時、死病として恐れられていた病気である。

仙台の冬は厳しすぎる。そこで静岡県の興津《おきつ》へ転地療養しに行くこととなった。富佐子はまだ幼くて手がかかるというので身の回りの世話をする女性と一緒に連れていくことにし、粂次郎と当時七歳の幸一だけが仙台に残された。

昭和二年四月、幸一は仙台の片平丁《かたひらちょう》尋常小学校（現在の仙台市立片平丁小学校）に入学していたが、卒業することはなかった。粂次郎が再び店の金に手を出して相場につぎ込み、大きな損害を出してしまったからだ。懲りない男である。

「仙台から出ていけ！」

と仲右衛門に激怒され、粂次郎の中の何かがぷつりと音を立てて切れた。

（こっちから出ていってやる！）

さっさと荷物をまとめると、花壇川前町の家の座敷の襖《ふすま》の前に仁王立ちになり、用意してきた筆にたっぷりと墨を含ませるとこう大書した。

おばこ草　むしり取っても　根は残る

〝おばこ草〟とは雑草のオオバコのことである。

（葉をむしられても再びはえてくるぞ！）

という捨《す》て台詞《ぜりふ》だった。

まったくの逆恨みでしかないが、粂次郎からすれば〝今に見ていろ〟という気持ちだった。

仙台の家をあとにした時、懐中にあったのはわずか五〇円。一〇〇円札を気前よく配っていたのが嘘のようである。

粂次郎らしいのは、幸一を近江八幡に届ける途中の熱海で手持ちの五〇円すべてを散財していることだ。ここまでくると痛快である。

後年、内田とともに半沢商店向けのブラパットを風呂敷に包んで京都と東京を往復していた頃、熱海を通る時に、

「もうちょっと会社が立派になって、このへんに一泊できるとこができるとええなあ」

とつぶやいた幸一の脳裏には、かつて熱海で持ち金すべてを散財した父親の姿が浮かんでいたのかもしれない。

幸一を岡田家に預かってもらった粂次郎は単身名古屋に行き、つてを頼って文房具の商いを始めた。

心機一転というところだったのだろうが慣れない商売は思うようにいかない。結局、嘉納屋《かのうや》商店という屋号で呉服御の仕事に戻ることになる。さすがに元の商売だと勘所を知っており、食べるのには困らなくなった。

幸一が小学校四年生の二学期、粂次郎は家族を仕入れ先の集まっている京都に呼び、一家は北野天満宮近くの平野《ひらの》鳥居前町《とりいまえちょう》に店舗兼住居を構えた。一階三間、二階二間、家賃二七円のささやかな借家だったが、ようやく家族四人水入らずで生活できるようになった。

## 近江商人の士官学校

昭和八年（一九三三）、幸一は京都の翔鸞《しょうらん》尋常高等小学校を卒業する。

幼い頃から商人になると心に決めていた彼は、躊躇することなく滋賀県立八幡商業学校に進学した。ジャーナリストの大宅壮一《おおやそういち》が〝近江商人の士官学校〟と呼んだ商業学校の名門である。京都からは遠いので、信の実家に下宿しながら通うことにした。後年、人に出身地を聞かれると〝近江八幡〟と答えるのを常とした彼の原点がここにある。

現代の高校生同様、クラブ活動を楽しもうと思い、最初入ったのがテニス部だった。ところがしばらくして退部している。

「テニスみたいな激しい運動したら体に触ります」

そう信に反対されたためだ。

気を取り直して音楽部に入りトランペットを吹き始めたが、うまく吹けず頬が痛くなるばかり。そのうち耳鳴りまでしてきたのを信がまた心配し始め、これも退部。

後年、祇園の芸妓たちから〝男の中の男〟と呼ばれる塚本幸一も、この頃はマザコン気味の頼りない美少年だった。

そんな彼を変えたのが、三年になってから入った弁論部である。

この頃の彼の写真が残されているが、甘いマスクで、まるでアイドルのプロマイドかと見まがうばかりだ。高校球児のように頭を短く刈って、精悍さがきわだっている。壇上でこの容姿はさぞ映えたに違いない。

弁論部時代、演台に立ってポーズを決める幸一

弁論大会で見事優勝し、優勝カップと花束を抱え、車で家まで送ってきてもらったこともあったという。

弁論部に入ったことは、後年大いに役立つこととなった。

落ち着いた語り口と絶妙な間合い、演壇から会場に向けての悠然とした視線の送り方など、今に残るビデオを見ても彼の挨拶は堂々たるものである。それはこの頃の研鑽《けんさん》の賜物だった。

妹の富佐子は、名門である京都府立第二高等女学校（現在の京都府立朱雀《すざく》高等学校）に入学。才色兼備の美少女に育っていた。

お茶を習いに二条通高倉に通っていた富佐子は、ある日、途中で新築中の家を見かけた。北野天満宮のそばの家は手狭になり、粂次郎は新しい家を探していたところだった。

（あの家なんかちょうどいいわね）

ちょうど学校の休みで帰ってきていた幸一に相談し、兄妹二人で下見に出かけた。場所は中京区二条通東洞院東入で、間口二間半、奥行き一八間という典型的な京都の町屋である。江戸時代に間口の広さで税金をかけられたことから、京都の家は〝うなぎの寝床〟と呼ばれるように、表は狭くて奥行きのある構造となっているのだ。

幸一はすっかり気に入ってしまった。

だが問題は家賃だ。今住んでいる平野鳥居前町の家は月額二七円だが、この家は四九円もするという。これでは一気に高くなる。

富佐子が驚いたことに、彼はその場で家賃交渉を始めた。

「お家賃は毎月二五日の朝に必ず届けるとお約束しますから、もう少し負けていただけませんか？」

「お兄ちゃん、若いのにしっかりしてはるなぁ」

大家さんも目を丸くしている。

大人顔負けの見事な交渉で四五円に負けてもらった。粂次郎もひと目で気に入り、一家はここに越すこととなる。昭和一一年(一九三六)のことであった。

家賃交渉でもわかるように、幸一は実際に商売をやってみたくてうずうずしていた。

その機会はすぐにやってくる。

八幡商業では四、五年生の時に授業の一環として、夏休みの行商《ぎようしよう》を課していた。私的なアルバイトと区別するため、学校側が行商証明書を発行してくれる。リヤカーを借り、先輩から受け継がれてきた〝八幡商業行商団〟の幟《のぼり》を立て、二人ひと組で行商に出るのだ。

幸一たちは粂次郎が扱っている木綿《もめん》の布地を売ることにした。他の同級生が選んだのも、雑貨品や乾物《かんぶつ》など似たり寄ったりだったが、幸一は知恵を絞った。布地のままでは利が薄い。信と富佐子に頼んでエプロンや腰巻《こしまき》(長方形の布の上部に紐を付け、腰のところで紐を結ぶようになった女性下着)に加工してもらった。

商売をするなら、人が多く金持ちの多い町に限る。彼らは京都を目指した。

八商の行商のことは、このあたりで知らぬ者はいない。若い男の子たちが懸命に声を張り上げて歩く姿に、ケチで知られた京都の人たちの財布の紐も緩むというものだ。ましてや幸一たちの扱っている商品は布地も上等、おまけに生活必需品である。

商品は飛ぶように売れた。

商品の補充は幸一の役目だ。自転車に大きな箱を載せ、近江八幡から京都まで片道三〇キロを超える道のりを休憩もせず一日に二回ほど往復した。

若いということもあろうが、この体力は脅威である。暑い盛りだけに全身から滝のように汗が流れ、シャツは塩を吹いたが、商売が面白くて苦にならない。大いに稼ぎ、同級生のみならず先生たちをも感心させた。

この行商体験こそ、彼にとってもっとも愉快な青春の思い出であった。

## マザコン美少年が引き起こしたラブレター事件

八商は男子校であったが、近くに八幡高等女学校（略称八女、戦後八商と合併）があった。この年頃は異性に興味を持つもの。男女交際などまかりならぬと言われても、お互い強烈に意識し合っている。

中でも〝八女のマドンナ〟と呼ばれていたのが、幸一が自伝の中で〝N女〟と書いている女学生であった。

〈彼女は大勢いる八女の中でも、ナンバー・ワンの噂も高い特別の美人《シャン》（筆者注：この頃の学生の間で流行した美人を指す俗語）として、私たち八商の学生はもとより、付近の中学生の間でも注目の的だった。道で彼女とすれ違いでもすれば、われわれは若い胸をときめかせ、その日一日、心がうきうきしたものである〉（『塚本幸一――わが青春譜』塚本幸一著）

四年の時、幸一はこのマドンナと接点ができる。

同級生の下宿の裏にN女の親友の家があった。そこに彼女がしばしば遊びに来ることを知った彼は、一緒に勉強しようと言って彼の下宿に入り浸るようになり、ついにN女と会うことに成功したのだ。

どの時代でも、男前はもてる。そのうち熱の入れ方が逆転し、N女のほうがむしろ幸一に夢中になっていく。ついにはラブレターをもらい、交際に発展する。

その頃、西村という同級生がいた。バンカラ風なやや粗暴な男だったが、たまたま幸一の前の席に座っていたこともあって、時々たわいもない話をする関係だった。

その西村がある日、思いつめた顔をして相談に来た。ある八女生（M女）に淡い思いを抱いているのだという。

「恋文に自分の写真を貼って送り、彼女にプロポーズしたいんだが……」

いつものバンカラぶりはどこへやら、やけにしおらしい。手には何冊も本を抱えており、それらはすべて恋文を書く参考に買ったものだという。M女がN女と同級生であることから頼みに来たのだろうと察した幸一は、知恵を授けてやった。

「お前の書いたラブレターをN女の名前で送れば、相手の両親に見つからず彼女の手元に届くんやないか？」

そう言って西村にN女の住所と名前を教えてやった。こうした才覚は、幸一の生まれ持って身につけているものであった。

ところが、この助言があだとなってしまう。

それから一週間ほどが経ったある日の授業中のこと、西村が急に職員室に呼び出された。

〈確か二時間目の公民の時間だったと思う〉（前掲書）

と、後々まで覚えていたくらいだから、その出来事がいかに重大なものだったかがわかるだろう。

しばらくして教室に戻ってきた時、西村の顔は真っ青だった。そして彼は自分の席につくことなく、まっすぐ幸一のところへ近づいてくると、意外な言葉を口にした。

「次は君や……」

思い当たることは何もない。だが日頃傲然としている西村が、身も世もなく打ちひしがれているのだ。今度は幸一が色を失う番であった。

恐る恐る職員室のドアを開けると、配属将校がいつになく怖い顔をして待ちかまえている。ともかく彼の前まで行き、直立不動の姿勢をとった。

そして横の机の上を見た瞬間、凍りついた。幸一がN女からのラブレターに出した返事が置いてあるではないか。おそらくN女の手に渡る前にご両親の目に留まってしまったのだ。西村の次に自分が呼ばれたわけがようやくのみ込めた。

「これはお前が書いたものだな？」

案の定、手紙を突きつけられた。

郵 便 は が き

おそれいりますが
63円切手を
お貼りください。

1028641

東京都千代田区平河町2-16-1
平河町森タワー13階

# プレジデント社

## 書籍編集部 行

| | | | |
|---|---|---|---|
| フリガナ | | 生年（西暦） | |
| 氏　　名 | | 男 ・ 女 | |
| 住　　所 | 〒<br><br>TEL　　　（　　　） | | |
| メールアドレス | | | |
| 職業または学校名 | | | |

ご記入いただいた個人情報につきましては、アンケート集計、事務連絡や弊社サービスに関 お知らせに利用させていただきます。法令に基づく場合を除き、ご本人の同意を得ることなく 利用または提供することはありません。個人情報の開示・訂正・削除等についてはお客様 窓口までお問い合わせください。以上にご同意の上、ご送付ください。
＜お客様相談窓口＞経営企画本部 TEL03-3237-3731
株式会社プレジデント社　個人情報保護管理者　経営企画本部長

この度はご購読ありがとうございます。アンケートにご協力ください。

| |
|---|
| 本のタイトル |

■ご購入のきっかけは何ですか?(○をお付けください。複数回答可)

1 タイトル　2 著者　3 内容・テーマ　4 帯のコピー
5 デザイン　6 人の勧め　7 インターネット
8 新聞・雑誌の広告（紙・誌名　　　　　　　　　　）
9 新聞・雑誌の書評や記事（紙・誌名　　　　　　　）
10 その他(　　　　　　　　　　　　　　　　　　　)

■本書を購入した書店をお教えください。

書店名／　　　　　　　　　　（所在地　　　　　　）

●本書のご感想やご意見をお聞かせください。

●最近面白かった本、あるいは座右の一冊があればお教えください。

●今後お読みになりたいテーマや著者など、自由にお書きください。

どうもありがとうございました。

「この非常時に、しかも学生の身でありながら、女と交際するとは何たる不心得か！」

近くで怒鳴るものだから、耳がきんと鳴る。楽しかった学生生活が、一気に暗転した瞬間だった。


数日後に学校側が下した処分は、西村は退学、幸一は一週間の停学。

幸一の処分が軽いのは、おそらく八幡町の町長だった祖父の存在があったのだろうと述懐しているが、それでも軍事教練をはじめ道徳教育の課目はすべて減点され、成績表に〝操行要注意〟の判が押された。その影響は、後年意外なところに出てくることになる。

それからしばらくの間、N女とは音信が途絶えていたが、一年半ほどが経ち、卒業が目前となった頃、再び手紙が届いた。

それはよりによって卒業試験の真っ最中。一夜漬けを二日繰り返して朦朧《もうろう》としていた時のこと、岸田というクラスメイトが彼女から手紙を託され、彼の下宿に現れたのだ。

開封してみると次のように書かれていた。

〈一年半、私はあなたのことを思い続けてきました。でも、あの事件では自分の父が、誠に申し訳のないことをして、ご迷惑をお掛けしましたので、もう会ってもらえないだろうと覚悟していました。しかし、自分はあなたが京都のおうちへお帰りになるのなら、後を追って京都へ行こうと思っています。幸いなことに兄が京都で店を持っていますので、そこに下宿して補習学校に通うつもりです。一年半前のことを許していただけるものなら、再び交際してほしいので

す〉（前掲書）

嬉しくないはずがない。

躍り上がりたくなるのを、岸田の前なので必死に抑えていた。だが抑えられない何ものかがこみ上げてくる。鼻の付け根がじーんと生温かい感じがすると、鼻血が吹き出してきたのだ。二日間の徹夜疲れもあって、思わずその場にへなへなと倒れ込んでしまった。

岸田は、彼女に返事を持って帰る約束をしているという。日に焼けて赤茶けた下宿の畳に寝転がって、鼻血を手で押さえながら、やっとの思いでこう言った。

「彼女に伝えてくれ。また京都で会おうと！」

その後、丸一日寝込み、おかげで卒業試験の最終日は欠席せざるを得なくなったが、それでもなんとか一五番で卒業することができた。例の一件以降、勉強に集中していたお陰だった。

## 深まりゆく戦時色

昭和一三年（一九三八）三月、八幡商業を卒業した幸一はN女が手紙に書いていた通り、京都に戻って父親の経営する嘉納屋商店を手伝い始めた。

最初の一年は粂次郎と一緒に東北地方の得意先を回ったり、京都の仕入れ先を回ったりという見習い期間だった。粂次郎は息子だからといって甘やかさない。びしびし鍛えられ、二年目からは一人で出張に行かされた。

八商の行商の時とは違い、若いからと優しくしてくれる取引先などない。クレームもあれば返品もある。必死に頭を下げながら商売の厳しさを体で覚えていった。

だがもともと商売の大好きな彼は、そんな生活がまったく苦にならない。なんと、いきなり年商一万円以上を挙げた。呉服の卸商で一万円の商いができれば一人前だ。学校を出たばかりの一九歳そこそこで、すでに彼は立派な戦力となっていたのである。

念願だった商人の仲間入りができたわけだが、それを楽しんでいる時間の余裕はなかった。二〇歳になると徴兵検査が待っていたからだ。

七年前の満州事変以来、中国戦線は拡大の一途をたどり、泥沼化しつつあった。

戦争の影が、すでにこの国を覆《おお》いつくしている。昭和一五年（一九四〇）、米国が屑鉄《くずてつ》や航空機用燃料の日本向け輸出禁止を発表したことで日米間の緊張は一気に高まり、真珠湾攻撃へのカウントダウンが始まっていた。

日露戦争の時は戸主や長男は兵役の対象外だったが、幸一の頃は例外がなくなっている。健康状態等に鑑み甲乙丙丁戊の五種類に分類され、一番よい甲種だけでなく乙種まで兵役を課されるようになっていた。

両親にとって、一人息子の幸一の入隊は身を切られるより辛い。

徴兵検査が近づくにつれ、信は口癖のように、

「病気にでもなって兵役免除にならんものかねぇ……」

と口にするようになっていた。いや、口で言うだけでなく、神仏にもそう祈っていた。

幸一は国のために命を捧げるのは当然のことと思っていたし、若者特有の純粋な正義感から兵役免除になるよう祈られることなど我慢できない。珍しく信と口論になったりもしたが、信の祈りもむなしく徴兵検査は合格。数年前に結核性のルイレキ（頸部リンパ節の慢性的な腫れ物）を患《わずら》っていたこともあって、やや病弱とされる乙種だった。

こうして、その年（昭和一五年）の一二月一日に伏見の連隊に入隊することが決まった。


さてN女とのその後についてである。約束通り、彼女は京都に出てきてくれており、嘉納屋商店で働きながら暇を見つけては逢瀬《おうせ》を楽しんでいた。

そしてある夜、

「今日は兄がおりませんので、ぜひ下宿にお越しください」

と言《こと》づけてきた。

その日は防空演習で灯火管制が敷かれていた。外に明りが漏れないよう電灯に傘をかぶせ、町中真っ暗にしていたのである。そんな中での逢瀬は刺激的なものであった。

空襲警報のサイレンが鳴った。演習なので防空壕に退避する必要はないのだが、そのサイレンの音と同時に、突然彼女が、

「結婚してください」

と言いながら幸一にキスを求めてきた。

だが幸一は拒んだ。

「僕はすぐ徴兵されて戦場に行く身です」

「戦争未亡人になっても悔いはありません」

N女はそうまで言ったが、執拗に求められると逆に心が冷めてくる。

〈だんだんと腹が立ってきた。そして今度は、彼女の要求が不潔なものに感じたのである。これは完全な童貞である者だけが知る、感情だったかもしれない〉（前掲書）

「僕の気持ちがわからんのか、もう絶交だ！」

きつい言葉でつき放すと、彼女の下宿をあとにした。そして家に戻った彼は、これまでにもらった手紙や写真をまとめ、近くの郵便局から小包にして送り返した。

結局それきりになったが、戦後しばらくして、会いたいと電話があって再会し、

「女として生まれ恋心を抱いたのは貴方だけ、どうか生涯の友人として付き合ってほしい」

と頼まれた。

内田は、彼女がワコール本社を訪れてきたのを見たことがあるという。

平成七年（一九九五）秋に彼女は他界するが、遺言に従い彼女の夫は何と、幸一との思い出の品を棺《ひつぎ》の中に収めてやったという。

## カフェー女給との恋

気持ちを切り替えたはずの幸一だったが、実はまた別のロマンスが待っていた。入隊があと二ヵ月と迫った昭和一五年（一九四〇）一〇月、卒業後二年経っていた八幡商業の新校舎が落成する。一時、八商で教鞭を執っていた米国人ウィリアム・ヴォーリズの設計によるものだ。

数多くの設計建築に携わったことで知られ、近江兄弟社（かつてメンソレータムを製造販売していた）の創業者でもあり、近江八幡市の名誉市民第一号である。

新校舎は重厚かつ豪華。廊下は大理石、ステンドグラスにフレスコ画まである。そんな素晴らしい校舎の落成を、幸一たちは心から嬉しく思い、これを機に学校へと集まった。

この時集まった者たちの中に、幸一同様、一二月に入隊する者が七、八人いた。兵隊に行けばもう二度と会えないかもしれない。

「せっかくだから京都で飲もうやないか」

ということになり、祇園の花見小路にあるカフェーへと繰り出した。

カフェーの女給さんは、当時の男子学生の憧れだ。現代の秋葉原のメイドカフェより色気が強い。女性と接する機会の少ない彼らが興奮するのも当然だった。

石畳に黒い塀の続く花見小路《はなみこうじ》は、今もそうだが風情ある通りだ。切通しと呼ばれる路地近くに「コスモポリタン」という店はあった。一階が喫茶店、二階がカフェーになっている。

彼らは二階に陣取ると、

「乾杯！　乾杯！」

と大はしゃぎ。

他の客には迷惑な話だが、幸一くらいの若者が兵役を前にしていることはみな知っている。彼らが羽目をはずして騒ぐのは許してやろうという暗黙の了解があったのだ。

幸一がトイレに立った時、通路の片隅の暗いところに、一人の女性が立っているのに気がついた。それこそ、彼が自伝に〝K女〟と記した運命の女性との出会いだった。

何やら元気のない様子である。

気になった幸一は、酒の勢いもあったのだろう、思いきって声をかけてみた。

「私お酒が弱くて……飲めないのに飲まされたら気分が悪くなって……」

京都のカフェーの女給には似つかわしくない標準語で恥ずかしそうにそう話してくれた。もてる男は聞き上手なものだ。幸一は初対面であるにもかかわらず、問わず語りのうちにいろんなことを聞き出した。

生まれは東京で、家はお寺、名門の東京女子高等師範学校附属高等女学校（現在のお茶の水女子大学附属高等学校）を出たが、継母との折り合いが悪くて家を出て、親戚を頼って京都に来た。だが、その親戚は貧しく、居候するわけにもいかず働こうとしたが、就職難の時代だから会社勤めの口はなく、やむなくこの店を紹介してもらったというのだ。

まじめそうで知性が感じられる。入隊までの二ヵ月ほどの間に、彼女に何か他の仕事を探してやりたいという気持ちになった。

ラブレター事件で懲りているはずなのに、また彼の中のお人よしでおせっかいな性格が頭をもたげてきたのだ。マメな男もよくもてる。彼は甘いルックスだけでなく、もてる男の要素をことごとく身につけていた。

翌日から、知り合いを訪ね、K女の就職口を探して回った。

「水商売の女性のためにそんなに血眼になって走り回るなんて、お前どうかしてるよ」

そう言っていさめる者もいたが、あらゆるコネを使って奔走した。

だがなかなか見つからない。二度三度、経過報告を兼ねて彼女を「コスモポリタン」に訪ねた。

「あなたはこの店に来るような人じゃないわ」

彼女は二階のカフェーには入れてくれず、一階の喫茶店で話をした。

入隊を三日後に控えた昭和一五年(一九四〇)一一月二八日、彼女から連絡があった。珍しく、来てほしいという。親身になってくれた幸一のために壮行会を開きたいというのである。

「コスモポリタン」に行くと、二階のテーブルに三人の女性が待っていた。彼女と、彼女の従姉のF女、そして彼女の親友が一人。

幸一はこの時、永遠の別れになるかもしれないと思い、一篇の詩を作ってポケットにしのばせていた。Ｋ女が感激したことは言うまでもない。

「入隊おめでとうございます。最後の日ですから、今夜は大いに飲んでください」

彼女の目には涙が光っていたが、わざと明るい声でそう言ってくれた。

ところが次の瞬間、驚くことが起こった。

酒に弱いはずのＫ女が、テーブルの上に置かれたビールのジョッキを手元に引き寄せると、あれよあれよという間に一気に飲んでしまったのだ。明るく振る舞っていたのは最初のうちだけ、そのうち目の焦点が定まらなくなり、案の定ダウンしてしまう。


やむなくＦ女の手を借りて、近くの彼女のアパートまで連れて帰った。四畳半か六畳ほどの部屋は、質素なものだったが、Ｋ女の性格そのままにきちんと片付いている。

Ｆ女が押し入れから布団を出し、彼女を寝かせた。アパートの部屋で酔った女性を介抱するというのは絶好の機会だ。Ｋ女もそれを期待して一気飲みのような無謀なことをしたのかもしれない。だが幸一は介抱をＦ女に任せ、多少後ろ髪を引かれる思いはあったが、そのままアパートをあとにするのである。もてる男はがっついていないのだ。

そして明日は入隊という日、軍服を着た彼は最後の別れをしにＫ女のアパートを訪ねた。短い交際だったが、結局何もしてやれなかった。せめて晴れ姿を見せてやりたいと思ったのだ。

まだ具合が悪いらしく、彼女は青白い顔をしてアパートにいた。熱がある様子だったが、気丈にふるまっているのがいじらしかった。

「僕は明日、四条駅から京阪電車に乗って伏見の連隊に向かいます」

そう告げると挙手の礼をした。

「くれぐれもお気をつけて。元気に帰られる日を待っています」

万感胸に迫るものがあったのだろう。大きな瞳に涙をため、声を詰まらせながらやっとの思いでそう言うと、一通の封書を手渡してくれた。

「これは？」

聞き返そうとすると、彼女は無理矢理それを幸一のポケットにねじ込んだ。その拍子に、彼女の白くて柔らかい手が触れた。熱のせいか温かい。そのぬくもりが、後々まで記憶に残った。

帰宅して封筒を開いてみると、壮行会の時に彼が渡した詩に応えた形の相聞歌《そうもんか》のような言葉がしたためられていた。自分を小鳩にたとえ、この世に生を受けて初めて、人の情に触れた喜びを詩的につづったものであった。


昭和一五年（一九四〇）一二月一日、いよいよ入隊の日の朝を迎えた。

配属は第一五師団の歩兵第六〇連隊である。師団には〝菊〟〝龍〟などといった名が付けられており、彼の部隊は〝祭〟だった。第六〇連隊は中国の蕪湖《ぶこ》（現在の安徽省《あんきしょう》蕪湖市）に本部があり、京都から新兵が補充されることとなったのだ。

初音尋常高等小学校で学区の壮行会が行われた。京都市役所の南に位置し、錦市場などもある初音学区からこの日入隊する者は三名。町内会の会長などから激励の言葉をもらい、代表し

入隊前の自宅での壮行会（後列左より、父粂次郎、祖父岡田伝左衛門。前列左より、母信、妹富佐子、幸一、祖母岡田正）

て幸一が挨拶をした。妹の富佐子が驚くような立派な挨拶であった。

壮行会が終わると三人を先頭に列ができ、幟が三本立てられた。〝祈　武運長久　塚本幸一君〞というように、それぞれの名前が書かれている。軍楽隊が愛国行進曲を奏でる中、隊列は学校を出て四条通を京阪電車の四条駅へと向かっていった。買い物帰りの人もこちらに手を振ってくれる。だが幸一たちが手を振り返すことはない。まっすぐ前を見つめ、整然と行進していった。すでに彼らは軍人のつもりだった。

伏見で新兵としての訓練を終え、一二月一九日、いよいよ中国の戦線に向かうために京都駅から軍用列車に乗り込むこととなった。軍用列車に乗る時は、死刑囚が絞首台へ向かう心境だという。幸一も覚悟を決めて列車に乗り込んだ。汽笛が哀しげな音を出し、列車が動き始めた。と、その時である。

「幸一さん！」

人ごみの中から一人の女性が飛び出してきた。Ｋ女である。

すでに列車は動き始めている。何か叫んでいるが聞きとれない。彼女は風呂敷包みを幸一に向かって投げるとあとは白いハンカチを振り続け、やがて視界から消えた。それは周囲の日の丸の小旗より、はるかに鮮やかな残像となって目に焼きついた。

中に入っていたのは温かい紅茶の入った魔法瓶と手作りのサンドイッチ。それに一通の封筒が添えられていた。封を切ると何かが落ちた。珊瑚《さんご》の数珠である。

中の手紙には次のようなことが書かれていた。

――この数珠は私の生母の形見です。大事に持っておりましたが、その半分をあなたに差し上げます。これは私が生命を賭けてあなたをお守りする証しです。どうかご無事でお帰りください。

なんと名前の下には血判が押してある。この珊瑚の数珠が、後に幸一を本当に守ってくれることになろうとは、この時はまだ知るよしもなかった。

## 初陣となった浙東作戦

上海から長江をさかのぼり、一二月二六日、安徽省の蕪湖に上陸。さらに軽便鉄道《けいべんてつどう》に乗って南の郊外にある湾沚鎮《わんしちん》に向かい、予定通り歩兵第六〇連隊に編入された。

軍隊内では、上官の命令には絶対服従である。その上官から京都弁が女々《めめ》しいと叱られ、一切使用を禁じられた。理不尽は軍隊の常である。こうしたことは日常茶飯事だった。

後年、彼の話し方の特徴に〝ですます調〟があり、関西商人独特のやわらかい話し方と一線を画していたのは、軍隊生活で京都弁を封じ込められたためだと思われる。

一事が万事で、幸一の性格は軍隊生活の中で変わっていった。

それまでは喧嘩などしたことがなく、いさかいごとが起こりそうだと自分を曲げてでもそれを避けてきた。だがいつまでも弱腰では殴られるだけである。何事にも積極的に挑戦するようになり、駆け足、銃剣術、匍匐《ほふく》前進など、あらゆる教練に懸命に取り組んだ。性格も表情も、軍隊生活の中で明らかに変貌を遂げようとしていた。

そうする間に浙東《せっとう》作戦への参加が決まった。初陣である。蔣介石率いる重慶《じゅうけい》国民政府に対する英米からの支援物資流入を阻止するため、浙江省《せっこうしょう》の東シナ海沿岸地域を占領しようという作戦だ。

初年兵時代の幸一

出陣式で死を覚悟せよと訓示され、武者ぶるいがした。

まず手始めに昭和一六年（一九四一）四月一九日、敵基地のある独山《どくざん》（現在の安徽省六安市）を攻略することとなった。独山の麓まであとわずかというところに難所がある。見わたす限り水田が広がっていて何一つ遮蔽物《しゃへいぶつ》がない。あぜ道を進むしかないのだが、そこを敵が狙ってくることは明らかだ。

幸一たち一二名を率いていた分隊長が、

「各個前進！」

と叫ぶと、それを合図に、一人また一人と腰を低くしてあぜ道を全力で走っていく。案の定、敵の銃器が猛然と火を吹き、水田の中に水煙か血煙かわからないものが上がった。

幸一は六番目だ。

「塚本、行きます！」

と叫ぶと同時に、

「南無阿弥陀仏……」

という言葉が自然と口をついて出た。

念仏を唱えながら全力で走った。頭上をひゅんひゅんと不気味な音が飛び交う。こんな身近で弾丸が大気を切り裂く音を聞いたのは初めてだ。あぜ道を半分ほど走り抜け、なんとか渡り切れそうだと思った瞬間、足先をこん棒で殴られたような衝撃を受けて水田に倒れ伏した。敵の機関銃の弾が軍靴《ぐんか》の先を吹っ飛ばしたのだ。

しびれて感覚がない。足の指をすべてなくしたことを覚悟しながら、おそるおそる足先を見たが、血が一滴も出ていない。

「兵隊は服に体を合わせるもんだ」

そう言われてサイズの合わない靴を支給され、ぶかぶかだったことが幸いしたのだ。

起き上がった幸一は再び頭を低くして匍匐前進し、なんとか水田地帯を抜けることができた。日本軍が独山を攻略すると敵は退却を始め、今度は彼らの掃討作戦へと移った。

九死に一生を得た幸一だったが、しばらくして、左手にはめていたK女からもらった珊瑚の数珠がなくなっていることに気がついた。胸騒ぎがしてならない。

中国に来て二ヵ月ほどは、彼女は手紙を送ってきてくれていたのだが、古参兵に意地悪されてみなの前で読まされたあげく、

「生意気だ！　初年兵教育が終わるまで手紙を送らないように書け！」

と命じられ、その後、手紙のやりとりはなくなっていた。

幸一は内地に一時帰国する同期の吉村という男に、K女の消息を尋ねてほしいと依頼したと

ころ、一年あまり経って戻ってきた彼から告げられたのは、K女の死の報せだった。驚くなかれ、あの数珠をなくした頃にこの世を去ったのだという。

果たして〝私が生命を賭けてあなたをお守りします〟という手紙の言葉通りになってしまった。

## 幹部候補生試験で味わった挫折

昭和一六年（一九四二）六月、蕪湖の連隊本部で幹部候補生教練隊に入ることになった。訓練隊長の伊藤安士《いとうやすし》中尉は幸一と同い年だが、陸軍士官学校出身で貫禄のある武人であった。二ヵ月間みっちり訓練が行われ、訓練や学科の成績によって甲種か乙種に分けられる。甲種になると一ヵ月後に伍長となり、日本に戻って陸軍予備士官学校などで約一一ヵ月の訓練を受ける。訓練中に軍曹となり、卒業後には曹長に進むスピード出世コースだ。

ところが乙種だと、日本に戻ることなく原隊復帰で、四ヵ月経たないと伍長になれない。甲種か乙種かで天と地ほどの差があるだけに、睡眠時間を削って必死に勉強した。

頑張った甲斐あって試験は上出来だった。

ところが蓋《ふた》を開けてみると、乙種の一番だった。一番だろうがなんだろうが乙種は乙種である。がっくりと肩を落とした。

悄然《しょうぜん》としながら原隊復帰した幸一に、追い討ちをかけるような人事が発表された。前中隊長が戦死し、三ヵ月欠員となっていた第六中隊長として、伊藤中尉が任命されたのである。自分を乙種にした訓練隊長が上官として赴任するのだ。お先真っ暗という気持ちだった。

ところがしばらくして、中隊長室に呼び出された。そして部屋に入るなり、伊藤からこう言われたのだ。

「貴様は在学中に何かやらかしたのか？」

その瞬間、すべてがのみ込めた。例のラブレター事件だ。

事情を話すと伊藤は、

「なんだ、そんなことか」

と拍子抜けしたように言ってにやりと笑った。

「試験の成績は優秀だったが、八幡商業の配属将校が〝士官不適任〟という申し送りをしていたため、乙種の一番としたんだ。しかし悲観するな。わが中隊では貴様を甲種幹部候補生並みに扱ってやろう」

幸一は感激し、この人のためなら死んでもいいとさえ思った。

入隊して一年後の昭和一六年一二月八日、真珠湾攻撃によってついに太平洋戦争の幕が切って落とされた。半年ほどは勝利に次ぐ勝利で国内も沸き立ったが、幸一のいる中国戦線は相変わらず膠着《こうちゃく》状態が続いている。

そんな中、幸一は伍長に任命された。

軍隊の階級の一番底辺にいるのが兵で、その中の最上級が上等兵である。幸一は士官（将校）と兵の中間に位置する下士官であり、下士官には上から順に曹長、軍曹、伍長がいた。

新米伍長である幸一の初仕事は、初年兵教育担当の助教（教官の補佐役）だ。入隊して一年かそこらで新兵訓練の助教に登用されるのは連隊始まって以来のこと。伊藤が約束を守ってくれた証拠だった。

助教は古参兵を助手に使わねばならない。上官の命令は絶対だと言っても、彼のような若くて経験のない者の言うことを黙って聞くような古参兵はいない。どうやって彼らの心をつかむのか、まさに彼の器量が問われていた。

そこで彼は一計を案じる。部隊が小さな撃退作戦から帰った日のこと。この日はちょうど給料日で、隊に戻ると各自に給料袋が渡された。伍長の給料などたかがしれている。小学校教員の初任給が五〇～六〇円だった時代に、月二〇円ほどだったというから、現在価値にすれば一〇万円に届かない額だ。

だが幸一はそれを懐中にねじ込むと、

「今日は飲ませてやる。ついてこい！」

と言って一二～一三人の隊員を引き連れ、湾沚鎮の町へと繰り出していった。

おごってくれるというのだから従わない者などいない。みなおとなしくついてきた。

町には将校用の高級食堂と下士官・兵卒用の一般食堂がある。下士官以下の者が将校用食堂には普通入れない。ところが幸一はそちらに入っていくと、強引に酒食を出させ、みなの前で酒瓶《さかびん》をラッパ飲みし始めた。ばれたら確実に営倉《えいそう》行きだ。

そして一気に飲み干すと、いきなり軍刀を抜いて料理の値段を書いた短冊《たんざく》に切りつけた。

「ひゃー！」

と店の者が悲鳴を上げる。

みながあっけにとられている前で、

「勘定はなんぼだ？」

と言うなり、もらったばかりの給料袋を囲炉裏《いろり》に投げ込んだ。あわてて食堂の人間が囲炉裏からそれを拾い上げる。

度肝を抜かれたのは一緒に来ていた古参兵たちである。あわてて近所から戸板をはずしてくると、酔いつぶれた幸一を乗せ、逃げるように兵営へと戻った。

その帰り、幸一はのびたふりをしながら彼らの会話を聞いていた。

「この班長はなかなかの豪傑だ。逆らったらうるさそうだぞ」

内心しめしめと思っていた。


昭和一七年（一九四二年）秋、幸一は南京の鉄道工兵隊に入隊する初年兵教育隊に出向し、そこで総務経理を担当することとなった。これまた異例の抜擢だ。軍務ではあっても、普通の会社の経理・総務とやることは同じである。得意の商売にもつながるとあって仕事に精を出した。

一生懸命やれば現場の不満も見えてくる。教育隊には〝酒保《しゅほ》〟と呼ばれる売店がないため、金は持っていても必要なものが手に入らない。近江商人の血が騒いだ。何と彼は私設の酒保を開いた。兵たちからは喜ばれ、自分も儲かり、一石二鳥である。

こうなると止まらない。商魂たくましい彼が次に目をつけたのが屎尿《しにょう》であった。

連隊本部からは一五〇人分の食料として毎日大量の物資が送られてくる。戦争というと食糧欠乏を連想するが、開戦直後の前線は物資が豊富だった。ときには生きたままのブタまで送られてくる。

すると周囲の農家が、栄養価の高いものを食べている兵士の屎尿を肥料として買いに来た。彼はこれを入札制にし、一番高値をつけた者に売ることにした。軍は屎尿の売買など関知していない。すべて幸一の儲けになった。

貯まった金で教育隊解散時には派手におごってやり、原隊に復帰した際も大盤振る舞いして感謝された。

家族を安心させるべく、戦地でもたくましく生きている様子を手紙に書いて送ったが、逆に内地からの手紙には悄然とさせられることが多かった。

戦時体制下、民需産業は再編・統合を促されていたことから、昭和一七年（一九四二）五月の企業整備令を機に、粂次郎は営業権を大阪の田村駒《たむらこま》（今に続く繊維専門商社）に譲渡し、廃業していた。

だが家に三人の学生を賄《まかな》い付きで下宿させることにし、経済的にはかえって潤う結果となった。こちらもさすが近江商人。転んでもただでは起きなかった。

## インパール作戦と白骨街道

昭和一七年（一九四二）五月、日本軍はビルマ全域を占領する。

ところが、いったん退却した英国軍はインド東北部の都市インパールに拠点を移し、ビルマ国境外から執拗に攻撃を加えてきた。彼らが蔣介石率いる国民政府への物資補給を継続していることは、日中戦争終結の大きな障害となっていた。

昭和一八年（一九四三）三月、南方軍の下にビルマ方面軍が創設され、第一五軍司令官として牟田口廉也が着任。牟田口はインパール攻略を強硬に主張し、大本営もこれを認可した。

この作戦が悲惨な結果に終わることを幸一はまだ知らない。彼の部隊はこれまで、苦戦はしたものの勝ち戦しか知らず、兵士たちの士気は高かった。

そんな彼のもとに、妹の富佐子が婚約したという報せが届く。

それが彦根高等商業学校出身の木本寛治だった。近江八幡の金田村《かなだむら》で一五、六代続くという旧家の生まれである。結婚後、木本は戦地の幸一にしばしば手紙をくれた。夫婦の写真も同封されており、富佐子の幸せそうな様子を見てほっとした。

この頃はまだ、内地との手紙のやりとりも比較的頻繁にできたのである。

昭和一八年一二月、幸一は進軍がスムーズに行えるよう準備を行う兵站長《へいたん》として先遣《せんけん》を命じられた。そしてタイ北部の中核都市チェンマイから北西に向かい、国境を越えてビルマ中部のシャン高原にあるサイマオという小さな集落に入った。

食糧も調達しなければならないし、将兵を収容できる宿舎も必要だ。多忙を極めた。だが幸運だったのは現地の人々が好意的だったことだ。かつてこの地に駐留していた英国軍が、現地人を奴隷程度にしか考えていなかったことへの反発もあり、ビルマでは日本軍の進出を〝東方より神兵《しんぺい》来る〟と歓迎してくれたのだ。

英国支配下ではあり得なかったことだが、幸一たちは彼らと食事をともにした。みな土間に座って手で食べるから同じようにし、そうすることにさほど抵抗もなかった。〝郷に入《い》っては郷に従え〟である。それが相手に対する礼儀だと思ったからだ。

これに感激して彼らも胸襟《きょうきん》を開き、積極的に協力してくれた。

敵情視察、道案内、食糧供出なども進んでやってくれ、日本軍の指揮下で編成された「ビルマ国民軍」の一員として戦闘に参加する者まで現れた。村に滞在したのは三ヵ月ほどであったが、村長とすっかり仲良くなり、自分の親にするように肩をもんであげるまでになる。

いよいよ出発の日が近づいた時、

「わしの娘の婿になってくれんかのう」

と言われたのは、嬉しくもあり寂しくもあった。

昭和五〇年（一九七五）一〇月、幸一は社団法人日本ビルマ文化協会（現在の一般社団法人日本ミャンマー友好協会）の初代会長に就任するが、それは彼らに協力してくれたビルマの人たちへの恩返しの気持ちからだった。

幸一たちがサイマオのキャンプを閉じたのは昭和一九年（一九四四）二月末のこと。最後尾で本隊を追いかけた。

インパール作戦はここからが困難を極めた。サラメティ山（三八二六メートル）など、三〇〇〇メートル級の山々が連なるアラカン山脈を越えていくため後方からの物資の補給は望めない。携行食糧は二〇日分持つとすると一人最低五〇キロにもなる。とても人力では運べないが、トラックなどの装備はほとんどなかったのだ。

イギリス軍は米国製のM３やM４などの戦車や最新の自動小銃を配備しており、航空兵力も格段に充実していた。一方の日本軍は山越えするため軽装備である。英印軍は事前に塹壕《ざんごう》を掘り、戦車部隊を配置し、周到に守りを固めているからまったく前進できない。鉄壁の防御の前に進入を阻まれ、遠巻きににらみ合ったまま時間ばかりが過ぎていった。

膠着状態になれば、弱いのは食糧を持たない日本軍だ。すぐに兵士たちが飢え始めた。熱帯の湿気やスコールが体力を奪う。マラリアなどの熱帯性伝染病が蔓延し、作戦遂行は困難な状況となっていった。

栄養不足と不衛生な環境は結核菌を身体に宿している幸一にとってあまりに過酷だった。途中で病に倒れ、後送されていくこととなる。

普通、病んだ兵士はバナナの葉で雨露をしのげるようにしただけの野戦病院に寝かされ、ろくに食べ物も与えられず死を待つばかりだった。ところが幸一は幸運にも、ビルマの首都ラングーン（現在のヤンゴン）の病院に送られた。ここは確かにまだ〝病院〟と呼べる建物が立っていたのだ。

傷心の彼に悲報が追い打ちをかける。昭和一九年（一九四四）五月一七日の戦闘で、敬愛していた伊藤中尉が戦死したのだ。その報せを遠く離れたラングーンで聞き、ふらふらした体で病院長に、伊藤の弔《とむら》い合戦をしに戻りたいと申し出た。

「馬鹿者！」

病院長は幸一を一喝すると、一通の手紙を差し出した。

それは伊藤から病院長に宛てた手紙だった。幸一を十分療養させ、完全に治りきるまで面倒を見てやってくれと書かれている。感極まった彼は、その場にくずおれるようにしゃがみ込み、男泣きに泣いた。

それから半月後、ようやく退院を許された彼は戦線に復帰する。

戻ってみて驚いた。そこはまさに地獄。みな路傍《ろぼう》の石ころのように表情をなくしている。戦死者、傷病者が続出し、まともな兵力など残っていない。五月から雨季が本格化し、将兵たちはずぶぬれの中で戦っていたからだ。

執拗な英印軍の空爆と砲撃は、水に浸かった塹壕の中に潜《ひそ》む日本兵を苦しめ続けた。マラリアに感染する兵士があとを絶たない。三週間で攻略する予定が、だれ一人インパールにたどり着けないまま四ヵ月が経過していった。

　前線からの退却要請をようやく聞き入れ、南方軍と大本営がインパール作戦の中止と中立国タイへの退却命令を出したのは昭和一九年七月一〇日のことである。

　そこからが〝ビルマ反転作戦〟と呼ばれる、これまた悲惨極まりない撤退作戦の始まりだった。進むも地獄、引くも地獄。彼らは食糧もないまま、再びアラカン山脈を越えていかなければならなかったのだ。

南方戦線での幸一(前列中央)

　旧式の三八歩兵銃は、敵の自動小銃の前にはなすすべがない。おまけに重いから肩に食い込む。極めつけは、銃身に菊の御紋が入っているから捨てるに捨てられなかったことだ。

　主要道路は敵の戦車隊が占拠しているため、けもの道のような道なき道を進んでいかねばならない。降りしきる雨で崖は崩れ、道はぬかるんでいる。兵士たちは敵弾に当たる以前に、体力を奪われて斃《たお》れ伏していった。

　幸一の属する第一五師団長の山内正文陸軍中将はマラリアにかかり、ほとんど指揮の執れないまま病死した。

そして牟田口は後ろ盾の東條英機《とうじょうひでき》が失脚したこともあり、昭和一九年八月、第一五軍司令官を罷免《ひめん》される。

こうした上層部の動きを幸一がどれだけ知っていたかはわからない。この時の彼は命令を忠実に遂行するだけの〝駒〟でしかなかったからだ。

ビルマ中央を流れるイラワジ（エーヤワディー）川を上流へ敗走し、ここで昭和二〇年（一九四五）一月のイラワジ会戦となった。戦力が回復しないままの戦闘では勝ち目はない。当然の結果として敗北を喫した。

彼らはさらに敗走を続け、マンダレー近郊のミンゲンの渡河地点に差しかかった。

日中はロッキード爆撃機が飛来して攻撃されるので渡河のチャンスは夜中しかない。月明かりの下、コンクリートで固めた橋のガードにへばりつくようにして六、七人が橋を渡りきった。後ろにはさらに味方の兵士が続いている。

無事に渡りきった時、一人の古参兵が戦前の大ヒット映画『愛染《あいぜん》かつら』の主題歌「旅の夜風」の一節を口ずさんだ。

「加茂《かも》の河原に秋たけて……」

いわゆるカラ元気というやつである。

ところが、その瞬間、轟音《ごうおん》がさく裂した。河べりに隠れていた敵が手榴弾《しゅりゅうだん》を投げてきたのだ。幸一はとっさに伏せたが、右足を触ると血がべっとりと付いている。手投げ弾の破片が刺さったのだ。

その瞬間、彼の理性が吹き飛んだ。

「貴様ら、やったろうか！」

と叫ぶや否や、自動小銃を腰の位置で構え、手榴弾が飛んできた方角に向けて撃ちに撃ちまくった。

積もりに積もった鬱憤《うっぷん》が爆発したのだ。遮蔽物のない中での射撃は自殺行為だが、不思議と彼は生き残った。


着衣はぼろぼろで髭も髪も伸び放題。全身垢まみれで、かろうじて目玉で誰か判別がつく程度である。着替える服などないからシラミが湧く。体中かゆくてたまらず集中力が削がれる。負傷兵の傷口には必ずと言っていいほどウジが湧いた。ハエが止まったかと思うと、もう次の瞬間には卵を産みつけ、そこからウジがはい出てくる。取ろうとしても傷口の奥まで入っているから取りにくい。だが膿をきれいにしてくれるという一面もあったのだ。食べるものがないから、そのウジ虫をとって食べた者もいた。貴重なタンパク源だった。

兵たちは体力を奪われ、飢餓に苦しみながらばたばたと斃れていく。戦死者はついに五万人を超えた。そして彼らの退却路は〝白骨街道〟と呼ばれるようになる。

ビルマには大型のウミワシやタカが多い。人を襲うことなど滅多にないこれらの猛禽類《もうきんるい》も、瀕死の兵士となれば話は別だ。弱ってくると容赦なく襲ってくる。酸鼻《さんび》の極みと言うべきは、外に出ている顔、とりわけ目玉が狙われることだ。目が見えなくなると一巻の終わり。頬がつつかれて生きながら食われ、やがて息絶えて白骨と化していく。

これこそが〝白骨街道〟のいわれだった。

病気になった時、ラングーンの病院に後送してもらえた幸一は幸運だった。退却戦の時期ともなると、担架《たんか》に乗せられた隊員、松葉杖をつく兵に自決命令が出された。銃を取り上げられ、手榴弾が手渡される。

「いや、まだ動けます！　大丈夫です！」

そう必死に言い張る者は、古参兵によって背後から撃たれた。

ジャングルのあちこちで銃声が響き、手榴弾の破裂音が聞こえた。音を聞けば日本軍のものだとすぐわかる。耳をふさいでも否応なくその音は周囲にこだまする。やがてみな、なんとも思わなくなっていった。

敵兵に殺された数より、餓死したり自決させられた兵士の方がはるかに多かった。それがインパール作戦だったのだ。彼が後に何度も悪夢に見た〝人の橋〟を歩いて湿地帯を渡ったのは、まさにこの頃のことであった。

山中のけもの道をさまよいながら、ようやく目的地であるタイ国境付近に到達した。気がつけば彼の部隊の五五名はわずか三名となっていた。

そして迎えた終戦。その報せを彼は、タイの首都バンコク近郊の集結地バンポンで聞いた。その瞬間、泣き出す兵士もいたし、自決する者も出た。だがほとんどは、ただ茫然とするばかりだった。

（どの面さげて内地に帰れというのだ……）

という思いがなかったわけではない。

しかし、戦う理由がなくなった今、死んでどうなるものでもないというのが、生き残った者ほとんどの共通した思いであった。

終戦の年の一〇月、武装解除された。幸一たちは捕虜ではなく、中立国タイにおける投降兵である。捕虜になると階級章をはく奪されるのが普通だが、彼らは階級章をつけたまま部隊としての組織を維持していた。

しかし敗戦国としての立場で、いつまでも誇り高く振るまえるはずもない。連合国軍の命令でオランダ軍の指揮下に入ることとなり、六ヵ月間エマキャンプ造営作業に駆り出された。

かつて〝マレーの虎〟と恐れられた山下奉文陸軍大将は、昭和二一年（一九四六）二月二三日、軍服ではなく囚人服のまま、銃殺刑ではなく絞首刑で処刑された。英国軍の恨みの深さがうかがえる。

帰国できるかどうか予断を許さない。様々な噂が流れ、その都度一喜一憂させられながら、祖国を思う日々が続いた。

そして昭和二一年五月末、幸一たちはバンコクに集められ、ようやく復員船で祖国に戻れることとなった。

だが帰国してからも、戦争体験は彼の心に生涯癒やせない傷跡を残した。そのことについて彼は、自著の中で次のように述べている。

〈帰還してから約十年、戦争の悪夢に夜ごとうなされた。どのような悪夢かは、戦争という極限状態を体験した人間でなければ想像がつかないだろう。それほど戦争は私の心に深く刻み込まれている。戦争の悲惨さは思い出したくない。まして他人に話すのも気が進まない。（中略）私は若い人が軍歌を歌っている姿を見るのが嫌いだ。カラオケで歌っている姿は我慢ならない。戦争を知らず、酒の勢いで陽気に歌ってほしくない。軍歌はもの悲しいものだ〉（『乱にいて美を忘れず――ワコール創業奮戦記』塚本幸一著）

# 第三章　ブラジャーでビルを建てた近江商人

## ロミオとジュリエット

復員して五年近く経ったある日のこと、京都の街に明りが灯ろうとしていた。

〝はんなり〟という京言葉があるが、夕間暮れの京都には雅《みやび》な言葉がよく似合う。ことに周囲の山々が色づき始めると、行き交う人々もどことなく浮き足立つ。平安絵巻のような紅葉を楽しめる季節が、ついそこまでやってきていた。

「おーい、おーい」

太秦《うずまさ》の撮影所から出てきたかのような長身の二枚目が、自転車にまたがったまま京町家の二階に向かって声をかけている。誰あろう幸一だった。まるで劇中の一場面。さしずめ二階にいるのはジュリエットか。

ほどなく二階の戸が開くと、そのジュリエットが下りてきた。ところがこちらは意外なほど普通の女性。いやむしろ堂々たる物腰で、まだ若いのに〝関西のおばはん〟の雰囲気を醸《かも》し出している。

「塚本はん、そんな大きな声だしはったら大家さんに聞かれてしまいますがな！」

彼らが恋人同士でないことはすぐわかる。階段を下りてきた彼女が慣れた様子で荷台に乗ると、彼は勢いよくペダルをこぎ始めた。

京都の御池通を西に向かう。

戦争直後のため車の往来は少ない。まだ舗装されていない砂利道で走りにくかったが、車を気にする必要がない分、気は楽だ。

当時も自転車の二人乗りは禁止である。

「ポリスマンにつかまったらどうすんの？」

「そんなもん『お母はんが亡くなったんや』言うといたらええねん！」

こうなると映画の世界どころかまるで夫婦漫才だが、幸一はクールな表情を崩さない。

風に髪がなびくと男ぶりがさらに上がる。すこぶるつきのいい男が、若い女性と二人乗りしているのだ。いやが上にも目立つ。

道行く人はみな振り返った。

すると後ろに乗っている女性の表情が次第に緩んでくる。幸一に気づかれないようにしながらも、自然と笑みさえこぼれてきた。それはそうだろう。こんないい男に乗せてもらっているのだ。嬉しくないわけがない。

彼らが到着した先は室町のとある町屋。和江商事と書かれた看板がかかっている玄関を奥に行くと中庭がある。そこに建つ洋館の三階に、何台ものミシンが並ぶ部屋があった。

そこに立った瞬間、彼女はがらりと表情を変え、きりっと引き締まった。

「さあ、始めましょか！」

女性の名は渡辺あさ野。

彼女こそ、和江商事飛躍のための〝秘密兵器〟だった。

## 社長退任と引き替えに手に入れた製造工場

木原縫工所（木原工場）と専属契約を結び、四条河原の決戦を制して高島屋との取引も獲得。勢いに乗り始めた和江商事だったが、それでも幸一の心からは不安が消えなかった。

これから木原にはブラジャーだけでなくコルセットなども製造してもらうことになる。だが、それがどんどん売れていくのをみていたら、いつか木原は自分で売ったほうが儲かると考え、直接販売に乗り出すかもしれない。そうなると和江商事はお手上げだ。

また新たな縫製業者を探す必要があるだけでなく、木原縫工所はかつてない強力なライバルとして立ちはだかる。

経営者の最大の仕事は危機管理だ。起こった危機に対処することだけが危機管理ではない。むしろ危機が起きる前にそれを予見し、危機の発生を未然に防ぐことこそ一流の経営者の資質である。幸一にはそれがあった。

そこで考えたのが木原縫工所との合併である。製造から販売まで一貫した組織を持つことが最も有効な対処方法であり、かつ収益性を高めることにつながると確信したのだ。

この製販一貫システムは、現在ではユニクロなどが採用しており珍しくないが、当時としては独創的な発想だった。そもそも流通経路にしても、メーカーと小売店だけでなく、その間に問屋が入るという分業体制がわが国の商取引の常識であり、役割が細分化されていたのである。

だが女性下着の製造から販売までを手がける、日本にはまだどこにもなかった専門企業の道を選んだことこそ、ワコールが業界ナンバーワンになった勝因だった。


幸一は思いきって木原に合併を持ちかけた。

だがそう簡単に事は進まない。

「昔から嫁ぐにはタンス長持《ながもち》をそろえてからと言います。和江さんとは一年のつきあい。まだ柳行李《やなぎごうり》一つしかそろえられてまへん。せめてもう二、三年待っとくなはれ」

木原はそう言って婉曲《えんきょく》に断ってきた。

そんなに待っていたら、木原工場を他社に取られてしまう可能性がある。

「柳行李一つで結構です」

そうも言ったが、話し合いは平行線のまま。考えに考えた末、幸一は思いきった提案をする。

「木原さん、合併したら、あなたが新会社の社長になってください。僕は専務でいい」

これにには木原も驚いた。

「本気かいな？」

「こんなこと冗談で言いません。その代わり、社名は和江商事のままでお願いします」

これを聞いてさすがに木原も腹を決め、ようやく合併を承諾してくれた。

幸一は、最終判断を役員会に委《ゆだ》ねることにした。そして中村伊一、川口郁雄、柾木平吾と奥忠三の四人に諮《はか》ったところ、賛成と反対が二対二の同数となった。

ここで幸一が発言した。

「おまえらの気持ちはわかった。それでは最後に俺が票を入れる。俺は賛成や！」

こうして和江商事は木原縫工所と合併し、新生和江商事として生まれ変わった。

幸一は和江商事の将来のために、社長の座から降りたのである。昭和二六年（一九五一）五月一日のことであった。二ヵ月後には本社も木原縫工所のある室町に移転することとなった。


合併効果はいろいろなところに現れた。

営業部門と製造部門の部門間の人事交流を行うことにより、互いにいい影響を与え合うなど、社内に新風を吹き込ませることができた。

これを好機と捉えた幸一は、それまでノータッチだった生産部門を担当したいと申し出た。

そして対外的な営業部門を木原社長に任せることにした。生産部門と営業部門が一つにならないと会社が一つにならないという考えがあったからだ。

だが職人というのは素人を嫌う。古くからいる工場の職長と裁断部門の男性社員一名がどうしても幸一の指示に従ってくれない。ここで折れたら負けだ。

幸一は木原と相談し、彼らにやめてもらうことにした。これで職場に緊張が生まれた。逆らえない雰囲気ができた。戦場で彼が実践した人心掌握術そのままである。

そして、すぐ次の一手を打った。

昭和26年(1951) 7月に移転した室町本社と工場のイラスト。左の洋館が工場

昭和27年(1952)、本社前で。中央が幸一

プライドばかり高く新たな技術に挑戦する気のない職人たちの鼻をへし折るため、大量生産を可能とする縫製技術を身につけている人間をスカウトしてきたのだ。

それが渡辺あさ野だった。

## 警察官に啖呵を切った女傑

ワコールは日本企業としては珍しく、女性が支えてきた会社と言っていい。その歴史の中で何人もの〝伝説の女傑〟が現れるのだが、渡辺はその筆頭と言ってよかった。

渡辺は幸一より一つ年下で、内田より七歳年上の大正一〇年（一九二一）生まれである。

京都市左京区嵯峨清滝町の農家の一〇人兄弟の末っ子で、彼女が二歳の時に父親が亡くなるとすぐに家は貧窮し、母親は朝から晩まで必死に畑仕事をして働いた。それを見て、早く自分も働いて楽をさせてあげたいとばかり思っていたという。

栄養失調でバケツも満足にもてないような体であったにもかかわらず、一〇歳の時から料理屋の皿洗いとして奉公に出た。幼児虐待ではないかというのは現代人の感覚だ。この当時（昭和六年）、東北の冷害が深刻で娘の身売りが盛んに行われていた。それほど、この国は貧しかったのだ。

「人間、生まれた時はみな丸裸ですけれど、私の場合、その丸裸に着せる物がないというぐらいの貧乏な家に生まれたんです。だから小学校も行ってないです。字は看板で覚えました。酒屋のとこに〝酒〟と書いてある。あれが酒という字やなってね」

筆者が取材した時、彼女はそう述懐した。

そして一五歳になった時、大阪市旭区にあった海軍陸戦隊の工場で働き始める。学歴も学力もなかったが、海軍は彼女の地頭の良さを見抜き、就職を許可した。

するとすぐに頭角を現す。とにかく数字に強いのだ。たちまち計算尺を使いこなすようになると、それを駆使し、落下傘製作の際の流体力学的問題についても専門家のような発言をするまでになった。

何より得意だったのが、多くの部品からなる製品を大量かつ均質に生産する手法、フォード生産方式とも呼ばれるオートメーション生産の工程管理である。はっきりものを言う男勝りの性格もあってリーダーシップは十分。若くして彼女は現場を仕切る立場に抜擢された。

だがここで終戦を迎える。海軍の施設は当然操業停止となり、失業してしまう。

それでも優秀な彼女は、この混乱期をたくましく生き抜いていく。その腕を買われ、京都の四条大宮にあった内外雑貨という会社に勤めることになったのだ。

軍の横流し品である落下傘用の絹地や伸縮性のあるメリヤスを材料に子供服を作ってくれという依頼である。彼女は期待に応え、海軍仕込みのノウハウでたちまち大量生産のラインを作り上げると、五、六〇人の職工を指導するようになった。

この当時、物資は統制されて配給制度になっている。本当は衣服も配布された衣料切符と交換にしか販売できないのだが、内外雑貨は闇商売をやっていた。

そんなことから、渡辺は警察に引っぱられたこともある。だが、戦争に負けてアメリカに尻尾を振っているような日本の男にとやかく言われる筋合いはない。

「子どもが裸足《はだし》でおちんちん出して町の真ん中歩いてるんですよ！　着るもんなかったらどないするんですか？」

尋問している警察官がほれぼれするような啖呵《たんか》を切って釈放してもらった。


そんな内外雑貨に、ブラパット用の羽二重《はぶたえ》を買いに来ていたのが幸一だった。

だが幸一は、いつも一反（和服一着分）しか買っていかない。

「一反だけなんて邪魔くさいなぁ～」

渡辺が文句を言っても、

「金ないもん」

と悪びれることなく答える。格好をつけようとするところのない彼の態度が、渡辺には好ましかった。

一反ずつ買っていった代金さえもツケである。

「そう言えば、あの時の代金全部もらったやろか……」

取材の際、九五歳だった渡辺は、七〇年近く前のことを思い出しながら、そう言って笑っていた。

そのうち幸一は内外雑貨の生産体制に興味を持ち始めた。工場はいろいろ知っているが、ここはほかとは比べものにならない大量生産体制を確立している。なおかつ、それを指揮しているのが、いつも彼に羽二重を売ってくれる渡辺らしいのだ。

ある日、だめもとで彼女をこう言って誘ってみた。

「うちの工場をちょっと見てくれへんか？」

「ええよ」

ふたつ返事である。

「でもこっちの仕事終わってからやで」

幸一は彼女が帰宅するのを待って自転車で迎えに行った。

内外雑貨に勤めていた頃の渡辺は、当時一般的だった〝二階借り〟生活をしていた。一階に大家が住んでいて、自分はその二階を借りているのだ。

「おーい、おーい」

そう言って下から幸一が呼ぶと、渡辺が二階から顔を出した。

大家がどう思ったかは定かではないが、ともかく渡辺は自転車の後ろに乗って、まだ砂利道だった御池通を走って室町の本社工場へと向かった。

道路に面したしもた屋の格子戸をガラガラッと開けて入っていくとすぐ、そこかしこに荷造り途中の木箱が乱雑に並んでいる。きれい好きの渡辺は思わず顔をしかめた。

そして裏にある洋館の三階にある作業場に通してもらい、初めて和江商事の生産工程を見た瞬間、渡辺は、

# もしも男／女に生まれていたら

## 男らしい人生をおくりたい

水井あい　北野工場

私が男性として生れたなら、私はどうするでしょうか？　時々こんなことを考えることがある。「男に生れてくればよかった」と何んとなく口にする時があるが、いざ自分が男性として考えるとなかなかむずかしい。でも私が一度してみたいと思ったことを書いてみます。

高卒で入社して七年間ほどは好きなことをして自分の人生を楽しみ、男性に生れて来て良かったと思うような人生を過したい

男性的な仕事をして、自分しか出来ないような仕事をして、そのもうけたお金を自由自在に使い、人がする遊び事ならなんでもするといったような男性的な人生を送りたい。

男性の適齢期に入れば仕事に没頭しますそして男性に生れてきて良かったと思えるような人生を過せば良いと思います。

この文はあくまでも仮定ですのであしからず

## たのもしき男性になりたい

渡辺あさ野　技術一課

もしも男に生れていたら？　実に難題です。なぜなればどんなに頑張って見ても男になれないものを、ましてや私のような女性らしき女性まるで世界中の女のサンプルのような私に男性を語れとは知己編集局殿あんまりじゃござんせんか！柳の木の下からスッーとご挨拶にと言っても難題以前のしろもの、しかたがありません。そこで想い出したのが三月号の〝男の言いぶん女の言いぶん〟『共働き』これをネタにペンを続けましょう。戦後「男女同権」「BG」「OL」「婦人の地位を高めましょう」等々これらを各人男女どのように理解しているのでしょう。男性の言いぶんとしては「家事に専念」してほしい。女性の言いぶんとしては「経済的には働かざるを得ない」とあります。さて私が男に生れていたら、その考えかたは、電気ならプラス・マイナス、時速二百キロオーバーとすばらしいきおいで、東京大阪つっぱしっている新幹線だって二本のレールがあればこそ……。

俗にいう「ミソクソ」女房にはしたくありません、かといって外に働くことがすべてではありません。しかし現状の社会の仕組はどうでしょう、国情の違い政治の貧困などと言わず女性が一個の人間として内外をとわず専門的立場にたって存分に各人の能力を発揮出来得る社会を造り出します。

もしも私が男に生れていたら「たのもしき男性」

## 一人前のコックになりたい

高木則子　京都店

年十九才、人生もこれからというこの年

— 6 —

『知己』(昭和 41 年(1966) 9 月号)に寄稿した渡辺あさ野

「えーっ?」

と驚きの声を上げた。みなが顔を上げてこちらを怪訝《けげん》な面持ちで見たほどだった。

当時の和江商事は一枚のブラジャーの縫製の全工程を一人の職人が行っており、文字通り手作業の職人技の世界だった。渡辺に言わせれば無駄だらけ。大量生産しようという意思をまったく感じさせない前時代的光景だった。

(これは教えることようさんありそうやなぁ……)

こうして彼女の熱血指導が始まった。六時か七時に迎えに行って毎晩一一時か一二時頃まで続いたが、それが無給奉仕だったというから驚きだ。

「塚本さんお金ないしね。こっちは他の会社で給料もろてたから」

取材の際、さらっとそう話してくれたが、その心意気に惚れ惚れした。

## 〝千枚通し〟のスパルタ教育

そのうち渡辺は、いらいらしてきた。思わず口調もきつくなる。

「二本針で二度縫うところを、二本針なら一度で縫えますのに。そんなやり方して儲かってへんのと違いますか?」

二本針で縫うなどという発想は、はなから幸一にはなかった。内心舌を巻きながらも、さすがに何度もぼろくそに言われるうち腹が立ち、ついにこう言い返した。

「そない偉そうに言うんやったら、うちに来てやってくれ！」

「しゃあないなぁ。こうなったら本腰入れて教えたらんとあかんか」

ほとんど売り言葉に買い言葉のノリで渡辺の入社が決まった。昭和二六年（一九五一）九月のことであった。

渡辺が入社すると工場内の空気は一変した。

若い縫製工たちは渡辺が教える新しい技術を次々に吸収していったが、つらかったのがベテラン工だ。この世界で年数を重ねているというだけで大きな顔はできなくなっていった。

製造過程のすべてについて工程分析して細分化され、

「はい、ここからここまで何秒で縫ってください！」

と各人に割り当て、トイレへ行く時間まで決められた。

「渡辺さんが来てから働いてばっかりでかなん、あんな人やめてほしいわ」

そんな声も聞こえてきたが、どこ吹く風だ。こっちは頼まれてきてやったのである。

そのうち彼女は、その厳しさ故に社員たちから〝正宗《まさむね》〟〝千枚通し《せんまいどおし》〟といった恐ろしい渾名《あだな》で呼ばれることになる。

だが間違いなく、渡辺の加入が和江商事の歴史の転換点だったのだ。生産体制は一気に強化され、やがてブラジャーやコルセットの大量生産が可能となっていった。

渡辺の加入は幸一の意識をも変えた。この頃から彼は〝布帛《ふはく》産業立国〟という言葉を口にし

室町本社工場での作業風景。右の立っている女性が渡辺あさ野（昭和27年(1952)頃）

始めたのだ。

この当時、わが国における縫製技術者の社会的地位は低かった。そもそも庶民の多くはみな生地を買ってきて、自分で寸法を測って自分で仕立てるか、仕立て屋に頼んで着物を仕立てていた。一反の布地を使い切ることを〝反《たん》つぶし〟というが、縫製業者は〝つぶし屋〟という一種の蔑称《べっしょう》で呼ばれていたのだ。

だが幸一は、繊維加工産業の将来に大きな可能性を感じ始めた。

（これから日本女性が洋装化することで市場は急拡大する。縫製は手先の器用な日本人の得意分野だ。きっと世界と対等に渡り合える。そのうち縫製業者がこの国を支える時代がやってくるに違いない！）

とりわけ女性下着は肌に触れる。布の質に加え、縫製の技術が確かでないと、消費者はそれを敏感に感じ取ってしまう。

彼はしばしばブラジャーを〝精巧なスイス時計〟になぞらえたが、渡辺という女傑の参加で、おぼろげながらアメリカの背中が見えたような気がした。

幸一の人材スカウト力に関して、渡辺は筆者にこんなエピソードを披露してくれた。

ブラジャーの試作品第一号のモデルが良枝であったことは既に触れたが、その後は渡辺がモデルとなって試作品を作っていたというのだ。

「裸になってモデルをするのなんか、なんとも思いませんでしたね。今思うとね、ようそんなことやってたなと思いますけど」

いくら気が強いと言っても妙齢の女性である。これも幸一の人間的魅力のなせる技だった。

「徳があるんです。人材の得られる人と得られない人では違ってきます。人材の得られる人は、やっぱりトップになっていきますわね」

渡辺はそう語ったが、その〝徳〟に惹かれた人材の一人が渡辺あさ野だったわけである。

渡辺は幸一の母信にもかわいがられた。

「今日、水菜炊いたからな、うち寄ってご飯食べてから帰り」

週末の土曜日になると、室町の工場にそんな電話がかかってくる。すると塚本家まで行って食事をごちそうになった。

ところが、帰ろうとすると靴がない。そんな時、渡辺は困った顔などせず、にこにこしている。犯人が分かっているからだ。その視線の先にはまだ幼稚園に行く前の能交がいた。

父親に似て目が大きく、かわいいことこの上ない。渡辺は自分の子どものようにかわいがっていた。能交もすっかりなついていて、靴を隠したのは帰ってほしくなかったからなのだ。様子を見ると、ついていきたそうにしている。

「ほな連れていったげるさかい、靴出し」

と言うと、嬉しそうにぱーっと走っていって、隠していた靴を持ってきた。良枝に断りをいれると、渡辺は能交を例の二階借りしている借家に連れて帰った。

そして終日遊んであげ、夜になると家まで送っていった。能交にとってはなんとも楽しいお泊まりであった。

こうした話は渡辺に限らない。社員はみな能交の家族だった。


しばらくして、渡辺が幸一にこう言ってきた。

「塚本さん、電動ミシン買ってくれません?」

電動ミシンはこれまでの足踏みミシンとは性能が格段に違う。大量生産体制の確立には必須のアイテムだった。

渡辺からの要望に応え、幸一は大谷ミシン（現在の大谷）から電動の大型ミシンを五台ほど購入した。

こうして大谷能基《おおたによしき》社長以下六名がやってきて、工場内で設置作業を行ってくれることとなった。設置作業は終業後のみ。立ち会いをするのは渡辺だ。大規模なものだけに、三日三晩徹夜してようやく工事が完了した。

大谷ミシンの人間は昼間にわずかな時間ながら仮眠ができたが、渡辺は昼間も働いている。渡辺あさ野という女傑は、底なしの体力の持ち主でもあったのだ。

組み立てが終わった日の早朝、渡辺がやれやれという顔で近所の風呂屋へ朝風呂に入りに行ったのを大谷社長は覚えている（「ミシン整備に徹夜の連続」大谷能基著『ワコールうらばなし』所収）。

大谷は感じ入り、部下たちに、

「おまえたち、渡辺さんを見ならえ！」

と叱咤した。

筆者が取材で訪れた京都北山にある渡辺の家は、表の道から急な階段を上っていったところにあった。それを九〇歳を超えてなお、日常的に上り下りしていると聞いて目を丸くした。かつて足踏みミシンで鍛えた足腰は健在だったのだ。

驚くのはまだ早い。家に上がらせてもらうと、そこには筋トレ用のエアロバイクが置いてあった。それは渡辺の使っているものだという。もう正直あまり驚かなくなっていた。

話を戻そう。

その後も大谷と渡辺のコンビで、次々と電動ミシンが増設されていった。

当時は頻繁に停電がある。渡辺はそれに備え、足踏みでも動かせるよう大谷ミシンに改造を依頼したというから周到だ。いやそれどころか、受注が多い時には縫製工の家庭のミシンまで持ち込ませたという。

取引先から工場見学の依頼が入り始めたのもこの頃からである。見学者はみな、その効率的な作業風景に感心して帰っていく。従業員たちの士気も上がった。

幸一も裁断室の中に入ってコルセットの改良に取り組んだ。こうした姿勢が刺激にならないはずがない。渡辺あさ野という強力な助っ人の協力を得て、幸一は生産部門のリーダーとしての求心力を日々高めていった。

## クーデターによる社長復帰

昭和二七年（一九五二）三月、勧誘し続けてきた義弟の木本寛治が、ついに入社してくれることとなり、期待を込めて工場長に抜擢した。

製造部門は生産量を飛躍的に拡大していたが、問題は営業部門である。生産量が増えても、販売力が伴っていないと在庫の山が積み上がるばかりだ。和江商事が次に解決しないといけない問題はここにあった。

営業を担当するのは木原社長。誠実ではあるが、幸一と比べればリーダーシップに見劣りがする。川口をはじめとする個性の強い営業マンたちを束ねるのは、彼には荷の重い仕事だった。

次第に不満の声が上がり始める。

そのうち取引先や銀行からも、

「和江商事さんは塚本さんが社長だから取引してたんですよ。勝手に首すげ替えられては困るやないですか」

と苦情が出始めた。

社員数一二〇名を超える和江商事を存続させるため、幸一は敢えて憎まれ役を買って出ることを決めた。木原に社長を退任してもらおうというのである。

役員たちに十分根回しをした上、昭和二七年九月のある夜、木原を料亭に誘った。他の役員たちも一緒である。

幸一（左）と木原光治郎

役員の一人が、かねての打ち合わせ通り口火を切った。
「今のわが社の体制に不満の声が上がっているのは皆さんもご存じの通りです。このままやと、うちは取引先からも銀行からも、社員たちからも見放されます。ここは木原さんに会長になってもらい、塚本専務にもう一度社長に戻ってもらうしかないと思うんです」
「そうや！」

「それしかない！」

他の役員も口々に同意する。

木原の顔はみるみる紅潮していった。

「なんやこれは？　まるでだまし討ちやないか！」

憤然と席を立った。

彼は部屋を出る時、幸一ではなく意外な人物に怒りの視線を向けた。それは取締役として入社していた息子の木原晃三郎《きはらこうざぶろう》（後に改名して晃一朗）だった。彼も父親の更迭《こうてつ》に賛成していたからである。

多勢に無勢。臨時株主総会でも反対する者は少なく、木原は会長となり、幸一が社長に戻った。木原縫工所統合による社長退任から一年四ヵ月での返り咲きであった。

世間は敗者に同情を寄せがちだ。

「塚本はんはえげつないお人や。うまいこと言うて木原さんとこを乗っ取りはったで」

そんな悪評が立ち、一時、木原会長との間にも険悪な空気が漂った。

こうなれば結果で納得してもらうしかない。

実際、幸一が社長に戻ったことで取引先も銀行も安心し、社員の士気も上がり、製販一貫にした効果が現れ始めた。

さすがに木原も幸一の経営手腕に納得し、もともと自分が得意にしていたものづくり面でのサポートを申し出てくれ、お家騒動は無事幕を下ろす。二派に分かれて闘争を続けることもなく、後遺症をまったく残さなかったのは、幸一の圧倒的な求心力の賜物だった。

社長復帰を機に、人心を一新した。

商標を従来のクローバー印からワコールに変更したのだ。そこには、父から貰った和江の名を永遠に留《とど》めよう（和江留：ワコール）という思いが込められている。女性社員にアンケートをとってみたが、優しく温かい響きがすると好評だった。

〈これは結果的には大成功となった。この名前は呼びやすかったために伝播《でんぱ》も早く、みるみるうちに定着していったのである〉（『貫く――「創業」の精神』塚本幸一著）

## 下着ショー

昭和二七年（一九五二）八月、大宝物産の安田の下で働いていた片尾《かたお》一太郎（後に改名して泰《やす》祥《よし》）に企画・宣伝部門の統括担当として入社してもらい、社長直轄のプロジェクトとして、西村恭一とともに広告宣伝にこれまで以上に力を入れることとなった。

そして片尾と西村の二人が手がけた最初の目玉企画が伝説の〝下着ショー〟であった。

次々と名門百貨店を攻め落とし、関西で残るは阪急百貨店のみとなっていたのだが、ある日、その阪急百貨店の仕入れ課長が、

「お客さんの中には下着の着け方がわからん方もいてはるから、できたら実演でもしてくれる

とありがたいんやけどな」

と、ぼそりとつぶやいた。

早く取引したい和江商事の担当者が、それを聞き逃すはずがない。

「阪急さんのためやったら何でもやらせてもらいます！」

と応じた。

驚いたのは、阪急百貨店の仕入れ課長が予想外に積極的だったことだ。

「沢山お客を集めてやってもらえるやろか？」

「たとえばどこでしょう？」

「一階ホールに特設ステージを作るとか」

一階ホールといえば、玄関入ってすぐの百貨店の顔である。

驚いている和江商事の担当者を前に、阪急の課長は満面の笑みで、

「これは〝下着ショー〟ですな」

と鼻の穴を膨らませた。

だが、そこは格式のある百貨店のこと。正しい下着の着け方を教える催しとして、「おしゃれ教室」というお堅い名前で様子を見ることになった。

告知するとすぐに大きな反響が返ってきた。

失敗するわけにはいかないから片尾たちも必死である。

この当時、ファッションモデルなどという職業はないに等しい。広告の写真モデルとして使っていた女性の中から、容姿端麗な女性を三人ほど選んでモデルになってもらうことにした。写真ならじっとしていればいいがショーは歩かねばならない。だが人数をそろえるだけで精一杯で、ろくに予行演習もできないまま本番を迎えることとなった。

男性はシャットアウトしないといけない。ホールの入口にガードマンを立たせ、男子禁制の札を立てることにした。

こうして昭和二七年秋、阪急百貨店の一階ホールで「おしゃれ教室」という名の日本初の〝下着ショー〟が開かれることになり、当日、会場には三〇〇人あまりの女性客が集まった。

昭和27年(1952)頃の下着ショーの様子

初回からいきなり大盛況である。

裏方はてんてこ舞い。モデルの人数が少ないから、ステージから戻ってくるやいなや別の下着を着けてもらい、用意できたら間髪入れずステージへと送り出す。

事前にチェックができず、実際に下着を着けてみるとぶかぶかだったりするので、縫製担当者に来てもらい、その場でさっとサイズ調節するなど綱渡りだった。

ドタバタはあったものの、評判は上々。ちょうどテレビ放送が始まった頃で各局にとりあげられ、『婦人画報』や『スタイル』といった女性誌からの取材依頼も殺到した。

すると他の百貨店から、

「うちでもやってくれ」

という申し出があいついだ。

(これはいける!)

幸一は確信を抱いた。

すぐに高島屋大阪本店でも開催することになり、この時は藤川延子のファッションショーとジョイントで行われたので、さらに注目を集めた。

もっともモデル不足は相変わらずで、高島屋の担当者と一緒にミナミのキャバレーのホステスを口説いてかき集めたという逸話が残っている。

### 立ちふさがる半沢商店

下着ショーの成功を契機に、すかさず幸一は二の矢を射た。

東京への本格的進出を開始したのだ。そのためには、これまでのような日帰りの〝東京飛脚〟ではなく〝拠点〟が必要だ。

そこで昭和二七年（一九五二）一月、中央区日本橋久松町に東京出張所を開設する。

出張所とは言っても、埋め立て地にある〈バラックに近い貸事務所の一室（約二坪強）〉（『知己』）だった。出張所長を任せたのは藪中謙二《やぶなかけんじ》。かつてイラワジ会戦で、幸一の所属する隊の大隊長だった人物である。

イラワジ会戦は、インパール作戦での敗走の途中、敵に一矢報いてやろうと挑んだ戦いだ。内堀次郎大隊長戦死のあとを受けて歩兵第六〇連隊第二大隊の指揮を執ったのが、当時中尉であった藪中だった。

その藪中は、東京出張所を開所する前年の一一月、畑中保男《はたなかやすお》という青年を連れ、幸一のところに働かせてくれないかと訪ねてきたのである。

藪中は幸一より一歳下だが、陸軍士官学校を出ている。昔は東京帝大よりも陸士や海兵（海軍兵学校）が上と言われた時代だ。エリートと言っていい。言葉の端々に元上級将校のプライドが見え隠れし、商売人になれるとは到底思えなかったが、かつての上官からの申し出をむげにはできない。畑中のほうは商売経験があり期待できそうなこともあって、彼ら二人をペアにして東京出張所を任せることにした。

経営者は、時として情を捨て冷徹であらねばならない。そんなことなど百も承知だったが、彼の中では戦友は例外だった。

だがやはり彼は後に、情に流されたことを後悔することとなるのである。

東京進出にあたって、まず挨拶に行ったのが半沢商店だ。場所も東京出張所から一キロほどしか離れていない。

夜行列車に乗って足繁く通い始めたのは二年前のこと。室町の工場でコルセットの自社生産ができるようになったこともあって、しばらく前から取引は途絶えていた。半沢商店にとって、和江商事との取引は小さなものにすぎず、気にもとめていなかったが、しばらくぶりに半沢社長の前に現れた幸一は以前の彼ではなかった。

「半沢さんにはご挨拶をしておかないといけないと思いまして。今度、うちは東京に出張所を置かせていただきます」

かつて頭を下げて仕入れにやってきていた青年が、堂々と挨拶に、いや宣戦布告をしにやってきたのだ。半沢社長の顔は一瞬こわばったが、それは本当に一瞬だけ。やがて冷ややかな笑みが浮かんだ。

(やれるものならやってみろ!)

言葉に出さずとも胸の内は伝わってくる。

そもそも当時の東京では、大阪の商品を〝ハンモノ〟とか〝サカモノ〟と呼んで蔑視する風潮があった。少し前の中国製品がそうであったように、イミテーション製品で知られていたからだ。

京都にしても、呉服は超一流であったが洋装品では大阪と似たりよったり。要するに関西の品物は二流品というのが通り相場だった。

一方で〝東京のカタびいき〟という言葉がある。一度取引ができるととことん付き合い、新参者には聞く耳持たないそっけなさがあるのだ。

（そこらの小売店では通用しても、大手百貨店が相手にするはずがない）

半沢社長の冷笑には、そうした意味が込められていた。

実際、彼らは容赦なかった。

「小僧だと思って取引してやれば、それをいいことに生意気だ。折り畳んで京都に返してしまえ！」

と和江商事の商売をことごとく妨害し始めた。〝和江の大風呂敷は畳んで返す〟というのが、当時の半沢商店の合い言葉となっていたという（「ブラジャーでビルを建てた近江商人」『週刊コウロン』昭和三五年一月二六日号）。

彼らの接待攻勢にも悩まされた。

徹底的に贈答や接待をし、百貨店の担当者が一財産築くことができたほどだったのだ。一度味をしめたら忘れられない。接待づけにされた担当者がいる間、半沢商店は安泰だった。

藪中や畑中は、

「毒を以て毒を制すです。こちらも接待しないと」

と言ってきたが、幸一はそれを許さなかった。

「正々堂々、誠意でいく！」

ワコール伝統の〝誠意と商品本位〟というセールス手法はすでにこの頃から絶対だったのだ。

だが一方で、ない袖は振れないのも事実だったと思われる。要するに、接待しようにも接待費など捻出できる財政状況ではなかったのだ。

東京出張所を開設するなど、一見順調そうに見えている裏で、実は和江商事に再び倒産の危機が訪れていたのである。

## 業容急拡大の裏で陥った倒産の危機

昭和二五年（一九五〇）六月に勃発した朝鮮戦争は、わが国が戦地にならず、逆に物資供給の拠点になったことから、結果として戦後復興の大きなきっかけを与えてくれることとなった。中でも繊維業界はその恩恵が大きく、ガチャッと織れば万単位で儲かるという意味から、〝ガチャマン景気〟という名がつけられたほど好景気に沸いた。幸一が本社を移転し、電動ミシンなどの設備投資や幹部要員の人材採用を急いだのも、まさにこの流れに乗ろうとしたのだ。おかげで藪中のような、かつての大隊長が就職したいと頭を下げてくるほどの中堅企業に成長できたわけだが、急成長の裏に落とし穴が待っていた。

売上げも伸びている、利益も出ていると安心している時に怖いのが資金繰り倒産だ。黒字であっても資金が足らなくなったら一巻の終わりである。積極経営は運転資金を増加させる。

幸一は知らず知らずのうちに、その罠にはまり込んでいたのである。

財務担当の中村伊一は苦闘の歴史を後輩たちに伝えるべく、先述した『株式会社ワコール財務小史』を残し、社史には書きにくいことも敢えて記載している。たとえばその一二ページには「裏面史」という驚くべきタイトルの付けられた項目が設けられていて、次のように書かれているのだ。

〈二六年から二八年頃までは、税務も戦後の混乱期を脱するに至らず、その徴税は苛烈を極めた。その結果、当時は表経理と裏経理の二本立が横行した。二六年八月に買入契約を結んだ現在の京都店（筆者注：当時の本社）の実際の買入価格は二五〇万円であった。ところがその価格では、売主の方に於《おい》て元の買入価格との差額が多額の利益となって、それに課税されることになるので、表面金額は一二五万円とし、残額一二五万円は会社経理に乗らない裏金で支払うことを要求された。こうした経緯によって現在の会社の帳簿には表面の金額のみが記入されることになった〉

要するに〝二重帳簿〟があったというのだ。

中村は裏金での代金支払いのため、大阪出張所の現金売上げの一〇％を積み立てたり、工場で使った綿生地を実際より二倍使ったことにするなどして工面した。そのつじつま合わせは、さぞ神経をすり減らす作業だったに違いない。

取引が増えると支払いに使われる手形の枚数も増える。それらの支払手形の期日が集中しないよう周到に管理してもいた。

「受け取る金の期日は前倒しや。支払う方は精一杯先に延ばしてもらうんや。頼んだで！」

社員たちの耳にたこができるほど、この言葉を繰り返したが、財務の天才である中村も打ち出の小槌《こづち》を持っているわけではない。

彼は住み慣れた近江八幡から通っていたが、国鉄で通勤定期を買うたび、

（この定期の期限が来るまで、うちの会社は倒産せんとおれるやろか？）

と思うのが常であったという。

〝ガチャマン景気〟と呼ばれた景気の過熱感も一年半ほどで去り、いよいよ運転資金がショートして、昭和二七年（一九五二）一月下旬を期日とした手形を落とせないことがほぼ確実になってきた。いわゆる〝不渡り〟である。

一度でも不渡りを出すと、信用を著しく落とす。結果として、非常に高い確率で二度目の不渡りを出して倒産に結びつくのが常である。中村をもってしても、今回の危機は乗り越えられそうになかった。

昭和二六年（一九五一）末、社員にわずかながらボーナスを出し、東京進出も決まり、社内は明るいムードだったが、内情を知る中村と幸一の年末は、またしても陰鬱《いんうつ》なものとなってしまった。

二年前の年末も同じ状況だった。あの時は五〇年計画を発表して社員を鼓舞し、自然社に入信して精神を鎮め、半沢商店との取引開始で息をついた。だが皮肉なことに、今はその半沢商店が大きな壁として立ちはだかっているのだ。

とにかく資金が欲しい。普通は銀行融資を考えるのだが、和江商事には担保にする資産がな

昭和27年(1952)の正月の集合写真。この時期が最も資金繰りが苦しかった。後列左から、服部、福永、幸一、木原、2人おいて奥。前列左から、柾木、川口、中村、1人おいて柳澤

い。室町の不動産はすでに権利証まで銀行に渡して金を借りている。おまけに幸一は借家住まいで、個人資産もない。

そもそも融資を受けようと思うと、銀行は財務諸表の提出を求める。それを見れば財政が逼迫していることは一目瞭然だ。

「まあ手形割引させてもらうのがやっとですなぁ」

どこの銀行でも返ってくる言葉は同じだった。

手形割引とは金融の一種である。売掛金を手形でもらった場合、普通はその手形の期日にならないと資金は入ってこない。だが銀行に行って手形割引をすると、先に銀行が手形をもらいうけて(裏書譲渡)期日より前に現金化してくれるというわけだ。当然、手形の振出人の信用に応じて利息相当分(割引率)を割り引いてのことだが、資金繰りが厳しい時に早く資金を手

にできるのはありがたかった。

追い込まれた中村はこの手形割引を悪用し、資金繰りを一時的に改善する禁断の策を用いようとした。いわゆる〝融通手形《ゆうずうてがた》〟である。〝手形を借りる〟とも呼ばれる。

商取引の実態がないにもかかわらず、取引先に頼んで約束手形を振り出してもらい、それを銀行で割り引いてもらうのだ。決済日までには資金を工面して取引先に利息をつけて返すことが前提である。〝空《から》手形を切る〟という言葉は、実態のない取引で約束手形を振り出すところからきている。

融通手形は麻薬に似ており、一度始めると同じことを繰り返しがちだ。末期的な症状に陥ると、資金繰りの苦しい会社が互いに手形を振り出し合い、その中の一社が倒産して軒並み倒産する〝連鎖倒産〟を引き起こす事態になりかねない。

銀行もこうした融通手形が行われていないか、売上げと当座預金の出入金の内訳を照らし合わせながら目を光らせている。ばれたら銀行の信用を一気に失うことになるのは言うまでもない。

だが和江商事は、この最後の手段を用いざるを得なくなったのである。

「とにかく手形を借りてくるんや！」

「わかりました！」

中村の命令一下、柾木平吾、川口郁雄、服部清治、奥忠三たちは取引先を回った。

できれば銀行の割引率が低い信用度の高い企業の約束手形が欲しい。だが一方で資金繰りが厳しいことを白状することになるから、よほど親しい相手でないといけない。

一番期待したのが高島屋だった。信用度は申し分ないし、最大の取引先になっていたから金額の大きな手形でも怪しまれない。何より和江商事につぶれてほしくないはずだから秘密を守って協力してくれるはずだ。

この交渉を任されたのが、入社間もない奥だった。

だが彼にいくら交渉力があっても、高島屋が融通手形と知って手形を振り出してくれるはずがない。最初はけんもほろろだった。

だが、ここで諦めては会社の存亡にかかわると思った奥は泣き落としに入った。

「わが社を助けると思って、そこをなんとか！」

ここで高島屋は案を出してくれた。高島屋が春物商品を購入する前提にして、その商品を和江商事が春先まで預かるという形で手形を振り出してくれたのだ。

実際には品物はできておらず影も形もない。だが資金ができれば生産もでき、期日までには商品は完成するはずだ。

奥は高島屋の担当者に拝むようにしながら手を合わせた。

高島屋が応じてくれたことで、何とか必要額の手形が集まり、無事一月期日の手形の資金決済をすることができた。

そして思った通り、春先になると新商品が売れ出し、当面の危機は去ったのである。

だが財務担当の中村は気を緩めなかった。

（しっかりしたメインバンクを作り、銀行との取引実績を積んで借り入れを機動的に行えるようにしておかねば）

中村は東京商大の先輩たちが多く勤めていた三菱銀行京都支店（現在の三菱ＵＦＪ銀行京都支店）に取引をお願いした。

数年分の売上げや収益の予想を数字で示した。資金さえあれば、市場環境は良好でフォローの風が吹いている。一年後に営業目標をクリアし、二年後もクリアしていくうち、銀行の信用も増し、融資枠が増えていった。

幸一の五〇年計画ではないが、中村もまた実績で信頼を獲得していったのである。

現在のスタートアップ企業もそうだが、創業時に優秀な財務担当者を確保することは何にもまして大切なことである。創業間もない会社はおしなべて〝死の谷〟と言われる資金調達の壁にぶつかるが、資金繰りを担当する優秀な財務担当を確保しておけばそれを乗り切り、将来の上場も展望することができる。

その点、創業期の和江商事における中村の功績は大きかった。幸一にとって右腕と言えば、間違いなく川口ではなく中村であった。

そのことが二人の確執にもつながっていくのだが、それを幸一は黙ってみていた。

（悔しかったら実績で中村に追いついてみろ！）

そう無言の圧力をかけ続けたのだ。

昭和二五年（一九五〇）の段階で、取締役は中村と父親の代から働いてくれている柾木だけであった。

翌二六年（一九五一）七月、ようやく川口が取締役に加わり、同時に奥と木原父子も役員に列している（先述した事情により、この一年あまりの間だけは木原光治郎が社長で幸一は専務）。そして昭和二八年（一九五三）一〇月には中村と奥が常務に昇進し、新たに木本が取締役に加わった。

川口はあとから入社した奥にも抜かれたのだ。それが、ただでさえ負けん気の強い彼を奮起させなかったはずがない。人事の要諦は、心折れてモラルダウンしない程度に競わせ、持てる力を最大限発揮させることにある。

ここからの川口の頑張りが、和江商事を大きく成長させていくのである。

## 難攻不落の東京市場への挑戦

「今の出張所は狭すぎて、ろくに接客もできやしない！」

東京出張所長の藪中はしばしば不満を漏らしていた。

幸一だってそんなことはわかっている。先立つものがないから二坪ほどの汚い事務所しか借りられなかったのだ。だが東京進出を急ぎたい幸一は、厳しい財政状況を顧みず、所長の藪中の訴えを聞き入れ、日本橋人形町三丁目にあるビルへの移転を決めるのである。昭和二七年（一九五二）一一月のことであった。

一階に東京銀行（現在の三菱ＵＦＪ銀行）が入っている立派なビルだ。今度は一〇坪強ある。清水の舞台から飛び降りる気持ちでの思い切った先行投資だった。

ところが、一ヵ月経ち、二ヵ月経ちしても売上げは伸びない。出張所開設以来、取引できたのは秋葉原デパートと数軒の専門店だけ。東京は半沢商店の牙城とはいえ、あまりにひどい。

（一体何をやってるんだ！）

思いあまって幸一は、ある日、奥を連れて上京することにした。

出張所に一歩足を踏み入れるなり、驚くべき光景を目にした。部屋に新品の応接セットとスチールの机が置かれ、所長の藪中は肘掛け付きの回転椅子にふんぞりかえっている。京都では机も椅子も古くなったものを修理しながら使っているというのに。

そうは言っても元大隊長だ。怒りを抑えながら、とりあえず彼の話を聞くことにした。

壁を見ると東京全域の地図が貼られている。赤や青の線が書き込まれ、小さな日の丸が立てられている。それはまさに軍隊の作戦図そのままだ。

藪中は地図を指さしながら、彼が立案した〝東京ローラー作戦〟なるものについて説明し始めた。

「広い東京を歩いていては埒《らち》が明かないので、これからは機動力を駆使して一気に取引を拡大していこうと思います」

　思わず耳を疑った。商売は、戦車で進んでいけば陣地拡大できる軍隊とは違う。相手と何度も会い、信頼関係を築いていく地道な努力の積み重ねがあって初めて取引が始まるのだ。次第に幸一の顔が上気し、手が小刻みに震え始めたが、藪中はそれに気がつかない。

　自信満々に説明を続け、

「ついては二七台ほど配送用のワゴン車を買っていただきたいのです」

と締めくくり、得意げな表情のまま回転椅子に腰をかけた。

その瞬間、勢いよく立ち上がった幸一は顔を真っ赤にさせながら、

「おまえはクビだ！　こんな贅沢な椅子も不要だ！」

と大声で叫ぶと、椅子ごと藪中をひっくり返した。

　幸一が社員に対してこれほど怒ったのは、後にも先にもこの時だけだ。こんな無能な人間が軍隊の指揮を執っていたからあれほど多くの兵士が死んでいったのだと思うと、宿に帰っても怒りが収まらない。そのうち熱が出てきた。心配した奥がたらいで手ぬぐいを絞っては額にのせ、徹夜で看病してくれた。

　再教育するため藪中を京都本社に異動させたが、それは彼のプライドが許さない。結局、退社していくことになった。

　こうして東京市場進出という最重要課題は、川口へと引き継がれていくのである。

川口にはこれまで東海道、山陰に加え、北海道の新規開拓まで任せ、それこそ身を粉にして働いてもらっていた。だがここは、もう彼に頼むしかない。川口が新所長になったのは昭和二八年（一九五三）一二月のことであった。

この辞令にさかのぼること三ヵ月前の九月二五日、台風一三号が本州を縦断して甚大な被害を出した。その全壊家屋のうちの一戸が、前年に普請したばかりの川口の家だったのだ。家屋は全壊し、柱時計ひとつだけが残った。幸か不幸か川口は北海道に出張しており、妻も最初の子を身ごもって実家に帰省中だった。

川口は自分の家が水に浸かる様子を、仙台の映画館のニュース映画で偶然目にした。その時の情けなさといったらなかった。家がなくなった川口は、出張から帰ってきてから仕方なく妻の実家に居候することとなった。

川口がそんな傷心の身だったことを幸一はもちろん知っている。だが申し訳ないと心の中で手を合わせながらも、心を鬼にして東京行きを命じたのだ。

送別会の席で川口に色紙を贈った。そこには「川口君東京赴任にあたって贈る」と題された七言絶句の漢詩が毛筆で書かれていた。

辛苦研鑽茲《ここ》五年

成業結功懸今後

希《ねが》君夢今宵宴志
留意健康祈成功

平仄《ひょうそく》・押韻《おういん》はでたらめだが、川口に対する期待の大きさは伝わってくる。

川口は出発前日、伏見稲荷大社に成功を祈願し、一二月一日、京都を発った。妻が妊娠中ということで単身赴任となった。

とにかく東京をなんとかしたいという幸一の思いもあって東京出張所には所員が七、八名いた。さして取引ができていないのだから大赤字だ。到着してすぐ朝礼の場で彼らに着任の挨拶をすると、その足で早速、三越本店や高島屋日本橋店を訪問した。

「訪問回数は売上高に比例する」

というのが川口の信念だ。とにかく何度も通ったが、半沢商店の牙城を崩すのは川口をもってしても容易なことではなかった。

東京大学がある本郷近くで二階建て木造アパートを借りた。風呂はなくトイレも共同の六畳一間。学生の下宿用の部屋である。東京は市電や国鉄などが縦横に走っていたが、電車賃を惜しんで歩いて回ることが多かった。

何の成果もないまま下宿先に帰る日々。

(これでは藪中さんと同じではないか……)

眠れない夜が続いた。

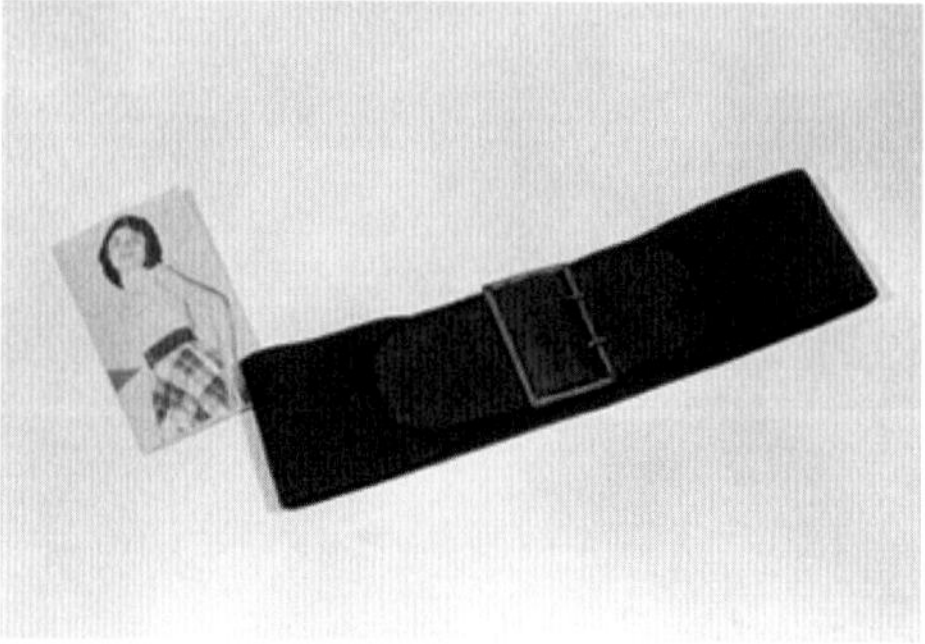

爆発的にヒットしたジュードー・サンチュール

## 窮地を救ったジュードー・サンチュールと宇野千代マフラー

そんな川口に幸運が訪れる。

婦人用ベルト「ジュードー・サンチュール」の爆発的ヒットが和江商事の東京進出を強力に後押ししてくれたのだ。

この商品名は和江商事の命名ではない。ファッションの最先端を行くパリでは、ウエストを細く見せるための黒いベルトが流行していた。柔道の黒帯にヒントを得て、彼らはそれを「ジュードー・サンチュール」と呼んでいたのだ。

広告・宣伝担当の片尾はファッション雑誌をチェックしているから、この商品のことを見知ってはいた。だが、それがどう呼ばれているかはデザイナーの藤川延子に聞いて初めて知った。

（本場のパリで流行していて、日本にちなんだ命名がされている。これは日本人女性の興味を惹くに違いない）

片尾は早速、これを扱ってみようと幸一に進言する。

「それは面白い。やってみよう！」

という鶴の一声で販売開始してみると、予想を超える爆発的ヒットとなった。

高島屋日本橋店が和江商事との取引を始めてくれたのは、下着よりも先にこの婦人用ベルトだったのである。

昭和二八年（一九五三）、和江商事は前年比二〇三％の売上高を挙げて設立以来四年目の決算を締めた。資本金は四〇〇万円、従業員は一五五名となっていた。

一年前の年末に味わった倒産の危機が、遠い過去のことに思える快進撃だ。

片尾はもう一つヒットを飛ばす。それが「宇野千代《うのちよ》マフラー」だった。

宇野千代といえば恋多き女性として知られる小説家だが、ファッション界のリーダー的存在でもあった。片尾がデザインして宇野にネーミングを頼んだところ、彼女は大胆にも自分の名前をつけたというわけだ。自己主張の強い彼女らしい話だ。

このマフラーは大ヒットとなった。その売れ行きのすさまじさは、昭和三一年（一九五六）二月に新設した北野工場の建設資金を、このマフラーが稼ぎ出したと言われるほどだ。

だが、まだ幸一は満足していない。勢いがついたところで、東京進出を一気呵成《いっきかせい》に進めておきたい。そこで川口に助言した。

「東京の百貨店でも下着ショーやってみたらどうや？」

開催してくれそうな取引先を打診したところ、伊勢丹が応じてくれた。こうして昭和三〇年（一九五五）、伊勢丹の七階ホールで下着ショーが一週間にわたって行われることとなった。

「やるからには思い切り派手にやれ！　これで東京にうちの名前を浸透させるんや。いつまでも半沢はんにいいようにやられとってたまるか！」

かけた予算は一〇〇万円。芥川賞の賞金が一〇万円だった時代である。気合いの入り方がわかるだろう。

ところがここで思わぬアクシデントが発生する。後に東洋人初のパリコレモデルとして有名になる松田和子《まつだかずこ》が、

「やっぱり私できません……」

と言い出したのだ。

現場のスタッフは真っ青だ。すると片尾がぱっと松田の前に立つと、そこで膝を折った。彼はなんと彼女の前で土下座したのだ。

「この通りです。今回のショーの成功に、うちの会社の将来がかかってるんです！」

これには松田も驚いた。立派な男子が自分の前で、会社のためにプライドをかなぐり捨ててみせたのだ。

「わかりました……」

今度こそ覚悟を決め、出演を承諾してくれた。

「よくぞ土下座してくれた！」

このことを後で聞いた幸一は、片尾の肩を叩きながら心から感謝した。目頭が熱くなった。

下着ショーは無事成功し、これが突破口となって東京進出が本格的にスタートする。

残るは最後の難関、三越との取引だ。

三越との取引をとらねば、東京で一流業者として認められたことにはならない。川口の苦闘の日々はまだ続くのだった。

## 生涯の友・千宗興との出会い

昭和二七年（一九五二）四月、幸一にとって運命の出会いがあった。

その相手こそ、茶道裏千家の若宗匠千宗興《せんそうこう》。この一〇年後に一五代目家元として宗室《そうしつ》を襲名する、現在の大宗匠千玄室《せんげんしつ》だった。

偶然出会ったのではない。千に興味を持った幸一が知人を介して紹介してもらい、米国での茶道布教から一時帰国した千を、待ち構えていたように会いに行ったのだ。

（伝統ある京都でも茶道は特別の地位にある。おまけに弟子に圧倒的に女性が多い。その家元とはいったいどんな人物か、ぜひこの目で確かめてみたい）

それが幸一の思いだった。

当時の幸一は痩軀《そうく》で目ばかりがギラギラしている。語る言葉も熱い理想論ばかり。だが千にしても、茶道の普及に対する情熱では負けていない。

（何や、お互い似てるなぁ……）

それが千の幸一に対する第一印象だった。それはおそらく幸一も同様だったのではあるまいない。


か。彼らは一度で意気投合した。

取材の際に千が、

「刎頸《ふんけい》の交わりでしたわ」

としみじみ語ったのが印象的だった。

この言葉は、中国の戦国時代の趙《ちょう》を支えた重臣藺相如《りんしょうじょ》と勇将廉頗《れんぱ》が、互いに首を刎《は》ねられても後悔しない固い絆で結ばれていたという故事に由来する。並みの友情関係に使う表現ではない。

ここで幸一の生涯の友となった千の人となりについて触れておきたい。

彼は幸一より三歳年下である。本名は千政興《せんまさおき》。裏千家一四代家元・淡々斎《たんたんさい》の長男として生まれ、将来の後継者として厳格に育てられた。

そうは言っても生身の人間、他の子ども同様いたずらもした。

だがそんな時、小学校の先生から、

「お前は日本で一番礼儀正しい家の子どもやないんか？」

と言って説教されたという。

同志社大学創立者の新島襄《にいじまじょう》夫人が、一三代家元円能斎《えんのうさい》の弟子であった縁もあり、中学から同志社へ進み、同志社大学法学部経済学科を卒業。文武両道に秀で、長身で眉目麗《みめうるわ》しい若者に成長した。

千宗興（左）と幸一（昭和39年（1964）頃）

若い頃から体を動かすのが大好きで、大学時代は馬術部に所属して汗を流し、一〇〇歳になった今でも、朝は海軍体操を欠かさない。

そもそも彼の母親は仙台伊達藩の家老の家柄で、父方の祖母は北摂三田《さんだ》藩主だった九鬼《くき》家の出身と、武士の血が色濃く流れている。筆者は最初にお会いして握手した際、この手は文人でなく武人の手だと思った。

戦時中、千は海軍少尉として徳島海軍航空隊に配属され、二五〇キロ爆弾をふたつ積んでの飛行訓練に明け暮れた。同僚に、後に俳優となり水戸黄門で名を馳せた西村晃《にしむらこう》がいた。

自ら特攻を志願し、沖縄作戦展開の特別攻撃隊〝白菊《しらぎく》〟の隊員として散華《さんげ》する覚悟を決めていたが、裏千家の血を絶やしてはいけないという上官の配慮が働いて松山航空隊に転属となり、出撃しないまま終戦を迎える。特攻で死んでいった戦友たちのことを思うと、忸怩《じくじ》たる思いであった。

やはり彼も、戦後を〝生かされた〟と感じている人間の一人だったのだ。

千は筆者に次のように語った。

「彼も陸軍で命拾いして帰ってきた。僕も特攻から帰ってきた。まあ意気投合しましたな。それがまた二年後、吉川英治《よしかわえいじ》先生がうちのお弟子さんでして、先生からの紹介で、五個荘の塚本定右衛門家から嫁をもらうことになった。それを話したら、『塚本定右衛門？　それはうちの親戚やないか』というわけで、塚本が喜んでね……」

縁の不思議議を感じさせるエピソードである。


千は昭和三三年（一九五八）、京都青年会議所の理事長に就任し、その後、日本青年会議所の会頭を務めているが、千が京都青年会議所理事長の時、幸一を引き入れて副理事長にした。

青年会議所は四〇歳までと年齢制限がある。幸一が入った時にはすでに三七歳であと三年しかなかった。もう少し早く入っていたら、千のように京都の理事長をしていたかもしれない。

京都南ロータリークラブに幸一を入れたのもまた千であった。

京都の人間は排他的である。近江出身の幸一はいわばよそ者だ。そんな彼が後年京都商工会議所会頭になる布石は、実はすべて千が用意してくれたものだったのだ。

千が幸一を引き入れたように、後年、幸一は一人の男を京都商工会議所に引っ張ってくる。

「財界活動なんてお遊びでしょう」

昭和27年(1952)から東京出張所が入っていた人形町のビル。東京銀行の看板が見える

と傲然と言い放ったその男は、青年会議所もロータリークラブも一顧だにしない個性の強い経営者だった。名を稲盛和夫という。

やがて幸一は彼を弟分としてかわいがるのだが、それについては後に触れる。

## 黒船襲来

洋装化の波に乗って大きな飛躍を夢見ていた幸一の前に、大きな壁が立ちはだかろうとしていた。アメリカを代表する下着メーカーであるラバブル・ブラジャー社の技術指導の下、日本ラバブル・ブラジャー社が設立されたのである。

幸一たちにとって、それはまさに〝黒船〟であった。

この情報は、昭和二八年（一九五三）の九月下旬頃、東京出張所のビルの一階にある東京銀行の支店長がこっそり耳打ちしてくれたものだった。東京銀行は外為専門銀行であるため外資系企業と関係が深い。藪中の訴えで無理してこのビルに出張所を移した甲斐はあったのだ。

聞くと、すでに同社は八月に設立されているという。いつも機先を制してきた幸一が、逆に機先を制されたのだ。

この当時、国内メーカーはどこも自社生産比率が低く下請けに依存していた。下請け業者を彼らに押さえられたら、商品の供給は滞《とどこお》ってしまう。当時の日本人の欧米崇拝と彼らの豊富な資金からすれば、またたく間に国内市場を席巻されてしまうことも十分予想された。

だが立ちすくんでいる彼ではない。すぐに行動を起こした。

昭和二八年一〇月、通訳として惣司秀雄《そうつかひでお》(後の宣伝部長)を伴い、日本ラバブル・ブラジャー社へ乗り込んでいったのだ。

技術ではまだ彼らに遠く及ばない。正面切って競争などできようはずもなく、今はトロイの木馬よろしく、降参したふりをしながら勝機をうかがうしかない。

全身の毛が逆立つほどの闘争心を、幸一は必死に押し殺していた。

思いは行動になって表れた。夜行で東京に向かった彼は東京駅に到着するやいなや皇居に向かって歩き出し、二重橋の前で静かに頭を下げたのだ。日本のメーカーを代表して黒船に挑むのだという思いが、彼をそうした芝居がかった行動に駆り立てていたのである。

皇居拝礼後、きびすを返し、東京都江東区永代《えいたい》にあった日本ラバブル・ブラジャー社に乗り込んだ。幸運にも社長のニコラス・シェンクが直々に会ってくれるという。

実はこの訪問は絶好のタイミングだったのだ。シェンク社長は一刻も早く国内の提携先を決めて、販売網を一気に拡大したいと考えていた。実際、渦巻き状の刺繍がほどこされた彼らの「リングレットブラ」は、店頭に並べるはしから売れ始めていた。

シェンク社長はいきなり和江商事に提携をもちかけた。しかも独占販売契約にしようと言う。

内心幸一は、

(しめた！)

と思ったが、オランダ系ユダヤ人だったシェンク社長はそう甘くない。

彼は厳しい条件をつけてきた。

「わが社との提携をお望みなら、保証金として一〇〇万円をご用意願いたい」

これには耳を疑った。和江商事にとって資本金の四分の一にあたる金額だ。当時の総理大臣の年収が一〇万円強だったことを考えれば、今の価値にして三億円ほどになるだろう。あまりに一方的かつ厳しい要求である。

ここから両者の火花散る駆け引きが始まった。

「まずは貴社の技術を確認させていただきたい。少し工場を見せてもらえますか？」

「提携が決まればいいですが、今はダメです」

「一〇〇万円というのは日本の会社にとって決して小さい金額ではありません。保証金を積む価値があるか、工場を拝見してからでないと判断できんでしょう」

「保証金を積んでもらうのが先です」

なおも押し問答を続けていた時、助け船が来た。部屋をノックする音が聞こえ、ラバブルの人が緊張の面持ちで入ってきたのだ。

「ちょっと塚本さん……」

彼は幸一に紙片を見せた。電報である。〈ハチマンソフ　キトクカエレ〉と書かれていた。

さっと目を通した幸一は、

「すみません。今日のところはこれにて失礼させていただきます」

と言って席を立った。

実はこの電報は、交渉が長引いた時に備え、あらかじめ会社から打つよう指示していた〝ニセ電報〟だったのだ。

日本人相手ならどんな状況でも臨機応変に対応できる自信がある。だがアメリカ人相手となるとそうはいかない。何が起こるかわからない。実際、この時も予想だにしていなかった多額の保証金という条件を持ち出されたわけだ。

幸一はいろいろなケースを考え、このニセ電報を思いついた。

かつて平野商会に取引を依頼するため変装して旅館へ行った件といい、塚本幸一という経営者は時々こうした芝居がかったことをする。だが策士策に溺れることなく、そうした策が鮮やかに当たり続けた。

おかげで考える時間ができた。一〇〇万円は大金である。保証金だから戻ってくるわけだが、会社の資金繰りには影響が出る。

一晩考え抜いた末、保証金を積んで提携に踏み切ることを決意した。一時的な資金繰りの逼迫よりも、彼らにライバル会社と組まれることのほうが脅威だと判断してのことであった。

契約書をよくよく読んでみると思いもよらない厳しい条件が付いていたというのは、海外相手の契約ではよくある話だ。この時も独占販売契約を締結したはいいが、驚いたことに、昭和二八年（一九五三）一二月から半年間、一定量の製品を引き取れという条項が付いていた。

だが、いいこともあった。契約を締結した甲斐あって、工場見学が許されたのだ。幸一は渡辺あさ野を連れていくことにした。

「カメラはもちろん、筆記用具も持って入らないでください！」

そう事前に厳しく注意された上で工場内に入ったが、一歩足を踏み入れた途端、

（あっ！）

と声を出しそうになった。

彼らがそう注文をつけたくなるのもわかるほど、日本とはかけ離れた先進技術がそこにあったのだ。

四〇坪ほどの地下工場にはリングレット刺繍（小さいリング状の刺繍）のできる最新ミシンや、ブラジャー周辺部のバイアステープ（布の端のほつれ止め）が一度に縫える機械などがズラリ

並んでいる。ようやく自動の一本針ミシンができたばかりの日本からすれば夢のような光景だ。

渡辺は幸一と違って、思ったことがすぐ口に出てしまう。

「社長！　どのミシンにもアタッチメントがついてますがな！」

彼女の大きな声が工場内に響きわたり、驚いた工員たちと目の合った幸一は、思わず苦笑しながら会釈せざるを得なかった。

アタッチメントとは、押さえ金具や巻き金具といった縫製を容易にするためのミシンの補助器具の総称なのだが、渡辺はもう驚きすぎて声が裏返ってしまっている。縫製技術には絶対の自信がある彼女も、アメリカの先進的機械を前にしてすっかり脱帽だった。

彼女は帰りの電車の中で塵紙《ちりがみ》を取り出し、なにやらごそごそ作り始めた。〝すぐにでも使いたい！〟と思った部品の形状を再現していたのである。

京都に戻ると、早速大谷ミシンの大谷社長のところへ行き、

「アメリカさんの工場でこういうもの見てきましてん。それがまあなんとも言えんすぐれもんなんですわ。ちょっとおたくで作ってもらえませんか？」

と直談判した。

浦賀沖に突如現れた黒船を見にいった幕末の志士のように、何とか彼らに追いつこうと必死に頑張っていた彼らだったが、なんと黒船は一隻ではなかったのである。

## 黒船を〝踏み台〟にして

日本ラバブル社のある門前仲町《もんぜんなかちょう》のあたりを歩いていた時、まったく偶然なのだが、日本ラバブル社と背中合わせのビルに、同じアメリカの下着メーカーであるエクスキュージットフォーム・ブラジャー社の看板を見つけた。

その時の驚きといったらなかった。幸一でも知っている有名な会社だ。一難去ってまた一難とはこのことだ。

一旦京都に戻って作戦会議をする暇などない。幸い通訳できる惣司も同行していたことから、すぐその場で玄関の呼び鈴を鳴らした。

いつもは外出の多い支配人のロスティーンと副支配人のリチャード・ソリアーノがたまたま社内にいて、面談に応じてくれたのはラッキーだった。驚いたことに、エクスキュージットフォーム社のほうでもすでに和江商事の存在を知っており、東京以外の地域でのシェアが高いことも調査ずみだった。

「あなたの会社を我々に売らないか？　君は当社の営業部長として処遇しよう」

それが彼らの口から最初に出た言葉だった。

ことの大きさにとまどっていると、すぐに次の提案を出してきた。

「会社を売らないというのなら、販売提携しないか？」

最初から彼らは提携狙いだったのだ。お前の会社を買ってもいいぞとジャブを打っておくことで、アメリカ企業の資金力の大きさを誇示してみせたのだ。このあたり、したたかである。

ここで幸一は時間を稼ぐ作戦に出た。是非一度京都のわが社にお越しくださいと言って同社をあとにしたのだ。

彼らは幸一の言葉を社交辞令と受けとめる人種ではない。早速スケジュールを調整し、このわずか五日後、二人そろって京都に訪ねてきた。

ここからが本当の駆け引きの始まりだった。

幸一も五日間ぼーっと過ごしていたわけではない。日本ラバブル社との契約書に他社と提携してはいけないという条項がないことを確認し、彼らを競わせようと考えた。

(こちらが惚れるより、相手を先に惚れさせることだ)

恋もビジネスも基本は同じだというわけだ。面談当日、この日に備えて、練りに練った作戦を展開していく。

まずは相手のプライドをうまく利用する戦法に出た。

「実を言うと、貴社より前に日本ラバブル社と販売提携を結んでしまったんです。それも一〇〇万円も保証金を積まされて。ちなみに彼らは、自分たちがアメリカで一番のメーカーだと自慢していましたよ」

欧米人はすぐ感情を表に出す。最初は海外でも有名な古都京都に来たという旅行気分も手伝って、すこぶる機嫌が良かったが、幸一の言葉が英語に訳されるやいなや真っ赤になって怒りだした。

「けしからん！　ラバブルなどうちの敵ではない。日本人が何も知らないのをいいことに、よくそんなことが言えたもんだ」

幸一は表情を変えずに聞いていたが、

（ひっかかった！）

と内心ほくそ笑んでいた。

「うちは保証金もいらないし取扱量の制約も設けない。明日からでも東京のデパートを一緒に開拓していこうじゃないか！」

彼らはそうもちかけてきた。

しかも販売にあたっては、都内の百貨店に副支配人が同行し、売り場にアメリカ人女性を立たせるつもりだという。話題になるのは疑いない。

（売れる！）

そう確信した。

「わかりました。そこまでおっしゃるなら」

こうしてエクスキュージットフォーム社とも独占販売契約を締結するのである。

いくら日本ラバブル社との契約に他社と提携してはいけないという条項がないとはいえ、普通なら背信行為だとして躊躇する展開のはず。だが幸一は、和江商事一社での完全勝利にこだ

エクスキュージットフォーム社のメンバーと会食する幸一(左手前)と奥忠三(右中央)

わった。

もしエクスキュージットフォーム社が他社と提携したら強力な対抗馬が出現することになる。それくらいなら、日本ラバブル社を怒らせることになろうとも、エクスキュージットフォーム社とも提携しようと考えたのだ。迷いはなかった。

幸一の言葉を聞いた支配人のロスティーンは、先ほどまで真っ赤になって怒っていたことなど忘れたような笑顔を見せ、力強く握手してくれた。

それだけでは十分ではないと思ったのか、彼は自分のしていた腕時計をはずすと、

「友情の印として受け取ってほしい」

と差し出した。

それは当時の日本人にはなかなか買えない高級時計だった。

この腕時計につられたわけではないだろう

が、幸一の中では、保証金や商品の引き取りを課してくるような日本ラバブル社よりも、エクスキュージットフォーム社の商品を前面に出していきたいという気持ちが強くなっていった。

だがここからが大変だった。一社でも大変な相手を、二社も同時につきあっていこうというのだ。綱渡りになるのは目に見えている。足を踏み外したら真っ逆さまだ。

社員の中には、アメリカ企業との提携に抵抗感を示す人間も多い。

そこで彼は社内向けの〝マル秘文書〟を作成した。彼らと提携することを包み隠さず話し、一見アメリカに屈しているように見えるかもしれないが、決して彼らの言いなりになるつもりはなく、むしろ将来の和江商事の大きな飛躍につながる重要なステップにしていくつもりだと熱く語った文書であった。

先方の手に渡ったら大変なことになるが、そこは社員を信頼した。

エクスキュージットフォーム社のリチャード・ソリアーノ日本副支配人に同行してもらって、常務の奥と東京出張所長の川口で、都内の百貨店回りが始まった。

するとこれまでの対応が嘘のように、どの百貨店でも社長室に通され、担当者のみならず社長までも、幸一には見せたことのない卑屈な作り笑いを浮かべている。

「わかりました。すぐに売り場を作りましょう」

どこもすぐに納入が決まり、二ヵ月ほどで次々と売り場ができていった。

当時の日本ほど欧米に弱い国はない。それに当時は厳格な外貨割当制度があったから、国内生産された外国製品を円貨で仕入れられることにはとても大きな魅力があったのだ。

〝ハリウッドのスターがこぞって愛用するアメリカの最高級ブラジャー〟を謳《うた》い文句に、ニューヨーク本社からの派遣モデルにより宣伝売出中と触れ回ったところ、彼らの売り場は黒山の人だかりとなった。

この様子を腹立たしく見ていたのが日本ラバブル社である。彼らは約束の一二月になると、かねて取り決めた量の商品を引き取れと要求してきた。だが幸一はあくまで強気だ。

「一二月とは書いてあるが一二月一日とは書いてない。三一日まで引き取らんと突っぱねろ！」

早晩彼らからそんなことを言ってくることは想定の範囲内だった。

日本ラバブル社の製品は売れ行きが思わしくなかったからだ。エクスキュージットフォーム社はアメリカ人女性販売員まで投入しているのだから、そちらに手が伸びるのは自然な流れだった。

売上げが上がらない日本ラバブル社を焦らせて、彼らがこっそり他社に売ろうとするならばそれもよし。独占販売契約違反だと指摘して、差し入れた保証金を戻してもらうという算段だ。

すると案の定、在庫がたまっていた日本ラバブル社は、我慢しきれなくなって横浜の洋品店数軒に商品を納入したという情報が入ってきた。

（よし、ひっかかった！）

すぐさま同社に対して保証金一〇〇万円の返還と損害賠償を求めた。

ところが日本ラバブル社は応じようとしない。敗戦国の中小企業ふぜいが何を小賢《こざか》しいという態度である。だが幸一もあとには引かない。

相手がどこの会社だろうと、売られたけんかは買う。まして相手は戦争で打ちのめされたアメリカ資本の企業なのだ。和江商事は京都地方裁判所に提訴し、昭和二九年（一九五四）二月、日本ラバブル社の製造機械と在庫品が差し押さえられることになった。

彼らは幸一を甘く見ていたのである。

その後、日本ラバブル社は独自に販売ルートを開拓したが振るわず、東京スタイルに買収される。だが、もうその頃には和江商事の敵ではなく、やがて下着から撤退した。

一方、エクスキュージットフォーム社製品の売上げが好調だったのも、アメリカ人女性販売員が目新しいうちだけだった。そもそもアメリカ人向けに作られたブラジャーは、日本人女性にはカップサイズがあわなかったのだ。

そのうち和江商事は、エクスキュージットフォーム社のために設置された売り場で、せっせと自社製品を売り始めた。百貨店側も売れてくれないと困るから黙認だ。商品がどんどん入れ替わっていき、最後は和江商事の商品だけが並べられるようになった。エクスキュージットフォーム社からすれば、まさに庇《ひさし》を貸して母屋《おもや》を取られた形である。

こうしてエクスキュージットフォーム社もまた、販売不振により日本からの撤退を余儀なくされるのである。

アメリカから相次いで襲来した二隻の黒船であったが、わずか半年ほどの間に、幸一は彼らを見事手玉に取ってしまった。その上、収穫もあった。日本ラバブル社からは生産技術を、エクスキュージットフォーム社からは販売手法を学んだ。また、世の人々にインポート・ブランドも扱っているという高級イメージを抱かせることもできた。

この提携を契機として、和江商事はファウンデーション（ブラジャーやコルセットなどの体形補正下着）だけでなく、ランジェリー（パンティやスリップなどの防寒や吸汗のための下着）部門への進出を果たす。

幸一は社内向け〝マル秘文書〟に記した通り、二隻の黒船をさらなる飛躍のための絶好の〝踏み台〟にしたのである。

## 逆張りの発想で得た貴重な〝人財〟

昭和二九年（一九五四）は朝鮮特需の反動による不景気が世を覆い、和江商事も苦しんだ。出張に使う列車は一時、二等に乗ることもあったのだが、再び社長以下全員三等にすることを徹底した。社用煙草の銘柄もゴールデンバット（最安値の両切り煙草）に落として経費削減に努めた。

そこまでならどの企業も同様だったろう。塚本幸一という経営者が非凡だったのは、不況にあって守りながらも攻めることを忘れなかったことだ。相場で言うところの〝逆張り〟の発想である。

彼が着目したのは未曽有の就職難だ。大卒でさえ就職が厳しい状況になっていた。ちょうどこの頃に就職活動をしていた鹿児島の青年がいる。鹿児島県立大学（現在の鹿児島大学）工学部卒業を目前にしながら採用してくれるところがなく、思い詰めたあげくヤクザにでもなってやるかと天文館の組事務所の前をうろうろしたほどだった。

教授の紹介でなんとか入った京都の碍子《がいし》メーカーも、給料の遅配が常態化した倒産寸前のボロ会社であることがわかり、独身寮の裏の小川の岸に座りながら童謡「ふるさと」を歌って一人涙ぐむ日々を過ごしていた。彼の名を稲盛和夫という。後に京セラを設立する彼でさえ、この頃は就職口を探すのに四苦八苦していたのだ。

（有名企業も採用数を極端に絞っている今だからこそ優秀な人材を確保できるはずだ！）

幸一はそう考えた。〝企業は畢竟《ひっきょう》人だ〟というのは、彼の中で変わらぬ信念だった。

ここで彼は求人広告を出すといったありきたりな方法をとらなかった。

昭和二八年（一九五三）一〇月から取締役に列していた義弟の木本寛治に、かつての彦根高等商業学校の同期であり滋賀大学経済学部で教鞭を執っていた高田馨《たかだかおる》教授を訪ねさせ、優秀な学生を紹介してほしいと依頼したのだ。

そのおかげで高田門下の俊秀が次々と和江商事に入社してくれた。

これは求人広告を出して採用するのとは決定的に違う。高田教授は不景気に採用してくれたのだから当然恩を感じる。そうすると好景気の時も、継続的に学生を紹介してくれるというわけだ。

そんな高田門下の精鋭たちが、その後のワコールの快進撃を支えてくれるのである。

幸一は大卒の新卒組を塚本家の離れ座敷の二階に住み込ませ、一年間、寝食をともにして鍛えることにした。当時はもう丁稚制度は廃れていたが、松下幸之助などが船場で商いの基本を身につけた話は有名だ。その教育システムを取り入れようとしたのである。

昭和二九年（一九五四）の暮れ、教え子がしっかりやっているか気になったのだろう。高田教授が和江商事を訪ねてきた。

「うちもそこそこの規模の会社になりましたが、この世界では〝雑貨屋とおできは大きくなるとつぶれる〟という言葉があります。ここからが正念場やと思っております」

この言葉は本心だった。

「種類やサイズが増えて事業が大きくなるにつれ、商品管理が難しくなって過剰在庫や不良在庫を抱えやすくなるんですわ」

幸一は高田に、そう悩みを打ち明けた。

すると高田はこう答えた。

「それはまさに私の専門分野ですな」

そして彼は自分が研究している、在庫管理を数理処理して効率的にしていく商品管理システムについて解説してくれた。

室町本社工場前でワコール野球チームのメンバーと。スーツ姿が幸一(昭和30年(1955) 4月30日撮影)

（これは使える！）

大いに心動かされた幸一は、すぐに採用を決め、昭和三〇年（一九五五）三月一日、商品管理課が設置されることとなった。

ここで抜擢されたのが、高田門下生で経理に配属されていた伊藤文夫《いとうふみお》（後の副社長）である。大学で学んだ知識を生かせる機会だけにやる気十分だ。その年の春に入社した四人の大卒新人を教育し、システムについて習熟させたところで各事業所に配置し、商品管理を行うようになった。

人と一緒に技術をも取り入れ、今で言うところの産学連携を、すでに幸一は時代に先駆けて実現していたのである。

昭和三〇年に入ると前年の不況が嘘のように、ブラジャー、コルセットの売上げが伸び出した。

ここから前年比三、四割増しで売上げが増え、新聞や雑誌に〝下着ブーム〟の文字が躍り始める。不況の時に無理して採用した大卒社員が活躍し、高田教授から教わった商品管理システムが大いにその実力を発揮し始めた。

松下幸之助の言葉に「好況よし、不況さらによし」というのがある。景気には必ず波がある。不況だからと落ち込むことなく、むしろ不況で生じた社内の緊張感を好機と捉え、社員一丸となって問題点を解決し、体質改善に成功した企業だけが次の好況の波で大きな飛躍を期待できる。

それを幸一は見事実現させたのである。

## 巻き起こった下着ブーム

戦後の世界のファッションリーダーは、フランス人デザイナーのクリスチャン・ディオールであった。その彼が、新しい時代を画する女性のファッションとして提示したのが〝ニュールック〟だ。

全体に細く見せようとする従来の傾向とは異なり、腰は細く絞り、朝顔型に開いたスカートなどでバストとスカートにアクセントを置き、数字の八の字を描く曲線を特徴とする斬新なものだ。この新しいファッションは、時を置かずして日本にも上陸した。

幸一たちのライバル会社で、いち早くブラジャーの販売を始めた中島商事が、設立の翌年にニュールックと社名変更した。そのことが、このファッション運動の影響の大きさを物語っている。

そして昭和二八年（一九五三）から翌年にかけて、クリスチャン・ディオールの第二次旋風と言われたニュールックの再ブームがあった。その影響で、和江商事だけでなく各地で、ニュールックのシルエットを出せるよう工夫された下着ショーが行われるようになっていく。

昭和二八年一〇月には、三田綱町《みたつなまち》の由緒ある三井倶楽部で鐘淵紡績（通称鐘紡《かねぼう》、後のカネボウ）主催による下着ショーが行われた。これは田中千代ファッションカレッジ（現在の渋谷ファッション&アート専門学校）創設者として知られる田中千代が、海外で購入してきた一一着分のパターンをもとに、実際に縫い上げて行われたものであった。

さらに同年一一月二四日には、なんとディオールのモデル一行が八三点の作品とともに来日し、ファッションショーを行っている。

昭和二八年にテレビ放送が始まると、すぐに幸一は飛びつき、和江商事は日本テレビの番組『私のおしゃれ』を提供する。有名デザイナーの中原淳一がメインキャストで、有名な女優や女流作家にインタビューをしていく内容だ。こうして和江商事のコマーシャルが初めて公共の電波に乗った。

昭和三〇年（一九五五）九月には独自に月刊『ワコール　ニュース』を創刊。ファウンデーション界初のPR誌だった。女性雑誌のファッションのページに占める下着はほんの一部だ。それなら自分たちで積極的に下着の最新流行を提示していこうと考えたのだ。

『ワコール　ニュース』創刊の一年後、自社の広告がまったく掲載されていない妙な企業雑誌

1955 9月号

WACOAL NEWS

# ワコール ニュース

和江商事株式会社社報

ファンデーションの本質

塚本幸一

—1—

昭和30年(1955) 9月に発刊された『ワコール ニュース』創刊号

が創刊された。その名を『洋酒天国』という。

発刊したのは壽屋《ことぶきや》（現在のサントリー）。そこの若き二代目佐治敬三と幸一は、その後、それぞれ大阪と京都の商工会議所の会頭となり、重厚長大産業がえらそうにしている財界に挑戦状を叩きつけ、東京の財界人をあっと言わせる計画を巡らす仲になる。


下着ブームはこの昭和三〇年頃から本格化していった。

実はこの時ブームになったのは下着だけではない。野球、プロレス、ボーリング、相撲等々。「贅沢は敵だ！」という時代は過去のものとなり、抑圧されていた人々の好奇心と欲望が噴き出してきたのだ。それをテレビの登場が後押しし、人々はブラウン管の前で熱狂した。

文学の世界でも、石原慎太郎の『太陽の季節』が昭和三〇年下半期の芥川賞を受賞し、〝太陽族〟なる言葉が生まれる。カミナリ族、六本木族、みゆき族……若者たちは気の合う仲間たちで集まっては何ものかに熱狂し、ありとあらゆるところでブームを巻き起こした。

下着ブームは、そんな熱い時代の産物だったのである。

東京周辺には、半沢商店のほか一〇社以上の下着の卸を手がける業者がおり、関西にはニュールックのほか、中小の下着メーカーが存在していた。

ルシアン、厚木ナイロン工業（現在のアツギ）、ダッチェス、ラブロンなどが今回のブームに乗って本格的に下着市場への参入を果たし、東京では戦前から続く靴下メーカーの内外編物（現在のナイガイ）も百貨店を中心に下着を展開し始めた。

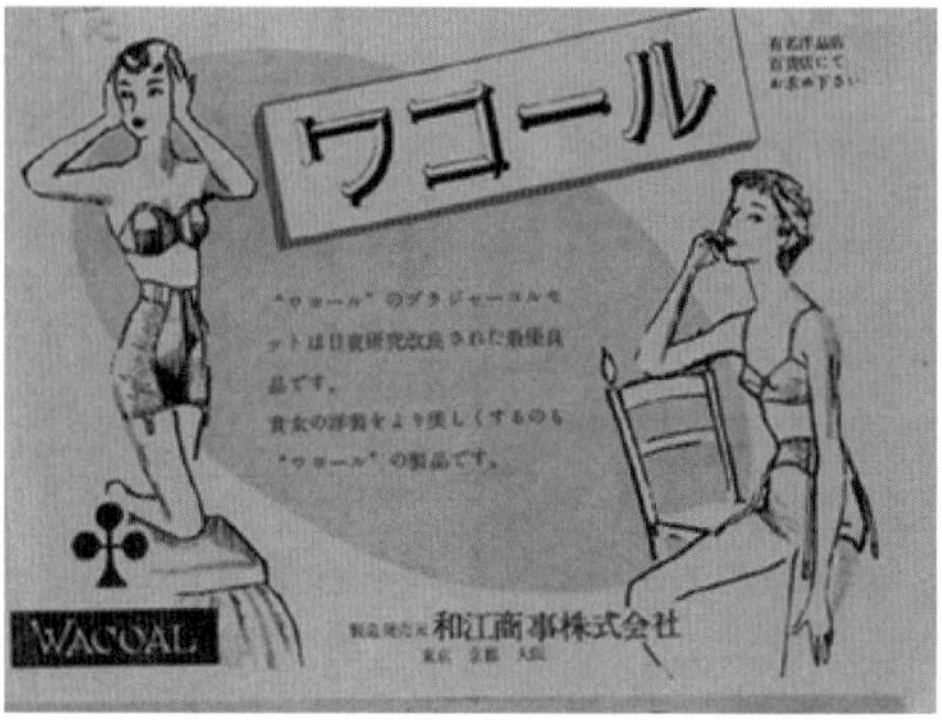

『装苑』昭和28年(1953) 3月号に出したワコールの広告

和江商事もうかうかしてはいられない。市場の拡大している時期こそ、企業規模に大きな差が生じるものである。幸一はここでも機先を制しようとして果敢に攻めた。まずはブームを広告によって加速させようとした。再び片尾泰祥や西村恭一たちの出番である。

この頃から雑誌がモデルを多用するようになり、広告も目を惹くものに変わっていく。当時における雑誌の重要性は今の比ではない。雑誌広告こそ販売促進の最強のツールだったのだ。

『装苑』のほか『婦人画報』『スタイル』『婦人公論』『若い女性』『ドレスメーキング』『新女苑』『婦人倶楽部』『明星』などなど、ワコールの広告は、どの雑誌を開いても目につくようになっていった。

和江商事の雑誌モデルの中から、その後スターダムにのぼりつめる女性を何人も輩出した。中でも有名なのが伊《い》東《とう》絹《きぬ》子《こ》だ。伊東は身長一六四センチ、体重五二キロ、スリーサイズがバスト八六、ウエスト五六、ヒップ九二センチ。最近の感覚で言えば、モデル体型と呼ぶにはややグラマラスな印象を受けるが、当時の日本人女性の平均身長は一五〇センチである。そんな中、伊東は図抜けて顔が小さく足が長い日本人離れしたスタイルであった。

こうして彼女は昭和二八年（一九五三）、第二代目のミス・ユニバース日本代表に選ばれた。同年七月一六日、米国カリフォルニア州ロングビーチで開かれた第二回ミス・ユニバース世界大会に出場。四十数ヵ国の代表とアメリカ四八州の代表の中から見事三位の栄冠に輝いた。

伊東のこの快挙は、欧米人に対してコンプレックスを持っていた日本人にとって大きな希望を与えるものであり、彼女のスタイルの良さを讃《たた》え、〝八頭身美人〟という言葉が流行した。

そのほか和江商事のモデル出身で活躍したのは、映画女優の団令子や山口富美子（ミス京都）、京藤敦子《きょうとうあつこ》（ミス・インターナショナル日本代表）、松本千都子《まつもとちづこ》（ミス・ユニバース日本代表）など枚挙にいとまがない。

彼女らがミスに選ばれてからスカウトしたのではない。当初は無名だったが、和江商事のモデルとなったことでステップアップしていったのだ。幸一が活躍の場を与えた女性は、内田や渡辺たちだけではなかったのである。

## 日本一の男前社長

昭和三〇年代に入っても、洋装しているのにブラジャーをせず、ブラウスの下で乳房が躍っているような女性がしばしば見かけられた。

だが幸一たちの啓発活動の甲斐あってブラジャーは急速に広まっていく。そしてこれまでのズロースに替わって、欧米風な短く小さめのショーツが流行し始める。彼女たちはおしゃれに本格的に目覚めたのだ。

こうしてファウンデーションの売上げが飛躍的に増えていくと、多忙を極めたのが販売部隊である。当時、大阪出張所を任されていた奥忠三は、関西地区の販売の要として大車輪の活躍を見せていた。

大阪の夏は暑い。大阪出張所は大阪の洋品雑貨の問屋街として有名な南久宝寺町《みなみきゅうほうじまち》一丁目の久宝寺町連合卸会館内にあったが、三方が建物に囲まれてトタン屋根という構造だったから蒸し風呂状態である。

それでもいつ来客があるかわからない。そこで奥は、下半身は暑いのでステテコ姿になり、上半身だけはワイシャツに蝶ネクタイで頑張っていた。

表に売り場があり、来客があると事務所に連絡が入る。するとさっとズボンをはくというわけだ。だがそんな暑い事務所に通された客は、閉口してすぐ退散したに違いない。

納品は、近いところなら自転車の荷台に積んで運んでいく。それ以外は市バスを利用した。電車の場合、持ち込める荷物に制限がある。市バスは料金がやや高かったが、その分、荷物の持ち込みには目をつぶってもらえたのだ。

催し物があったり大口の納品の時には、三輪《さんりん》タクシー（オート三輪の荷台の部分がタクシー風になっているもの）を呼んで運んだ。こうした輸送代を切り詰める工夫は幸一が指示したわけではない。奥たち現場の責任者が必死に知恵を絞った結果だった。

そのうち宣伝と販売の両輪がうまく回り、生産が需要に追いつかないという、うれしい悲鳴が上がり始める。

昭和三〇年（一九五五）三月、京都市左京区下鴨《しもがも》夜《や》光町《こうちょう》一七に自社工場である下鴨分工場（縫製第二工場）を建設したが、延床面積五〇坪、ミシン二五台という規模では追いつかない。

翌三一年（一九五六）の一月早々、北野（京都市上京区今小路通御前西入）にあった蚊帳《かや》の製造工場を買収。改装して北野工場とし、二月には早々と操業を開始する運びとなった。延床面積四二五坪、ミシン台数二二〇台（昭和三二年時点）の本格的工場である。工場長には義弟の木本寛治を任命した。

昭和二九年（一九五四）から比べると和江商事のミシン保有台数は六倍近くになり、関西一を誇るまでになった。その円滑な稼働に八面六臂《はちめんろっぴ》の活躍をしたのが、例によって渡辺あさ野だったのは言うまでもない。

もう給料の遅配などない。働いている人間が、この会社で働いていることを心から誇らしく思える時代が訪れていた。

工場で働いているのはほとんどが女性である。幸一は彼女たちにめっぽうもてた。それが彼女らの高い士気の源泉ともなったのだが、それは何もルックスだけが理由ではなかった。

『女性セブン』には、娘がワコールで働いている母親が、

「わたしは、娘をワコールに取られてしもた」

と嘆いているというエピソードを紹介している。

入社してすぐの娘さんにボーナスが出たときのこと、幸一は入社して三ヵ月の彼女たちを前にしてこう語ったそうだ。

「このボーナスは、あなた方の努力でもらうのではありません。これまで必死に苦労してきた先輩たちの汗の結晶なのです」

クリスマスパーティーで女子社員とダンスを踊る（昭和31年（1956）12月21日撮影）

その言葉で心をわしづかみにされた娘さんは、家に帰ると会社の自慢話ばかりするようになったという（「デザイナーは夫　私がモデルで国産ブラジャーが誕生した」『女性セブン』昭和四二年五月合併号）。

幸一の語る言葉には、表情には、行動には、相手を惹きつけずにはいられない力があった。それこそ彼が女性たちにもてた理由だったのである。

## 鴨居羊子参上！

下着ブームに乗ったのは和江商事だけではなかった。時代の生んだ〝熱〟の中、女性下着の歴史に彗星《すいせい》のように一人の女性が登場する。

鴨居羊子《かもいようこ》――破天荒な言動や行動で、一躍時代の寵児《ちょうじ》となった伝説の下着デザイナーだ。

彼女の弟で画家だった鴨居玲《かもいれい》も強烈な個性で知られ、人間の心の闇を描くかのような独特の作風で多くのファンを得たが、姉の羊子も芸術家肌だった。幸一より五つ年下である。

大阪府豊中市に生まれ、豊中高等女学校（現在の大阪府立桜塚高等学校）、大阪府女子専門学校（現在の大阪女子大学）に進学。戦争で繰り上げ卒業した五年後に父親を亡くすとたちまち生活に窮し、戦後は新関西新聞社の校正係に職を得た。

昭和二六年（一九五一）には大阪読売新聞社学芸課のファッション担当記者に転職したが、記者がサラリーマン化していることに反発し、辞表を叩きつける。

退社後、ガーターベルトなどを作って生計を立てているうち、いつの間にか下着の世界に入っていた。

彼女が「スキャンティ」というパンティを発表して話題となったのは昭和三〇年（一九五五）一二月のことである。

履き込みが極端に浅かったり前方に穴が空いていたりして、どれも扇情的でショッキングなものだった。〝乏しい〟とか〝ごく少量の〟という意味の英語の〝ｓｃａｎｔｙ〟から命名されたものだが、新聞は面白おかしく、スキャンダルとパンティの合成語に違いないと書き立てた。

マスコミの勝手な解釈に鴨居は苦笑したが、下着デザイナーとして世の脚光を浴びるに十分な、ド派手なデビューであった。余勢を駆って彼女は、昭和三三年（一九五八）、チュニックという下着メーカーを立ち上げる。

彼女の活躍は下着だけにとどまらない。透けて肌の見える素材、部屋着にもなるパジャマ、男女共用のシャツ……今では当たり前のように店頭に並んでいるこうした商品を時代に先駆けて世に問うたのも鴨居だった。

鴨居の行動は、一つ一つが幸一に対する挑発そのものであったが、一方の幸一は冷ややかな見方をしていた。

彼女の下着は、京都の護国神社の茂みの中で米兵と日本女性が抱き合っていた光景を連想させるものにほかならない。幸一は確かに、女性が美しくありたいという思いを自由に表現できる時代を求めてはいたが、その答えが「スキャンティ」だとは到底思えなかった。

〈塚本幸一の下着が女性に対するラブレターだとしたら、鴨居羊子の下着は男性へのラブレ

ターだったのではないか〉

ワコールの宣伝・販促の仕事に携わった小川泰子は、二人の先覚者の個性の違いについてこう語っている（『下着を変えた女——鴨居羊子とその時代』武田尚子著）。

彼女の行動に嫌悪感を抱いていたのは幸一だけではなかった。ブラパットをいち早く誌面で紹介したことで知られる『暮しの手帖』の創刊者である花森安治《はなもりやすじ》もその一人だった。

鴨居が派手な色合いの下着を流行させ、世間では曜日ごとに違う色のショーツをはくような動きも出始める中、

「下着は白で洗濯しやすければいいんだ！」

と、こちらは幸一以上に激しく反発していた。

だが鴨居はそんな良識ある（？）男性諸氏の声には耳を傾けない。逆に和江商事が広めた下着ショーにも自分流で挑戦していった。

「鴨居さんとこの下着ショーは、会場にすごくテンポのいい音楽が流れてのりがええんですわ。おまけにフィナーレになると、モデルに舞台から色とりどりの「スキャンティ」を観客に向かって投げさせるなんて粋《いき》な趣向もあります。それどころかこの間、ヌードダンサーに乳首の見えるブラジャーつけさせてショーやったいう話ですよ」

だらしない顔をしながらそう言って報告してくる部下に向かい、幸一は、

「お前、そりゃストリップそのものやないか！」

と吐き捨てるように言った。

そして昭和三四年（一九五九）暮れ、和江商事も鴨居の挑戦を受けるように、〝下着の最後の牙城〟であるパンティに進出するのである。

鴨居は、昭和三四年に創立一〇周年を迎え新社屋を建てて勢いに乗る和江商事に、こんな疑問を投げかけている。

「問題はこれからでしょう。何といってもああいうデパートの注文に追われるメーカーでは、企画の動脈硬化をよっぽど警戒しないといけないいんじゃないかしら」（「ブラジャーでビルを建てた近江商人」『週刊コウロン』昭和三五年一月二六日号）

この鴨居の言葉を紹介した後、『週刊コウロン』はこう結んでいる。

〈これらの言葉を、当の塚本氏は余裕を持って鷹揚《おうよう》に聞き流すに違いない。氏と氏の事業を彩るムード・ミュージックとして〉

実際、鴨居が立ち上げたチュニックは和江商事の敵ではなかった。

チュニックの業績はその後低迷していく。ピーク時には一〇億円ほどあった年商が平成に入ると半分近くに落ち込んでしまった。

幸一は後年、こう振り返っている。

「我々正統派からすれば驚くようなことをして、確かに話題作りはうまかった。下着を世間に認識させる意味で、下着揺籃期の一翼は担ったと思いますが」

晩年の鴨居は、酒と男の間を行き来しながら破滅型と言っていい人生を送る。そして先述した彼女の弟鴨居玲は何度も自殺未遂を繰り返していたが、昭和六〇年（一九八五）、ついにその目的を達する。

愛する弟の死は羊子にとって耐えがたいものであった。精神的に追い込まれた彼女は不遇のうちに、平成三年（一九九一）、脳内出血のため六六歳の若さでこの世を去る。

武田尚子は前掲書（『下着を変えた女——鴨居羊子とその時代』）の中で、王道を歩みながら順調に事業を拡大していったワコールと一時期大変な注目を浴びたものの伸び悩んだチュニックとの違いは、幸一の経営者としての能力、なかんずく人材スカウト力と適材適所に配置する手腕の圧倒的な差によるものだと指摘している。

鴨居はあくまでデザイナーであって、社長を兼ねるのは荷が重かったのかもしれない。だが間違いなく、一つの時代を創った女性だった。

## ブラジャーの神様

時代のあだ花が登場する中、幸一は王道を歩むことの大切さを余計意識し始めた。それは徹底的に品質にこだわることだった。そして彼の視線の先にあったライバルは「スキャンティ」ではなく、あくまでも欧米の下着メーカーであった。

だが、まだ和江商事には不安要素があった。商品開発力である。

そんな中、幸一は一人の男と出会う。鐘紡に勤めながら京都女子大学で服飾史や服飾美学を教えていた玉川長一郎《たまがわちょういちろう》という人物だ。幸一より六歳年長だった。

鐘紡は繊維業界を代表する名門企業だ。戦後、下着にも力を入れ始めており、和江商事にとって強力なライバルになる可能性を秘めていた。

ここで幸一は例の〝人材スカウト力〟を発揮し、玉川の勧誘を始めるのだ。和江商事の技術研究部門に来ないかというのである。

この時、玉川の心を溶かしたのは、

「玉川さんには〝ブラジャーの神様〟になってほしいんです！」

という決め台詞だった。

歯の浮きそうな言葉だが、玉川は素直に感動し、入社を承諾してくれた。昭和二八年（一九五三）秋のことであった。

幸一は玉川の入社を機に、同年一〇月、玉川を課長に据え、男子三名、女子五名からなる技術課を発足させる。渡辺あさ野もここに配属された。この時代、いくら優秀であっても、玉川よりずっと年下だった渡辺を課長にするという発想は幸一にすらない。渡辺が課長になるのは、これから一〇年以上後のことであった。

玉川はまず、ブラジャーのサイズの見直しを始めた。

S・M・L程度のサイズ区分しかなかった日本製と違い、米国製はもっと細かくサイズ区分がなされ、カップの大きさにも大小がある。米国製はサイズが日本人の体型に合っていなかったから売れなかったが、この細やかな区分には見ならうべき点が多い。

あとはどうやって日本人の体型に合わせていくかだ。

玉川は日本女性の体型を調査するべく、洋裁学校の協力を得てデータの収集を開始した。そしてある程度のデータが集まったところで、新しいブラジャーのサイズ基準作り（カップ・グレーディング）を行っていった。

最初は、トップバストサイズが三〇、三二、三四、三六インチ、カップサイズAA、A、B、Cの組み合わせの中から一三通りに絞り、これを昭和三一年（一九五六年）の春物から導入した。ブラジャーの標準規格をいち早く導入したことによって、和江商事は業界リーダーの地位を不動のものとする。

現代の企業経営で言うところの〝規格競争〟において機先を制し、ブラジャーのデファクトスタンダートを勝ち取ったのだ。まさに玉川は、幸一が願った通り〝ブラジャーの神様〟になったのである。

縫製技術も飛躍的に高まっていった。

昭和三二年（一九五七）三月、岡崎勧業会館別館で催された京都縫製技能者競技大会のブラジャー部門で、北野工場縫製技術者チームは二位以下を大きく引き離して見事優勝を飾っている。

縫製機械の開発分野でも優秀な技術者が育っていた。

工務室代表の小島鋭太郎は「万能ギャザー取り押さえ金具」（昭和三四年）や自分の頭文字をつけた「ＥＫ式万能自由ガイドラッパ」（昭和三七年）など、新しい発明を次々に発表していった。

前者はギャザーを編む際にミシンにつけるアタッチメントであり、後者は布やテープを折り曲げたり束ねたりする際に用いるアタッチメントである〝ラッパ〟を改良したものだ。渡辺あさ野が日本ラバブル社の工場を見て、驚きのあまり大きな声を出してしまった頃とは隔世の感があった。

技術・商品開発への先行投資が花開いたことで自信をもった幸一は、昭和三三年（一九五八）一月、検品課を設置する。徹底的に商品を吟味し、不良品が混じらないようにチェックしてから市場に出そうというのである。

技術へのこだわりを社内に徹底するため芝居がかったこともしてみせた。不良品が返品されてくると、工場の中庭に社員を集め、その前で焼いたのだ。

（商品を焼くやなんて……）

それがどれほどショッキングなものであったかは、自分で商品を作った者にしかわかるまい。だが幸一は敢えて焼いた。仕立て直して市場に出す方が損失を小さくできることなどわかっている。それでもこうすることで、不良品を絶対に出すまいという戒めとしたのである。

渡辺がそれに反対するはずもない。むしろ幸一を見直していた。

検品課が設置された年（昭和三三年）、幸一は思いきった新聞広告を出して世間を驚かせた。

——ワコールのブラジャーは三二八八枚の型紙で作られており、製品の良否は縫製によって決まります

自信が行間からあふれ出している。

木原光治郎会長の職人かたぎに、渡辺が心血を注いで導入したフォード生産方式、さらには玉川たちがアメリカから学んだ世界最高水準の技術が加わり、和江商事はこれからも縫製技術で他社を圧倒し続けることを、幸一はここに高らかに宣言したのである。

## 遺書を用意しての欧米視察

「我々はこれから世界一の下着メーカーを目指す。最初の一〇年で国内市場を開拓し、次の一〇年で国内における地位を確固たるものにする。七〇年代から八〇年代にかけては海外市場の開拓に注力し、九〇年代にはブランドを確立して世界企業になるんや！」

それは昭和二五年（一九五〇）の二月に発表した〝五〇年計画〟である。

計画も身の丈に合わなければ夢物語で終わるが、幸一の場合は有言実行。ぶかぶかな靴が支給されてもそれに身体を合わせていった初年兵時代のように、背伸びして作った目標に、無理矢理でも和江商事を成長させ帳尻を合わせていった。

何度か倒産の危機もあったが、最初の一〇年でなんとか国内市場を開拓するという第一目標

を達成しつつあった。そして第二目標の〝次の一〇年で国内における地位を確固たるものにする〟ことを視野に入れ、スケールの大きな動きを見せ始める。

昭和三一年（一九五六）、彼は欧米視察を決断するのだ。

（欧米の現状をしっかりと自分の目で見ることによって、和江商事がこれからどういった方向に進んでいくべきか、自分なりのイメージを作っておきたい）

敗戦によって、彼らとの差は戦前以上に広がっている。それを先の戦争のように精神論で戦うつもりはない。敵情視察がどうしても必要だと考えたのだ。

――もはや戦後ではない

というのは昭和三一年の『経済白書』の有名なフレーズだが、まだ当時の日本は、今の我々が想像もできないほど貧しかった。一般国民が海外に観光旅行するなどという発想は皆無であり、海外渡航を考えたのは、政府関係者以外ではごく一握りのビジネスマンだけだったのだ。

だが身近なところに見習うべき先輩経営者がいた。〝経営の神様〟松下幸之助である。

昭和二六年（一九五一）、松下は大の飛行機嫌いだったにもかかわらず、周囲から背中を押され、欧米視察を行っていた。その結果、家電大手のフィリップス社との提携を果たし、テレビ事業を大きく発展させた。

松下が渡航した時から五年、さして事情は変わっていない。

最大の障害は厳しい外貨持出規制が課されていたことだ（昭和三一年当時は一人年間二〇〇ドル）。海外渡航が自由化されるのは、この八年後の昭和三九年（一九六四）四月一日のことである。

そんな時代に彼は、何と欧米を二ヵ月半かけて回るという遠大な計画を立てた。この当時、ライバル会社の誰もが考え及ばなかったことである。だが彼は、ここでも機先を制しようとするのである。

当時は一ドル三六〇円の固定相場だが、二〇〇ドルではとても足りない。小学校教員の初任給が八〇〇〇円という時代だから、現在価値にして一八〇万円ほどにしかならないからだ。

彼はこの時、一ドル四〇〇円の闇相場で換金し、五〇〇〇ドルを隠し持っていった。現在価値にしてこのレートなら五〇〇〇万円近い金だ。見つかったら間違いなく執行猶予なしの実刑判決で刑務所行きだっただろう。

何度も繰り返すようだが、コンプライアンスの厳しい現代とは違う。時代に先駆けようという者がリスクを怖れていては前に進めない。幸一は腹をくくったのだ。

「俺は復員した日を第二の人生の誕生日やと思ってる。あれから一〇年が経った。これをまた一つの節目にするんや」

彼は復員して一〇年目にあたる昭和三一年（一九五六）六月一五日を期して、欧米視察に出発することを決めた。

出発前に幸一は父粂次郎の墓参りをした。

五〇年計画作成の時、三年で父親の墓を建てると宣言していたが、その言葉通り京都の菩提寺である仏光寺の奥に塚本家の墓を建てていたのだ。

「先祖を祀る心はわが生命の元を愛し、それを大切にする心である」

とは、後年幸一がワコール社内の標語として制定したものだが、実際、彼は月一回、必ず墓参りをし、誰の手も借りずに墓石をきれいに洗い清め、草を引き、掃除するのを習慣としていた。それだけに渡航にあたって、誰よりも父親にそのことを報告しておきたかったのだ。

父親とともに夜逃げ同然に仙台をあとにした自分が、ついに海外に雄飛しようとしている。それを思うと感無量だった。

京都を出発する日には北野天満宮に参拝して旅の無事を祈った。京都駅の駅頭には幟が立てられ、社員たちが総出で見送りに来てくれた。みな日の丸の旗を手にしている。

いよいよ汽車が動き始めると、奥忠三の音頭で、

「ばんざぁ〜い!」

と全員で叫んで旗を振った。

まるで出征の再現である。欧米は言ってみれば将来の仮想敵国。まさにビジネスという名の戦場で戦っていることを実感していた。

出発の前日から「外遊日記」をつけ始めたが、いよいよ羽田から出発するという当日（六月一六日）の日記の中に興味深い記述を見つけた。

〈六月十六日　羽田出発

五時過ぎ、目がひらく。好天。七時に起き、東京支店に最後の挨拶をするため、出かける。

バタバタと出発の当日になってしまったが、本当に今夜発つという実感がしない。

午後二時、半沢商店から差回しの車で、故半沢巌氏の本宅におもむく。きょうは三回忌の法要である。ちょうど出発当日と重なったのは、日本のファウンデーションをひらいた半沢氏の遺志をつぎ、第二の発展のためのバトンを受けとって出発するような感がある。霊前に、出発を報告する〉

半沢商店の実態は謎に包まれている。

戦前に設立された女性下着のパイオニアとして、わが国の下着の歴史について書かれた書籍には必ず触れられているにもかかわらず、社史などが残っておらず、国会図書館の史料を渉猟してもまとまったものがない。創業者が半沢巌という名前であったことすら、この日記で初めてわかったほどだ。

そして幸一が渡航する二年前にあたる昭和二九年（一九五四）、半沢巌はこの世を去った。そのことをこの日記は記しているのである。

この年（昭和三一年）の後半、半沢商店は半沢エレガンスと社名変更をして再起を図るが、ワンマン経営者のいなくなった穴は埋めることができず、社運は次第に衰退していく。一方の幸一はこの海外視察をステップとして、今まさに大きく飛翔しようとしていた。

半沢の三回忌が出発の日であったというのは、運命のいたずらにしてはできすぎているが、たくまずして女性下着業界のリーダーの新旧交代を告げる〝セレモニー〟となった。

羽田空港から飛び立つ幸一(昭和31年(1956) 6月16日)

### 想像以上だった欧米の下着市場

こうして昭和三一年(一九五六)六月一六日(土)午後九時三五分、幸一は羽田空港からアメリカに向け、日本航空で飛び立った。

乗ったのはプロペラ機のダグラスDC7。座席数一〇〇席ほどの小さな飛行機である。ウェーク島での二時間の給油時間を含めると二〇時間近くかけ、ハワイ空港に到着。ハワイ在住の日系人の迎えの車でワイキキの海辺のホテルにチェックインしたが、日記には〝すごい、まったく凄い〟という言葉が頻出する。

サンフランシスコに到着すると、早くもデパート調査を始めている。当時の製品は圧倒的に欧米の方が品質が上だった。特に大きな違いはマテリアル(材料)だ。大きな衝撃だった。

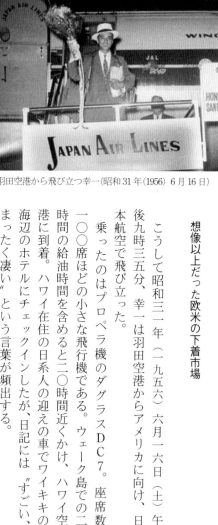

サンフランシスコから飛行機でロサンゼルスに移動。翌日からファウンデーションのメーカーを見学した。

だが息抜きも必要だ。現地で調達した寿司の折り詰めを弁当代わりに持って、前年七月にオープンしたばかりのディズニーランドに出かけた。彼は大変早い時期にこの一大レジャーランドを訪れた日本人の一人だったのだ。

日記には次のように記されている。

〈遊園地。まず自動車のパークが凄い。なかにはシティ・ホール、オペラ・ハウスや商店街が、お伽《とぎ》の国らしい建物と服装で立ち並ぶ。なかに一軒ブラジャー店あり〉

遊んでいる間にも、仕事のことが頭から離れなかった様子がうかがえる。

その後、シカゴを経由してニューヨークに入った。二年前に知り合った名門化粧品会社コティの社長が専用車をつけてくれて助かった。

アメリカは聞きしに勝るファウンデーション産業の先進国だ。業種別では全産業中七番目に位置づけられ、デパートの売上げでも全体の五パーセントを占めている。ロサンゼルスで訪れたメイ百貨店では、実に一階から三階までの各フロアにブラジャー売り場が常設され、力を入れた販売が行われていた。

三階売り場にはずらっとフィッティング・ルーム（試着室）が並んでいる。

（一つ、二つ、三つ……）

思わず数えずにはいられなかった。なんと全部で三三あったのだ。

（これや……これがアメリカなんや！）

圧倒される思いだった。

この時の体験をもとに、彼は帰国後、百貨店を回って試着室を設けるよう頼んでいる。今、我々が当たり前のように思っている試着室が設置されたのは、幸一の欧米視察の成果なのだ。

そんな中、幸一のもとに一通の電報が届いた。

「5HI　PM1・35　JOSHI　TANJO、BOSHI　KENZAI（五日、午後一時三五分、女子誕生。母子健在）」

出発時すでに身重の体だった良枝が、二人目の女の子を出産したという報せだった。すぐに対面できないのは残念だが、一生記憶に残るはずだ。洋行にちなんで洋子と名付け、旅先で祝杯を挙げた。

## 難攻不落の三越を攻略

七月下旬には欧州へと渡ったが、ロンドンでもパリでも行く先々で驚きの連続だった。世界の流行の中心であるパリでは、下着小売店の多さに目を見張った。

（一〇軒に一軒くらいの割合で並んでる。これではまるで町の煙草屋じゃないか……）

しかもどの店でも、手縫いの見事な仕立てのブラジャーになると高額で売られていた。〝良い製品〟に対して、消費者はその対価をきちんと払っていたのだ。幸一は、これまで大事にしてきた品質へのこだわりが決して間違っていなかったことを実感していた。

（このまま日本経済が拡大していったら、きっと消費者はいいものに目が向かい、単価を上げることが可能になる日が来る）

そんな確信が芽生えてきたのだ。その時、高級品販売の中心になるのは百貨店だ。幸一は思わず興奮してきた。

（この感動を誰かに伝えたい！）

そして彼はパリの地から、ある人に手紙をしたためた。宛先は三越の仕入部長。

川口をもってしても攻めあぐねていた相手に対し、

〈欧米視察の成果を結集した下着を開発します。その商品を見てください。だめなら貴店との取引をあきらめます〉

という、気合のこもった手紙を送った。

（今回集めた知見を結集すれば、絶対に世界水準のものができる。俺は日本の女性下着を変えてみせる。うちと取引しない百貨店はアホや！）

そんな高揚感がこの手紙を書かせたのだ。

人間、興奮している時の性急な行動は得てして裏目に出るものだ。しかし、この時の幸一の手紙は和江商事に大いなる幸運をもたらすことになる。


次に立ち寄った西ドイツ（現在のドイツ）のミュンヘンでは、こんな気付きも得ている。

〈出発前、われわれの世界市場進出は近きにあり、と私は思っていた。しかし、それは間違っていた。日本のカメラの世界的進出は、日本国内におけるカメラの普及に根を持っている。ブラジャーの水準が世界を抜くためには、日本における需要度がカメラの水準に至って、はじめ

て実現できることなのだ〉（『女性を創造する――ワコール物語』立石泰則著）

下着ブームになってなお、日本人女性のブラジャーの利用率は四割程度だった。当時のカメラは高級品だが、そのカメラより普及率が低かったのだ。

大きな収穫を手に、八月末、幸一は帰国する。買い求めた下着のサンプルは大型トランク二つ分。撮影した八ミリフィルムは三〇巻に及んだ。

この時代はみな情報に飢えている。帰ってくるなり、各地から講演依頼が殺到した。すると彼は、苦労して買い求めたサンプルや撮影フィルムを、惜しげもなく関係者に公開したのだ。ライバル会社の耳にも入るであろうことは承知の上である。

この作戦はあたった。先進的な技術や情報を積極的に収集する企業として、和江商事の名前は幸一の収集した写真や映像とともに人々の脳裏に刻まれたのである。

影響は業界を超えた。幸一の海外出張に触発され、この六年後、アメリカに渡ったのが京セラの稲盛和夫だった。

さて、〝だめなら貴店との取引をあきらめます〟という手紙をパリから送りつけた三越とのその後についてである。

三越の仕入部長から川口は、以前こう言われていた。

「天下の福助さんでも、うちと取引するために五年間毎日通われました」

福助は大阪府堺市で明治初年に創業した足袋《たび》の最大手である。戦後、ミシンを用いた大量生産で急成長を遂げたが、東京ではまだ足袋は手縫いのほうがいいという認識だった。そのためミシン縫いの福助の足袋は、安くても品質は劣っているというレッテルを貼られていた。

「だからハンモノはだめなんだ」

福助は新聞広告も多用し、世間で広く認知をされていたにもかかわらず、三越は長く出入りを許さなかった。いくら世間で認められても、三越は自分の基準で判断すると言いたかったのである。

さすがに五年間毎日通ったというのは誇張だったろうが、愚直な川口は言葉通りに受けとった。それから彼は、雨の日も雪の日も毎日通った。三越通いのため、他の仕事がおせおせになる。毎日残業で、夜一一時、一二時は当たり前だった。

川口は幸一のように口が達者ではない。大きい体に似合わず、つかえがちにぼそぼそ話し、口をすぼめて笑い、目をしばたたかせるのが癖である。だが、その無骨さゆえに部下から人望を集め、所員たちは男女問わず、川口とともに遅くまで頑張ってくれた。

「和江さん、いくら何でも毎日遅すぎでしょう」

ビルの管理人が何度も文句を言いに来たが、その都度、川口はひたすら頭を下げ続けた。

それでなくても川口は、数字と経理に明るい中村とは出世で差をつけられている。悔しくて眠れない夜もあった。それでも頑張ったのは、負けてたまるかという意地だけだった。

そのうち体が悲鳴を上げ、結核に罹患してしまう。初期だったことと、抗生物質が手に入ったことで早期に復帰できたが、無理をするとすぐ熱が出た。

幸一は川口の奮闘ぶりを当然知っていたが、それでも心を鬼にして尻を叩いた。

「三越との取引はどうなっとる？　何をぐずぐずしとるんや！」

これには川口もカチンとくる。

「わかりました。やめさせてもらいます！」

そう言って辞表を出したこともあった。

だが、難攻不落の三越を落とせるのは川口しかいない。

「おまえは負け犬のまま終わるんか！」

そんな言葉で彼を励まし、結局、慰留した。

しかし、またしばらくすると我慢できなくなって叱責する。すると川口が辞表を出す。そんなことが何度も繰り返された。


川口の三越通いは足かけ五年に及んだが、待ちに待った歓喜の瞬間がやってくる。

昭和三二年（一九五七）春、一本の電話がかかってきたのだ。

「川口所長はいらっしゃいますか？」

電話の向こうは三越の仕入部の担当者だった。電話に出た社員は思わず緊張で身体を硬くしながらこう答えた。

「あいにく川口は外出中で不在にしております。帰り次第、こちらから折り返させていただきますので……」

その言葉が終わるか終わらないうちに、
「口座を開きますので、仕入れ部まで用紙を取りに来てください」
と事務的な口調で用件だけ伝え、電話は切れた。
何の前触れもなく、突如三越は取引を開始すると連絡してきたのだ。

三越を攻略した昭和32年(1957)当時、日本橋小網町にあった東京出張所

もう支店の中はお祭り騒ぎだ。所長に早く伝えたくて、みんなうずうずしている。

そのうち外回りを終えた川口が帰ってきた。

一歩部屋に入ったら異常な雰囲気であることはすぐに伝わってくる。怪訝な顔の彼を取り巻いて人の輪ができた。

「所長、やりましたよ！　三越さんの取引、取れたんです！　ついさっき口座を開きますって連絡がありました！」

所員からそう知らされた川口は目を大きく見開き、

「そうか！　やったか！」

と大声を上げたが、それは一瞬のこと。すぐに顔がくしゃくしゃになり、その場で体を二つに折るようにしながら男泣きに泣き始めた。

「所長！　社長に早く電話してください！」

川口が悔しい思いをしながら、何度も辞表を出していることを所員たちはみな知っている。この報せを一刻も早く、川口から幸一に伝えさせ、彼を男にしてやりたかったのだ。

川口は彼らに促され、大きな手で目をゴシゴシ拭きながら電話に向かった。

「ああ、塚本だが……」

受話器越しに幸一の声を聞いた瞬間、川口の目にまた新たな涙がどっと溢れてきた。

「社長……み、三越……とれましたぁ！」

嗚咽《おえつ》しながらの言葉は聞き取りにくかったが、何が起こったかはすぐにわかった。

「よかったなあ、川口！　ありがとう。ほんまにようがんばったな！」

幸一にも万感胸に迫るものがあった。

所員たちも思わずもらい泣きし、互いに肩をたたき合い、笑い合いしながら涙する光景がしばらく続いた。その夜、大宴会になったのはいうまでもなかった。

三越が取引を始めるきっかけとなったのは、パリから幸一が出したくだんの手紙だったが、それだけで取引が始まるはずもない。現場の地道な努力と、それをサポートするトップセールスの両輪がうまく功を奏した結果だった。

四太郎会の面々とゴルフ(前方左より河野卓男、荒川為義、近藤庄三郎、後方右端幸一)

## 悪いこと四太郎会

当時は京都で繊維関係業者の集まりがあると、呉服関係者は上座に座り、洋服・洋品関係者は下座に座るという暗黙の了解があった。

幸一からすれば、父親の代まで上座に座っていたのに自分は下座にしか座れないという、実に屈辱的な慣例である。

そんな中、京都ネクタイ(現在のアラ商事)の荒川為義《あらかわためよし》が、幸一にこう言って声をかけてきた。

「偉そうにしている織商たちの向こうを張って、洋装・洋品雑貨を商売とする者たちで集まろうやないか」

昭和二九年(一九五四)のことである。

ショールや毛皮のコートを扱う河与《かわよ》商事(現在のムーンバット)の河野卓男《こうのたくお》と、ハンドバッグを扱っている近藤商店の近藤庄三郎《こんどうしょうざぶろう》も参加するという。
いずれも百貨店との取引がある有力会社だ。幸一は一も二もなく参加することを決めた。
こうして四人の男が集まり、会の名前は「四太郎会《よたろうかい》」とした。四人で寄って酔うて、悪いこと〝したろう〟というわけである。

最年長の荒川は、
「外人のクビを俺のネクタイで締めたろうやないか」
と一念発起し、舶来品が占めていた市場に国産高級ネクタイの市場を作り、日本一のネクタイ屋となった男だ（「〝付加価値〟で外人の首を締める　ネクタイ日本一・荒川為義の男意気」『経済界』昭和四八年一月一日号）。

河与商事はもともと洋傘やショールを扱う会社だったが、元興銀マンだった河野が養子に入ると毛皮に進出。クリスチャン・ディオールの毛皮が売れに売れ、見る間に最大手となった急成長企業である。

河野はシベリア抑留で苦労したが、帰国後はファッションの世界に身を投じ、女性活用を推進するなど、幸一とはその生き方において相通じるものを持っていた。そしてある意味、幸一よりスケールの大きいことをやってのける。

まだ四条の木造二階建てが河与商事本社だった時代、デザイナー藤川延子の秘書だった谷口弘子をスカウトして〝毛皮留学〟させ、毛皮を自由に裁断できる日本初のデザイナーに育成したのだ。後に京都経済同友会代表幹事として関西研究学園都市構想を推進する大物財界人の片鱗をすでに見せていた。

そして近藤商店の近藤庄三郎は、幸一にワコールのさらなる飛躍につながる〝第三の女傑〟を紹介してくれることになる。

## 第三の女傑――下着デザイナー下田満智子

(アメリカの得意とする大量生産手法を習得し、日本人の手先の器用さを用いたすぐれた縫製技術があれば、アメリカの下着メーカーとも台頭に渡り合える!)

それは欧米視察の前から、幸一の中ですでに確信に変わっていた。

だが彼らを凌駕するためには、まだ足りないものがある。それは欧米風の洗練されたデザインだった。

ここに格好の人物が現れる。ワコール生え抜きデザイナー第一号の下田満智子《しもだまちこ》だ。和江商事の救世主は、またしても〝女傑〟だったのである。

下田は昭和元年(一九二六)一〇月三日生まれ。裕福な家庭で育った彼女は、女学校の時、裁縫の先生がフランス人で、和裁ではなく洋裁を教わっていた。すでにブラジャーも作っていたというから、運命的なものを感じる。

そんな彼女が京都に出てきたのは昭和二五、六年頃のこと。本格的に洋裁を学ぼうと洋裁学校に入ったのだが、すぐに失望した。あらかじめ用意された型紙にそって、正確に何センチと測って裁断して縫っていく世界だったからだ。

(もっと自由に、自分の思うような服を作りたい!)

学校を退学した下田は、四条河原町の書店でファッション雑誌『ヴォーグ』などを買い、写真を参考にしながら洋裁の仕事を引き受けて我流《がりゅう》で腕を磨き始めた。洋雑誌は高かったが、自分への投資だと思って割り切った。

そんな下田が幸一と出会うきっかけを作ったのが四太郎会だった。

たまたま下田は四太郎会のメンバーである近藤庄三郎と知り合い、

「洋裁をやってるんだったら、塚本君を紹介してあげよう」

と言われ、引き会わせてもらうことになったのだ。

デザイナーを探していた幸一にすれば渡りに船だ。すぐに面接することとなった。

ところが面接の場で、下田は驚くべき発言をする。

「日本の下着はよくないですね」

そう口にしたのだ。

これまで洋裁の仕事で採寸する際、お客さんに下着姿になってもらうたび、ため息をついていた。下着が体形に合っていないためにトップバストの位置が下がって胸元のラインが崩れてしまっている。デザイン以前の問題だ。

面接の際、いい機会だと思ってそのことを率直に口にしたのだ。

役員たちが思わず顔を見合わせる中、幸一だけはニヤニヤ笑っていた。

（これはまた骨のある女性だな……）

かつて渡辺あさ野に、

「そんなやり方して儲かってへんのと違いますか？」

と頭ごなしに言われた時のことを思い出していた。

（おしとやかなだけの女性に用はない）

その場で採用を決めた。

こうして下田は下着ブームが起こった昭和三〇年（一九五五）に入社することとなる。この時、下田は二九歳。渡辺より五歳年下。内田より二歳年上。

第三の女傑の華麗な登場であった。


だが下田の入社が相思相愛であったかというとそれは違う。彼女にとって和江商事は思ったような職場ではなかったのだ。

下着メーカーというから流行の最先端を走っている会社だと思っていた。ところが社内には、外国のファッション誌といった流行を追うための武器が何もない。

思わず幸一にくってかかった。

「何もないじゃないですか！」

すると彼はすました顔でこう答えた。

「そうだ。何もないよ。その何もないとこから始めてくれと言うてるんや!」

その言葉に、下田は強い衝撃を受けた。

(仕事の環境を整えてもらおうなんて思っていた私が甘かった。すべてを一からやるために採用されたんだ……)

それからというもの頭を切り替え、死にものぐるいになって頑張った。

入社して二、三年目に作ったのが一一七一という品番のブラジャーだ。このブラジャーは、女学校の時、フランス人教師に教えられながら作った型紙を発展させたものだった。

この商品は評判を呼び、ロングセラーとなった。

こうなると俄然元気が出る。自分の作ったブラジャーを一人でも多くの女性に着けてもらいたいと願いながら、次々と新しいブラジャーに挑戦していった。

占いではないが、着ければピタリと当たるというような、そんな使いやすいブラ。まだ着け慣れていない人にも着けやすくて、苦しくなくて、気持ちがよくて、みんなが喜んで着けてくれるようなブラ。下田のコンセプトは明快だった。

取材した際、下田は筆者にこう語った。

「当時から私は、『給料は誰かに払ってもらうんじゃない。私自身で稼ぐんだ!』そう思って頑張っていました」

そんな彼女の気迫あふれる仕事ぶりは、後進の女性社員たちにも多大な影響を与えていくこ

社内報『知己』平成 29 年(2017) 10,11 月合併号より。一番右が下田満智子

とになる。

昭和三〇年代は女性進出が世間で注目され始めた時代である。下田に負けず、これまで主力を担っていた女性たちも益々活躍の場を広げていった。

生産拡大のためには、各地に提携会社や提携工場を増やしていくことが重要になる。その選定という大事な仕事を担っていたのが渡辺あさ野だった。

渡辺が候補を決めると幸一が現地へ確認に出向く。彼女が選んだ会社や工場にだめ出しをしたことは一度もなく、見事な仕事ぶりに感心した。

「それにしても、お前が決めてくる先は温泉の近くが多いなぁ」

と冗談を言って笑っていたが、そこには幸一の考えも及ばない深謀遠慮があったのだ。

渡辺が選定を任されたのは、当然のことなが

晩年の渡辺あさ野（筆者撮影）

ら提携候補先の縫製技術をチェックしてもらう狙いからであったが、工場を増設する際に重要になってくるのは土地が安いことだ。すると田舎になるが、働きに来てくれる縫製工を集められる場所でなくてはならない。そう考えるうち、自然と地方の温泉地の近くになっていったというわけだ。

やがてそのことに気づかされた幸一は、冗談を言っていた自分を恥じた。そして彼女を早い時期にスカウトできた幸運をあらためて噛みしめ、心の中で手を合わせた。

提携先を選定してからも、渡辺は定期的に技術指導に赴いた。

トリーカという提携会社が岡山県津山市にブラジャー工場を作る際、渡辺が最初に行った指導は、

「ご飯粒を落としても、拾って食べられるぐらいきれいに掃除してください」

というものだった。

ミリ単位の精度はクリーンルームのような清潔な工場からしか生まれない。そのことを渡辺は知っていたのだ。清潔な職場だと働く者のモラルも上がる。

厳しい指導の甲斐あって、その後、工場は順調な立ち上がりをみせ、渡辺に恩を感じた社長は後年、彼女の自宅まで訪れて感謝したという。

幸一の全幅の信頼を得て、後々まで渡辺あさ野は、いい意味で社内に君臨した。人事権を握ることで力を行使する並のサラリーマンとは違う。創業期からこの会社を支えてきたレジェンドとしてのオーラと技術の高さでリーダーシップを発揮し続けたのだ。

彼女が技術課長に就任した時、すでにワコールは大会社になっていたが、役員だろうがなんだろうが電話一本で呼び出した。

呼ばれた方の部長や役員は、彼女の前に来ると直立不動だ。

呼び出した本人は椅子から立つそぶりも見せずに指示を出し、多くの場合は大声で叱り飛ばすというのが日常茶飯事だったという。

性別など関係ない。肩書きすらも関係ない。仕事ができる人間こそがえらいことを、彼女はその存在で証明し続けたのである。

## 新社名ワコールでの船出

三越との取引ができた昭和三二年（一九五七）は、いろいろな意味で飛躍の年であった。

一月には資本金を二五〇〇万円に増資し、これまで何度も引用してきた社内報『知己』を創刊している。

四条河原町の高島屋が入っているビルの屋上に設置したネオンサイン

そして一一月一日、和江商事からワコール株式会社（英文名WACOAL）への社名変更を発表した。商標をクローバー印からワコールに変更して以来、ワコールというブランドはすでに浸透している。むしろ社名変更が遅すぎたくらいだ。

幸一が和江商事にこだわり続けたのは、亡父の雅号を冠した社名への思い入れの深さゆえであったのだろう。

だが結果として、ワコールへの社名変更は社員の士気を大いに高めた。そして新社名を浸透させる狙いもあり、広告宣伝に一層注力するようになる。

昭和三三年（一九五八）三月には、四条河原町の高島屋が入っているビルの上に「ワコールブラジャー」「ワコールスリップ」のネオンサインを設置した。

それがいかに京都の人々の間に衝撃を与えたか、取材の際、内田はつい先日のことのように鮮明に記憶していた。

「その頃、私の甥はまだ三歳でしたが、四条大橋のところで前を指さして、『おばちゃんの会社！』って言うんです。高島屋のビルがまるでワコールのビルみたいになってましたから」

だがこのネオンサインは決して歓迎されなかったのだ。

一番驚いたのが高島屋だ。事前の相談なしだったからだ。相談すると反対されるに違いないと予想しての設置強行だった。彼らが怒ったのなんの、すぐさま幸一が呼び出された。

「ワコールはん、たいがいにしてもらわんと！」

「なんのことです？」

「とぼけてもらったら困りますがな。ネオンです。ネオン！」

「はあ、よう目立ちますやろ」

「目立ちすぎですがな！」

「うちの製品が売れたら、そちらももうかるんと違います？」

強引な言い訳に、高島屋の担当者はあきれ顔だ。

「とにかくすぐに撤去してください！」

「そう言われましても、うちもビルのオーナーに結構な金額を払っているんです。契約年数もありますので」

結局、契約期間内はネオンサインを掲げ続け、十分認知度が上がったところで撤去した。また同じようなことをされたら困ると考えた高島屋は、すぐにその場所の権利を自分で押さえたという。


幸一は続けざまに次の布石を打った。

昭和三四年（一九五九）の創立一〇周年に合わせ、西大路《にしおおじ》（下京区七条御所ノ内本町、現在の南町）に本社ビル（現在のワコール京都ビル）を新築することを発表したのだ。

建坪七二〇坪、鉄筋コンクリート三階建て。東京ならどうということはないビルであったろうが、京都ではひときわ目を惹くはずだ。

「今にビルを建ててやる！」

それは戦地から戻ってきた際、幸一が妹の富佐子に誓った言葉である。富佐子は兄の頭がおかしくなったのではないかと心配したが、彼は大真面目だった。あの日から彼は、その言葉を現実にしてみせると心に決めていたのである。

ビル建築に際し、ワコール発展の奇瑞《きずい》とも言える出来事があった。

建築予定地の真ん中に大きな欅《けやき》の木があり、当初は切り倒す予定であった。ところが、たまたま工務店の人と同行して予定地に来ていた宗教家の倉田地久《くらたちきゅう》（大本教《おおもときょう》の出口王仁三郎《でぐちおにさぶろう》の弟子で神声天眼学会《しんせいてんがんがっかい》開教祖）が、幸一にこう語ったのだ。

「この老木は一〇〇〇年も前からある木で、この木を粗末にすると神罰があたりますよ。昔はこの土地の東側に川が流れていたようです。そこに欅の実が流れ着き、年月とともに生成し、大樹になると琵琶湖に住む龍が住みついたのです。この木に宿った龍神は塚本家の祖先と深い関係があり、あなたが来るのを待ち望んでいたのだと思います」

幸一は〝龍神〟という言葉に鋭く反応した。彼は知っていたのだ。松下幸之助が白い蛇を見てから社運が上がり、それにあやかって龍神の祠《ほこら》を本社はもとより各地の工場にも建てていた

『週刊コウロン』(昭和35年(1960) 1月26日号)に掲載された記事

ことを。

彼はこの欅の木を残すことをすぐに決めた。多額の費用をかけて敷地の西南の隅に移植し、その横に龍神を祀る祠を建て、「和江大龍神」と名付けた。松下はあらゆる意味で幸一の目標である。龍神を祀ることでまた一歩近づけたことが嬉しくてならなかった。

そして昭和三五年（一九六〇）一月一二日、創立一〇周年と新社屋落成を記念した披露パーティーが開かれた。彼は五〇年計画の第一節の区切りを迎え、新本社ビル建設を果たした心境をこう詠んでいる。

拾年を　固めて建てて　次の夢

ワコールの本社ビル建築は、中央公論社発刊の『週刊コウロン』昭和三五年一月二六日号の中で「ブラジャーでビルを建てた近江商人」として紹介されるほどのインパクトがあった。

おそらくこれが全国版のマスコミに幸一が登場した最初であり、当時小学校六年生だった能交もこの記事を目にし、自分の父親の偉大さに初めて気づいたという。

幸一は新本社ビルの二階に「五節庵」という八畳の和室を作った。その床柱は五つの節のある竹である。

「これは私の人生の象徴です」

彼は周囲にそう語り、何が何でも五〇年計画にこだわろうとした。

最初の一〇年で国内市場を開拓し、次の一〇年で国内における地位を確固たるものにする。七〇年代から八〇年代にかけては海外市場の開拓に注力し、九〇年代にはブランドを確立して世界企業になるという例の計画である。

最初の一〇年でワコールの総資産は四二五万円から四億一二六一万円へと九七倍の伸びを示した。インフレ率を勘案しても七六倍ほどにはなる。資本金も会社設立当初の一〇〇万円から昭和三四年（一九五九）度末には五〇〇〇万円、自己資本は一億二八〇万円強に達した。

そして売上高においても半沢エレガンスを抜き、念願の業界トップに躍り出た。五〇年計画の二つ目の目標である〝国内における地位を確固たるものにする〟は二〇年も必要とせず、最初の一〇年で達成することができたのである。

# 第四章　相互信頼の経営

## 命がけの労使交渉

吉田茂など、敗戦直後の日本の政治リーダーにとっての重要課題は、日本の共産化をどう防ぐかということであった。実際、赤化の波はソ連、中国、北朝鮮と日本に向けてひたひたと近づいていた。

吉田は首相に就任してすぐの食糧危機に際し、マッカーサーに、

「十分な食糧を放出してくれないと、この国は赤化してしまいますぞ！」

と恫喝《どうかつ》し、十分な支援を得ることに成功したことはよく知られている。

それ以降も何かというと、この文句を切り札に使った。

こうした政府の共産化防止の動きが功を奏し、世論も味方につけたことで、一時、勢力を拡大していた日本共産党の影響力は急速に低下していく。

ところが例外とも言える地域があった。それが京都だった。

全京都民主戦線統一会議（民統）の勢いはすさまじく、彼らは昭和二五年（一九五〇）、初代中小企業庁長官で吉田茂と対立して野に下っていた蜷川虎三《にながわとらぞう》を担ぎ上げ、京都府知事に当選させる。

その後、二八年という長きにわたって続く蜷川革新府政の始まりであった。

ワコールに労使問題が起こったのは他の会社より遅かった。経営状態が脆弱《ぜいじゃく》だったため、会社の足を引っ張れば即倒産だとみな理解していたからだ。ところが業績が上向いてきたことで本格的な労使問題が発生した。

堤防は弱いところから破れる。工場で働く女性工員の不満が募っていたのだ。

昭和三三年（一九五八）当時、ワコール全社員の半分近い三〇〇名あまりが働く北野工場ではブラジャー月産一〇万枚を目指し、大変な勢いだった。

ところが今から見れば労働環境は極めて劣悪である。換気扇やエアコンもなく、夏は暑くて冬は寒い。雨が降ると雨漏りもする。その一方で、ミリ単位での精度の高い縫製を要求された。髪の毛が垂れないよう頭に三角巾をつけたのはその高い精度を実現するためだったが、一見して事務系との違いがわかる制服は不評だった。事務系従業員が全員男性なら不満は出にくかったかもしれないが、内田美代のように少数ではあったが女性社員がおり、工員からはエリート然として見えたからだ。

おまけに事務系従業員は固定の月給制なのに対し、工員は日給制で、遅刻・早退・欠勤があると、その時間分を基本給から差し引かれる。

その工員の製造過程が止まってしまうと全体の作業に支障が生じることからそうなっていたのだが、遅刻や早退が三日もあると丸一日分の給料がなくなってしまう。働いている者にとっては厳しい制度だった。

彼女たちにとって、労働組合が救いの神のように見えたとしても不思議ではない。いや実際、救いの神そのものだった。労働組合や共産党を悪者扱いするのは資本の論理にすぎない。当時の労働者は圧倒的な弱者だったのだ。

労務担当常務の木本寛治が経営者側を代表して団体交渉の場に臨んだが、そこは文字通り怒鳴り合い。上司を上司と思わぬ罵詈雑言《ばりぞうごん》が投げつけられ、時には徹夜の交渉も続いた。

実は相手にしていたのはワコール労組だけではなかったのだ。その上部団体となる全国繊維産業労働組合同盟（後のゼンセン同盟）が、業界としての立場で口を挟んでくるため、交渉は戦闘的で話をややこしくしていた。

昭和三五年（一九六〇）の安保闘争が組合の勢いに拍車をかけた。そして昭和三七年（一九六二）三月、ついにワコールの労使関係は重大な局面を迎える。ベースアップを巡り、四八時間以内に満額回答しなければストライキに突入すると通告されたのだ。

下着の売上げは季節の変わり目に伸びる。春はワコールにとって大切な時期だ。ここでストを打たれたら大打撃である。

もう木本に任せておれない。幸一が動いた。

「俺の部屋で会う。会うのは俺一人でいい」

役員たちは制止したが、彼は聞かない。

昼から四、五時間に及ぶ折衝になったが、幸一の全身に宿った覇気が相手を圧倒し続けた。ストライキは中止され、彼らは幸一の出した妥協案を受け入れたのだ。

だがこの時、幸一にはわかっていた。自分が最終的な勝利を手にしていないことを。まだ不満の火種はくすぶっている。油断すればすぐ次のストライキ通告がやってくる。

（社員は家族やと思ってやってきた。これまでの努力は一体なんやったんや……）

むなしさが募るばかりである。労使対立の心労で不眠症が悪化し、胃潰瘍になってしまう。七四キロあった体重は五二キロに減り、胸はもちろん背中までアバラ骨が浮き出てきて、まるで白骨街道の昔に戻ったようだ。肌も荒れてガサガサ。ワイシャツをぬぐと、背中から白い粉がぱらぱら落ちた。皮膚が脂分をなくし、フケのように粉を吹いていたのである。

——私は労使紛争で死ぬ

この頃の日記に、彼はそう何度も記している。

## 開眼した相互信頼の経営

そんな彼に転機となる出来事が訪れる。

昭和三七年（一九六二）七月二三日の夕方、たまたま時間が空いた彼は、河原町御池の京都ホテル（現在のホテルオークラ京都）へと足を向けた。京都経済同友会主催の講演会が開かれていたからだ。誰が講師か知らなかったが、えらい人だかりだ。会場に入って初めて、それが出光興産創業者の出光佐三《いでみつさぞう》であることを知る。

出光は当時七六歳。すでにその名は高い。立志伝中の人物を一目見ようと会場は立錐《りっすい》の余地もないほどだった。普通なら帰ろうかどうしようか迷うところだが、大きな悩みを抱えていたこともあり、藁にもすがる思いで立ったまま聴くことを選んだ。

やがてトレードマークである鼈甲《べっこう》の丸めがねをした出光が壇上に現れた。語り口は木訥《ぼくとつ》で田舎のおじいさんといった雰囲気だ。

ところが講演が始まるやいなや、ぐいぐい引き込まれていった。

「アメリカはまだ歴史も浅く、精神文化のできていない国だから、すべてを法律、権利、義務で割り切ってしまう。日本人は長い歴史の中で、和を以て貴しとなすという人間尊重と相互信頼の風土を築き上げてきた。だから日本人は、契約書などなくても互いの信頼に応えようとする。こんなすばらしい文化があるのだから、アメリカ式経営を取り入れてそれを真似する必要などさらさらない。出光興産は創業以来、〝日本人にかえれ〟という精神でやってきた。わが社には就業規則も定年制もない。出勤簿もタイムカードもない。残業手当もない。もちろん労働組合もない。わが社の経営の理念は一口でいえば人間尊重を基本にしたものといえる。わが社には七〇〇〇人の社員がいるが、みな喜々として働いている。これが日本式経営である！」

揺るぎない信念に裏打ちされた自信に満ちた言葉は、まるで砂漠に降った雨のように幸一の心にしみこんでいった。

〈私はその話を聞いて、頭の先から百万ボルトの電流を感じたぐらいブルルッと感激して「よし、私もやってやろう」と決心した〉（『貫く――「創業」の精神』塚本幸一著）

これこそ、後にワコールの社是《しゃぜ》となる〝相互信頼の経営〟との運命の出会いだった。

この夜、幸一は一睡もせず、昼間の講演内容を何度も反芻《はんすう》しながら一晩中考え続けた。

後年、彼は次のように回想している。

〈私の身体の中にある今一人の塚本が私に質問して来た。「お前はワコールの社員を信頼しているか。本当に信頼しているなら現在のワコールの規則や規定はおかしいではないか、特に日々仕事に従事する基本となる就業規則は、お前は自らの意思で作っていない、世間一般がやっている一般のルールをそのまま持ち込んでいるだけである。それでは世間並の会社しか出来ないのは当たり前である。お前に信念と決意があれば、先ず社員を徹底的に信頼するところから始めるべきである」〉（『ワコールの基本精神』ワコール編）

今の自分の置かれている状況と出光の言葉が、頭の中で激しく化学反応を起こしていた。

（これまで組合の言い分に腹を立て、彼らをどう説き伏せるかだけを考え続けてきた。だが、組合は本当に俺の敵なのか？　彼らもワコールの社員ではないのか……）

結論が形になる頃には窓の外が白みかかっていた。

翌朝、出社するなりすぐに緊急役員会を招集した。集まったのは、会長の木原光治郎、常務の奥忠三、中村伊一、木本寛治、取締役の柾木平吾、川口郁雄、木原晃一朗、和気録郎、片尾泰祥、そして監査役の西本甲一。

彼らを前にして、幸一は前日の興奮もそのままに一気にこう語った。

「五年間苦しんできたが、今ようやく解決する方法を見つけた。聞いてくれ。それは、これから組合員であり社員であるワコールの従業員を徹底的に信頼していくということや。だが〝信頼する〞と口で言うだけでは伝わらん。そこで四つの事項をここに宣言したい」

幸一は手にしたメモを取り出すと、読み上げていった。

一、遅刻早退私用外出のすべてを社員の自由精神に委ね、これを給料とも、人事考課とも結びつけない。

二、工場作業関係者の給料制度を販売会社の社員と同じ制度とする。但し、販売会社は高卒以上採用であるので、工場の中卒採用者は高卒者の年齢に至る三年間は日給制度とするが、三年たてば自動的に月給制度に切り替える事とする。

三、工場作業者と一般事務者との女子の服装は作業の関係上、別のものを支給していたが、これを統一する。

四、労働組合の正式の文書による要求は、これを一〇〇パーセント自動的に受け入れる。

言いたいことをすべて言い終わった幸一は、上気させた顔で役員の面々を見わたした。その目が、俺を信じてついてこいと語っているのは彼らにもすぐわかった。だが、すぐにわかりましたと言うには内容が破天荒すぎる。

誰一人賛成する者はおらず、役員会の場は静まり返った。遅刻早退自由というのにも驚いたが、四番目の組合の出した条件を無条件にのむというのには、役員たちは内心あきれていた。

みなの気持ちを代弁して、木本が口火を切った。

「社長、そんなことしたら会社がつぶれてしまいます」

「本当につぶれると思うか？」

「絶対につぶれます！」

木本の発言をきっかけとして、殿ご乱心とばかりに、みな口々に幸一をいさめ始めた。

だが彼の決意は揺らがない。

「会社を作ってから一三年経った。もし社員が法外なことを言って会社を食いものにするなら、そうした社員に育てた俺の責任だ。そんな会社ならつぶれて結構。いや、つぶしてしまおう！」

幸一の言葉に、役員たちは息をのんだ。

すでに腹をくくってしまっている。これが創業者の強みなのだ。コーポレートガバナンス（企業統治）が重要だと世間では声高に言われているが、周囲の意見を聞いて多数決に頼るようになった段階でスタートアップ企業の活力は失われてしまう。

しばらく沈黙が続き、やがて木本が再び口を開いた。

「社長がそこまでおっしゃるのなら仕方あらしまへん。枕を並べて討ち死にしましょ。しかし一つだけ条件があります。八月三一日が決算ですが、実施時期を九月一日からというのではなく一〇月実施として、その二ヵ月間をつかって、社長の決意を従業員に徹底してください」

こんな馬鹿な言い草を信用するはずがないから、自分で説明してみてくれというわけである。

「わかった！」

幸一は受けて立った。

こうして全従業員に対する社長説明会が始まった。

小さな応接室に六人ほどずつのグループに分けて呼び入れ、四つの宣言について丁寧に説明していった。説明を受けた者たちは、狐につままれたような面持ちである。隣の者と顔を見合わせている者もいる。

説明会の最後に、幸一はこう付け加えた。

「ただ一つだけ条件があります」

（やっぱりそうや。そんなうまい話ないと思っとった）

「みなさん、とにかく頑張ってください！」

（ええーっ）

みな呆気にとられている。

こうして社長による説明が二ヵ月間行われ、いよいよ約束した一〇月一日の朝が来た。

始業時刻は八時半であったが、八時過ぎから急ブレーキをかけて車が止まる音がする。遅刻早退自由になったはずなのだが、遅れたらいけないというのでタクシーで駆けつけ、門まで走ってくる者が出てきたのだ。これまでにないことだった。

社内に張りつめたような緊張感が走っていた。

この日から制服が統一されたほか、四項目のうち最初の三項目は、幸一の宣言通りとなった。残るは組合の要求を満額のむという四項目目だけである。

総務部は、いつになく組合から年末賞与の要求が出てくるのが遅いことに戸惑っていた。二ヵ月が経ち、賞与支払い月の一二月になっても一向に出てこない。

実は組合は途方に暮れていたのだ。経営側と激しい交渉をするのが組合の存在意義であって、出した要求がすべて通るなら経営側の一部にすぎなくなる。いわば組合が経営責任を負うことになるわけで、慎重にならざるを得ない。彼らは悩みに悩んでいた。

ある夜、組合の委員長が神妙な表情で幸一の家を訪ねてきた。

「社長のご決心は理解しますが、今春ストまで打とうとした組合がそう簡単に体質を変えられません。三年待ってください。今回は従来と同じような要求額を出しますから、会社側でそれは無理だと言って金額を抑えてください」

ウラで握って交渉するふりをしようというのだ。組合は白旗を揚げてきたのである。

その言葉を聞くなり、幸一は大声で叱り飛ばした。

「馬鹿野郎！　嘘と真実の真ん中などあるか！　いくらでもかまわん。おまえらで真剣に考えて持ってこい！」

あまりの剣幕に、近所の人が驚いて外に出てきたほどだった。

幸一は命を削る思いで今回の結論にたどり着いたのだ。なのに組合側が安易な解決方法を持ちかけてきたのが許せなかった。

組合は急遽協議し、恐る恐る年末賞与の要求を持ってきた。緊迫した空気が伝わってくる。要求書を差し出す委員長の手は小刻みに震えていた。

幸一はその要求書の中味に目を通さなかった。

「よしわかった。それでいこう！」

約束通り、満額回答したのである。

本来なら大喜びするところだが、組合側は緊急集会を開いた。

「満額回答が出た。あとはひたすら働くのみだ」

そう組合方針を決め、最後に彼らは幸一が口にしたのと同じ言葉を付け加えた。

「みなさん、とにかく頑張ってください！」

その結果、不思議なことが起こった。モラルアップによる生産効率の向上が人件費の上昇を上回り、かえって収益力がついたのである。

報告を受けた幸一は、最初は何かの間違いではないのかと思ったが、やがてそれが事実だとわかると心の底から喜びが込み上げてきた。

〝相互信頼の経営〟は、ワコールの企業理念としてここに確立されたのである。


相互信頼の種はまいた。しかし水をやり続けなければ干からびてしまう。彼は努力し続けた。ボーナス支給時、自ら現金で手渡しするよう心がけたのもその一つだ。本社の社員は当然のことながら、その日のうちに回ることのできる事業所にはできる限り足を運び、自ら渡した。行けなかった事業所は覚えておいて、次のボーナス支給日には必ず行った。

彼は花に水をやるように、社員に〝愛〟を注ぎ続けたのだ。

その後、〝相互信頼の経営〟はワコール成功のカギとして世間に知れわたったが、彼は経営の極意をつかみとったから盤石だとはゆめゆめ思っていなかった。

晩年、NHKのインタビューに答え、こんな言葉を残している。

「人が人を使うということを出来ると思ってる人があったら、僕はそれは間違いだと思います。絶対人は人を使えないんです」(『ザ・メッセージ　今蘇る日本のDNA　塚本幸一　ワコール』(DVD)日経ベンチャー編)

信頼することで、確かにある程度良好な関係は築ける。しかし人間は機械ではない。信頼関係が築けているように見えても、経営者の意のままにならないこともある。だから諦めろと言っているのではない。

そのことをはっきりと認識し、地道な努力で謙虚に従業員と向き合っていく。それしか方法はないというのが、塚本幸一の現代経営者に対するメッセージなのだ。

## 駆け込み上場

昭和三六年(一九六一)頃から、証券取引所への上場ブームが起きていた。

戦後に創業し、労働争議や不況を乗り越えて経営体力を付けてきた会社が、さらに資金力を付けて大きく羽ばたこうとしていたのだ。

上場は大きな夢だった。

会社設立当初、株主総会の真似をして内田に笑われていたが、ようやくワコールも、もう少しで株式上場に手が届くところまで来ていたのだ。

これまで社員には、賞与の一部を社内預金か持株会か選択できるようにしていた。するとほとんどの社員が持株会での株式購入を選択し、ワコールの将来に大きな可能性を抱いてくれていることが伝わってきた。

彼らの期待に応えるためにも、株式上場はいずれ果たさねばならない課題であった。

株式上場で集めた資本は融資と違って返済不要。安定的な資金調達手段である。増資による機動的な資金調達も可能になる。何より社会的信用が得られるから、顧客との取引や人材の採用面で有利になる。そうしたことを考慮した上で、昭和三九年（一九六四）一月、新年早々の役員会で上場計画が発表された。

計画のリーダーは副社長の中村伊一だ。中村は後に京都証券取引所理事長に就任し、同取引所と大阪証券取引所との合併を実現する。このような大きな仕事をしてのける人物が、ワコールの創業以来の財務担当者であり上場責任者だったのである。

彼は早速経理本部に上場対策チームを立ち上げ、上場申請の要件を満たすべく行動を開始した。

一番の課題は売上高が上場基準を満たしていないことだった。そう簡単に売上げは増やせない。そこで知恵を絞った。売上げを大きくみせるため、以前分離していたワコール販売を再度合併したのだ。

その上で資本金を一億四七〇〇万円から上場条件ギリギリの二億円に増資した。この年に制度改正が予定されており、二億円の資本金で上場できる最後のチャンスだった。

こうして東京証券取引所の上場審査基準をすべてクリアし、昭和三九年（一九六四）九月七日、株式会社ワコール（同年六月一日にワコール株式会社から社名変更）は東京・大阪両証券取引所第二部、京都証券取引所への上場を果たす。

世の女性に美しくなって貰うことによって
広く社会に寄与することこそ
わが社の理想であり目標であります

上場挨拶文のこの一節は、後に「ワコールの目標」として社員が日々拳々服膺《けんけんふくよう》するものとなる。

実はこの上場は絶妙のタイミングだった。

それまでの好景気が嘘のように、昭和三九年後半から深刻な不況に突入していく。上場の翌月に東海道新幹線が開通し、東京オリンピックが開催されている。オリンピック前は首都高速道路などを含む建設ラッシュで好景気に沸いたが、それが終わって大きな反動が来たのだ。

四大証券会社の一角だった山一證券が経営危機に陥り、時の大蔵大臣田中角栄が日銀特融というウルトラCの荒技で同社の危機を救うことを決めるのは昭和四〇年（一九六五）五月のことである。山一の日銀特融以降の二、三年は新規上場がほとんどできなかったことを考えると、実にきわどいタイミングだった。

銀行融資だけでは、その後爆発的に拡大する商品需要に見合うだけの機動的な資金調達ができたとは思えない。この時もし上場していなかったら、その後のワコールの歴史は大きく変わっていただろう。

今もそうだが上場はいいことずくめではない。

この当時、とりわけ難物だったのが総会屋対策だった。株式をいくらか保有して株主総会に乗り込み、議事を混乱させるなどして金品を要求する〝総会屋〟と呼ばれる特殊株主がいたのだ。今で言う反社会勢力のはしりと言っていい。

これまでワコールは和江商事の時代からずっと八月決算で通していたが、日本の会社は三月決算が多い。四月が新入学などの季節だということもあるが、決算が同じだと総会屋が分散するので株主総会が荒れずにすむからだ。

上場を機に三月決算に変更することもできたが、姑息な真似をするのはやめた。案の定、総会屋がワコールの株主総会に押し寄せてきたが、幸一は毎年それを正々堂々迎え撃った。

幸一の晩年、秘書を六年間勤めた加藤道彦《かとうみちひこ》（後の取締役総務部長）に話を聞く機会があった。ある年など、一〇時から始まった株主総会が午後三時頃まで続いたという。各社は株主総会の時間の短さを競い、長くかかると総務部長の首が飛ぶと言われた時代だけに異例の事態だ。

この時は収益に比べ配当が少ないのではないかと指摘されたのだが、実際には、ワコールの配当が他社と比較して特段少なかったわけではなく、総会屋のいやがらせだった。

最初のうちは丁寧に対応していたが、総会屋があまりにしつこいのに業を煮やした幸一は、最後の最後、壇上に仁王立ちになり、

「配当は十分に払っている。どうしてこれ以上収益を株主に還元する必要がある。創業者はこれまでついてきてくれた従業員を大事にするものだ！」

そう大見得を切り、総会屋たちをはったとにらみつけたという。戦地帰りだから迫力が違う。さすがに彼らもおとなしく引き下がった。

幸一が標榜した相互信頼の経営は、あくまでも従業員第一を前提にしたものだ。だからといって株主を軽視していたわけではない。ワコール株は上場以降、公開初値の一八〇円を割り込むことは一度もなく、しっかりと配当を出し続けた。

〝会社は誰のものか？〟というのは今でもよく議論になるが、株主に対しても十分満足してもらえる経営をしている自負があったのだ。

東京進出を決めて以来、半沢エレガンスとは熾烈《しれつ》な争いを展開してきたが、最後の牙城だった三越の陥落後はワコールが一気に突き放し、二社拮抗《きっこう》していた情勢は完全に逆転する。

そしてついに昭和三八年（一九六三）、半沢エレガンスは鐘紡の傘下に入るのだ。カネボウ

シルクエレガンスとして再出発を試みるが業績は好転せず、最後はカネボウ本体の一部門として吸収されてしまう。もっとも、そのカネボウも繊維産業の衰退により経営が傾き、化粧品部門を花王に売却した後、事業部ごとに解体され今は消滅している。

創業者の半沢巖はすでにこの世にいなかったとはいえ、半沢商店時代から東京進出の巨大な壁となって立ちはだかってきた彼らとの熾烈な戦いを振り返り、ビジネスの世界の厳しさを今更のように思わずにはいられなかった。

そして今、ワコールは逆に追われる立場に立っていたのだ。

市場自体は相変わらず拡大している。新規参入の動きはこれまでにも増して激しく、特に海外メーカーの攻勢が目立った。

昭和三九年（一九六四）九月、レナウン（令和二年〈二〇二〇〉に破産）がアメリカのリリー・オブ・フランス社と技術提携し、翌年、「レナウン・リリー」を発売。同年一〇月には西ドイツのトリンプ・インターナショナル社が日本レイヨン（現在のユニチカ）などとの合弁会社インターナショナル・ファウンデーション・アンド・ガーメント（現在のトリンプ・インターナショナル・ジャパン）を設立する。

各社入り乱れて激しい競争が展開されたことから、新聞や雑誌に〝下着戦争〟の文字が躍った。中でも業界トップの座にいるワコールは注目の的であり、浅草橋の新東京店竣工披露当日にも、驚くほどの新聞記者が取材にやってきた。

この時、記者の一人が幸一に、

「今後、大資本に食われてしまうという可能性はありませんかね？」

と意地悪な質問をしたところ、

「俺の目の黒いうちはそんなことはさせない。俺が死んでも無理だ。矢でも鉄砲でも持ってこい！」

と色をなして怒った。

質問した記者は目を白黒させている。

（何もそこまで言わずとも……）

だが幸一はビジネスという戦場で戦っていたのである。

「貴様ら、やったろうか！」

と叫びながら自動小銃を乱射していた時と同じほどの覚悟を胸に。

## 社是に込めた思い

昭和三九年（一九六四）一一月一日、ワコールは創立一五周年を迎えた。

上場できた高揚感もあり、その二ヵ月後にあたる一一月一一日、全国から社員とその家族二〇〇〇名あまりを集め、四年前にできたばかりの京都会館で、はなばなしく記念祝賀会を開催した。

例によって気合いの入った幸一の挨拶のあと、一五周年を記念して制作された社歌「われら

豪華ゲストを招いて行われた創立15周年記念祝賀会（昭和39年（1964）11月11日、京都会館）

のワコール」のお披露目がなされた。

あこがれは　青きあの空
果しなき　乙女《おとめ》の願い
若人《わこうど》よ　若人よ
ともに進まん　信じあい
花のしあわせ　創るはわれら
三ツ葉のワコール
われらのワコール

歌詞は社員から募集したものだったが、作曲家がすごい。『異国の丘』『有楽町で逢いましょう』などで知られ、後に国民栄誉賞を受賞する吉田《よしだ》正《ただし》に依頼したのだ。

壇上には、フランク永井、橋幸夫《はしゆきお》、三田明《みたあきら》など、〝吉田学校〟と言われた吉田門下の人気歌手が勢ぞろいし、吉田自らタクトを振っての豪華な社歌発表となった。

こうしたことが実現したのは、幸一が吉田と深い親交を結んでいたからであった。同学年でシベリア抑留経験があるなど相通じるものがあり、よく二人で祇園を飲み歩いていた。幸一には、こうした超一流の人々を惹きつける何かがあったのだ。

創立一五周年ではもう一つ大きなイベントがあった。社是を制定したことだ。相互信頼を柱とし、高い理想を掲げた力強いものであった。

実は社是を制定する際、役員会で議論があった。

〝世界のワコール〟という言葉を入れることに対し、反対の声が上がったのだ。

「社長、自分の目で世界を見てきはったんでしょ？　松下さんでさえ、まだ〝世界の松下〟と言えるかは微妙やと思います。それをうちが、いくら目標やいうても〝世界のワコール〟だなんて。世間の笑いものになりますよ」

だが幸一は真剣だった。

この前年にあたる昭和三八年（一九六三）七月、彼は京都経済同友会の産業視察で浜松の本田技研工業の工場を訪れていた。本《ほん》田《だ》宗一郎《そういちろう》は経営者にとって、松下幸之助や出光佐三らと並ぶ神様のような存在だ。

彼の脳裏には、その時に目にした光景が焼きついていた。それは工場の壁に貼られていた〝世界のホンダ〟というスローガンである。当時のホンダは、オートバイから四輪車に参入して間もない頃。まだまだ世界企業とはほど遠い状況だったが、彼らが絶えず世界を意識しているこ

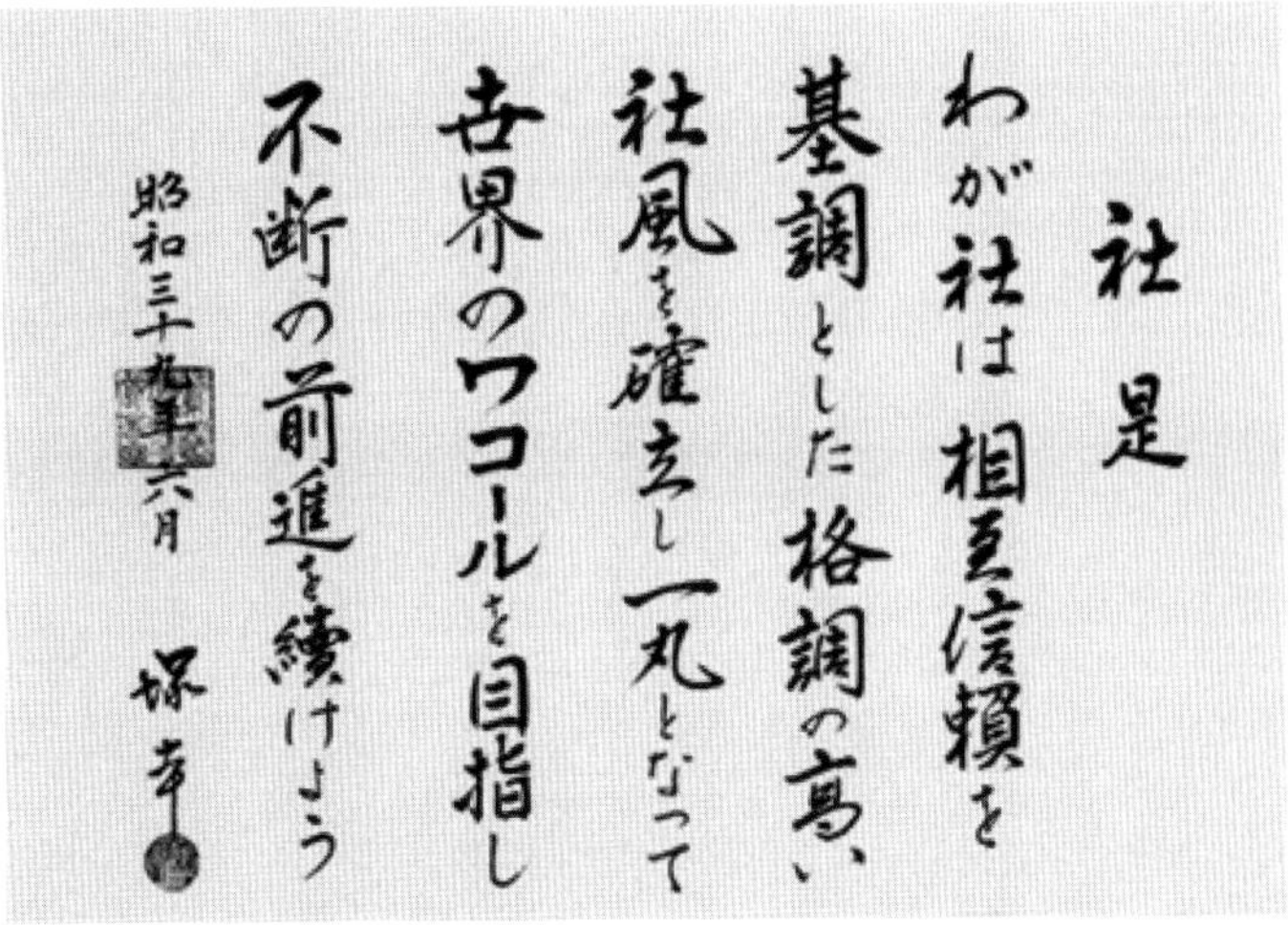


昭和39年(1964)に定められた社是(幸一の直筆)

とに深い感銘を受けた。

（ワコールも負けずに世界を目指すんや！）

その思いが幸一を突き動かしていたのだ。

五〇年計画によれば、六〇年代は第二節「国内市場の確立」期にあたるが、社是は七〇年代に達成しようとしていた第三節「海外市場の開拓」を見据えたものでなければならない。

だからこそ幸一は〝世界のワコール〟という言葉にこだわった。そして反対する役員たちを押し切ったのだ。

口先だけで世界に手は届かない。世界を目指すため、まずは国内向け商品のレベルアップを目指し、商品作りを根本から見直していくことにした。

昭和二八年（一九五三）、ワコールのモデルだったこともある伊東絹子がミス・ユニバースの三位入賞を果たし、〝八頭身美人〟

という言葉が流行し始めたことについては先述したが、この〝八頭身〟を美しさの基準として商品作りをすることが果たして適当なのか疑ってかかったのだ。

今でこそスタイルのいい女性が多くなっているが、そもそも当時の日本人で八頭身の女性などまずいない。いないものを前提にしても仕方ない。日本人女性の体型を正確に把握し、それに応じた商品作りが必要なのではないだろうか。

こうした議論を経て、昭和三九年（一九六四）に製品研究部（現在の人間科学研究開発センター）を設置し、本格的な人体計測データの収集を開始した。

単に多くのサンプルを集めただけではない。幼い頃から高齢になるまで、人間の一生を通じての体型の変化までフォローし始めたのだ。気の長い話である。

計測する際には、全身に格子状のラインを引いて計測していく。六台のカメラが同時シャッターで撮影し、そのデータをコンピュータで集積し、それをもとに型紙を作成するのだ。

ここの事情について、デザイナーの下田満智子から話を聞くことができた。

「申し訳ないのですが、モデルの方には股間までラインを引いて計測させて貰いました。それを彼女たちはじっと耐えて下さったのです」

取材した時、下田は九〇歳だったが、当時を回想しながら語る彼女の目には光るものがあった。

データ収集に応じて下さった方々の協力の甲斐あって、「ワコール・ゴールデンプロポーション」の発表など数々の研究成果がもたらされ、ワコールの商品が精緻な設計思想の上に成り立っていることをＰＲすることができた。

一方で、素材の進化も下着に革新をもたらしていく。伸縮性のある生地の使用でここちよい装着感を実現した「ストレッチブラ」を昭和三九年春に発売。これによって女性はより活発に動けるようになり、生活の質を上げていった。

商品レベルは着実に世界最高水準に達しようとしていたのだ。

だが、あちら立てればこちら立たず。仕事は順調だったが家庭内は微妙な状況だった。

今でこそ夫婦で家事をシェアするとか育休を夫が取ることが珍しくなくなってきたが、当時はそんな時代ではない。仕事に没頭しているから、どうしても家庭がおろそかになる。

「塚本は子どもが学校へ入るとき願書も見ませんでした。長女など、どこの学校に入学したか知らない状態でした」

マスコミに話すことではないと分かってはいたが、思わず良枝もそう愚痴っているほどだ（「この時代に社長であるということ」『中央公論』昭和四七年冬号）。

子どもはもちろん容赦ない。次女の洋子はこう語っている。

「私が大学生のころでした。家族で朝ごはんを食べている時『お父さん』と声をかけても父は振り向いてくれないんです。新聞を読むのに熱中していたのでしょうか。その後に、『社長』と呼んだらやっと気がついてくれた……ということがありました」（『サンデー毎日』平成八年一二月二九日号）

平成一一年（一九九九）一一月に発刊されたワコールの五〇年史は社史としては珍しく、塚本家のこうした内部事情が詳細に描かれている。

〈狭い京都の町のこと、父親の悪い噂ばかりが入ってくる。飲み歩いているとか、芸妓とつきあっているとか派手な噂が広がり、娘たち、とくに長女真理は許せないそんな父親の姿にますます反発を強めていった。息子とは違い、娘には甘かった幸一も、彼女の反抗には随分手を焼いたようである。それまで父親の不在を「ワコールの社員さんのためにがんばってはるからや」とかばい続けてきた良枝も、さすがに思春期を迎えた子供たちにそんな言葉が通じるはずがないのはよくわかっていた。幸一に「家庭での教育をしっかりしろ」と言われた良枝は、ぴしゃりと言い返した。「子供は二人で育てるもの。私だけの責任ではありません」良枝の言うとおりである。幸一に返す言葉はなかった〉（『ワコール50年史　ひと』）

だがそんな塚本家に、幸一が家庭サービスに奮闘することとなる慶事があった。

長女の真理がノートルダム女学院二年生の時、葵祭《あおいまつり》の斎王代《さいおうだい》に選ばれたのだ。こんな名誉なことはない。それは近江出身の塚本家が、京都人として受け入れてもらえたことを意味する。選考委員だった親友の千が推薦してくれたお陰だった。

「真理、頼むから引き受けてくれ！」

日頃家庭に無関心な幸一が珍しく神妙に頭を下げてきたので、真理もやむなく引き受けた。

「祭りが終わるまで真理には頭が上がらん。なにしろ斎王様いうたら内親王《ないしんのう》の位《くらい》やぞ。京都御所の出入りも我々下々と違ってフリーパスになるそうや。あだやおろそかにはできん！」

興奮気味に周囲に語った。

それからが大変だった。衣装合わせなどの準備もある。衣装合わせと言っても成人式や結婚式のレベルではない。十二単《じゅうにひとえ》に檜扇《ひおうぎ》や髪飾りなど、平安貴族の出で立ちを演出する品々を職人に頼んで用意せねばならないのだ。金に糸目はつけなかった。

そして祭り当日、幸一はカメラマンに徹し、写真を撮って撮って撮りまくった。使ったフィルムの数はなんと一三本。親馬鹿ここに極まれりである。

## 新本社建設と奥忠三の死

昭和四一年（一九六六）五月、幸一は「年商一〇〇億円突破」を目標に定めた経営計画を発表。その意欲的な数字が、一八〇〇人近くにふくらんでいた社員たちを奮い立たせた。

発売と同時に大ヒットとなっていた「タミーガードル」は引き続き好調だったし、ブラジャーでは「ウイングブラ」がヒットしていた。この調子なら目標達成もそう遠くない未来だとみな張り切った。

「タミーガードル」は従来のヒップアップに加え、効果的にお腹を引っ込める機能を持たせた商品である。〝ダミー原理〟と呼ばれるこの発明は、フランスを皮切りに世界各国で特許を取得し、ワコールの技術水準の高さを世界にアピールした。

相変わらず貪欲にいろいろなものを吸収してビジネスに生かそうとした。販売力強化にあたって範としたのが化粧品産業である。

彼らはすでに百貨店のいい場所に売り場を持ち、女性販売員が毎日お客さんと対話しながら商品を売っている。肌に直接塗ったりするものだけに、品質の善し悪しはすぐにわかる。イメージ戦略も大切で、成分が同じであっても高価なものが意外と売れたりする。消耗品だけにリピーター獲得も大切だ。実に参考になった。

一時は〝下着戦争〟とマスコミに騒がれたが、新規参入者たちがさほど脅威にならなかったのは、こうした幸一のあくなき探究心が新規参入者のそれを上回り続けたからだった。

「ワコールさんに採用されることは、生地メーカーのステイタスシンボルでした。品質規格のきびしい要望は申すまでもなく、婦人肌着の機能性に加えて、感性が求められていました」

当時をよく知る宇野収（呉羽紡績社長、関西経済連合会会長）は『塚本幸一追想録』の中で、そう回想している。

これまでと違う次元の経営を目指そうとした幸一は、手始めに新本社と新大阪店の建設に着手した。それは五〇年計画で七〇年代に達成しようとしていた第三節「海外市場の開拓」を見据えた看板作りでもあった。

新本社建築は、とりわけ思い入れのあるプロジェクトであった。

昭和四二年（一九六七）一一月、新本社（京都市南区吉祥院中島町二九、現在の本社と同じ場所）

昭和42年(1967) 11月に竣工した新本社。左手前に新幹線が見える

が竣工する。

旧本社と同じ西大路でも国鉄（現在のJR西日本）を挟んで反対側。旧本社も三年前に開通した東海道新幹線からよく見えたが、反対側だからどちら側の座席に座っていても京都に到着すればワコールのビルが見えるという趣向である。

このあたりは田園地帯で建物など何もなかった。もっと繁華で便利なところに本社を置くべきだという意見に対し、幸一は新幹線から見える立地に固執したのだ。今度の本社ビルは旧本社とは桁違いに立派である。日本のワコールが世界のワコールとして認知される最大の広告塔になるという確信があった。

幸一は社長室を新幹線側にした。道一本隔てただけだから、列車が通るたびに地鳴りのような音が響く。労働環境のよくない場所だからこそ、社長室にするべきだと考えたのだ。

その後もワコールは快進撃を続けた。そのため、新幹線沿いに本社を置いた会社は発展するという都市伝説が生まれた。

そしてワコールに遅れること五年、京都の南東にある山科《やましな》の東海道新幹線沿いに本社を建てたのが、これまた京セラの稲盛和夫だった。稲盛は新幹線に近い部屋を社長室にすることまで真似た。おまけに京セラの山科の本社は国道一号線からもよく見えた。ワコール本社のさらに上を行こうとしたのである。

だが好事魔多し。本社竣工の半年前の昭和四二年五月二〇日、幸一にとって痛恨事があった。川口とともに営業の柱として大車輪の働きをしてくれていた奥忠三が急逝したのだ。

本当によくできた男だった。顧客にもファンが多く、幸一も頼りにしていた。ワコール最大の功労者の一人と言っていい。

その彼が社内で急に倒れたのだ。

奥の病が篤いと聞き、幸一は異例の行動に出た。常務だった彼を専務取締役に昇格させたのだ。それはこれまでの貢献に対する感謝の気持ちだった。

だが祈りもむなしく、昇格した月に息を引き取ってしまう。

入院していた奥は病床で後輩たちにエールを送るべく、万感の思いを込めて、

「ワコール万歳！」

と口にしたという。

それを聞かされた瞬間、幸一はその場にくずおれるようにしながら号泣した。社葬が営まれている間も、人目をはばかることなく滂沱の涙を流し続けた。

奥は五〇年計画の到達点どころか、ワコール創立二〇周年を見ることもなくこの世を去ってしまったのだ。

（まさかこの期に及んで、戦友の死を経験せねばならないとは……）

思わず天を仰いだ。

しかし奥の死は、営業担当者全員を奮い立たせた。彼らはワコール社内でもとびきり熱い者たちだ。心を一つにして、弔い合戦だと飛び回った。

その結果、売上げは対前年比一二〇パーセント以上の伸びを続け、三年後の昭和四五年度（一九七〇年度）には、ついに念願の年商一〇〇億円を達成する。幸一の大きな目標だった年商一〇〇億円達成の背中を押してくれたのは、「ワコール万歳！」と言いながら死んでいった、ほかならぬ奥忠三だったのである。

## 〝愛〟をテーマに万国博覧会出展

昭和四〇年（一九六五）九月、五年後に大阪千里丘陵で万国博覧会が開催されることが決定し、有力企業や団体に出展参加が呼びかけられた。

昭和四五年（一九七〇）と言えば、五〇年計画の第三節「海外市場の開拓」期の最初の年にあたる。海外にワコールをPRし、海外市場開拓のスタートを切る絶好の機会だと、幸一は腕まくりをした。

そして昭和四二年（一九六七）四月一日の受付開始に際しては、担当社員が日本万国博覧会協会に前日から徹夜で並び、一番乗りして新聞記事に大きく取り上げられた。

ここでも彼は機先を制したのだ。

だがその後、他の参加企業や団体が明らかになるにつれ、これは相当無謀な挑戦であることが明らかになっていく。

電力やガス会社でさえ業界で参加するという。三菱や住友といった財閥系もグループで出展を決めた。地元の大企業である松下電器や三洋電機ならいざしらず、ワコールのような規模の企業が手を挙げるなど背伸びもはなはだしい。ましてアメリカやソ連などは国家の威信を賭けて大規模なパビリオンを出してくるのだ。

だが彼は諦めなかった。

京都木屋町の「よし子バー」で、リッカーミシン創業家の平木《ひらき》証三《しょうぞう》（当時専務）と一緒になった際、

「万博にいっしょに出展しないか？」

と切り出した。

大正会のメンバーで日頃から親しくしていたが、二社の間にさほど深い関係はなく、ワコー

昭和45年（1970）の大阪万博に出展した「ワコール・リッカーミシン館」

ルの工場のミシンがリッカーでなく大谷ミシンだったのは先述した通りだ。だが酒の勢いというのは恐ろしい。互いに力を合わせてパビリオンを運営しようと盛り上がった。

当時は一家に一台ミシンがある時代。企業規模からすればワコールよりリッカーミシンのほうが数段上である。にもかかわらず、リッカーミシンはパビリオン名にワコールの名前を上に持ってきて「ワコール・リッカーミシン館」とすることを許す度量さえ見せた。

後に平木は社長となるが、
「一杯の水割がえらく高くついた」

と苦笑している。

万博の前年にあたる昭和四四年（一九六九）一一月一日、ワコールは創立二〇周年を迎えた。人間で言えば成人式だ。幸一はこの日を迎えられた喜びを、年商一〇〇億円達成の見通しが立った喜びとあわせて次のように詠んでいる。

百億は　成人の旗　天翔《あまかけ》る

年商一〇〇億円の達成は、まさに会社としても成人を迎えたことの証しだと詠《うた》っているのだ。しかし一緒に祝うはずの奥はいない。幸一は万博への参加と世界進出を、奥の弔い合戦の延長として考えていた。

パビリオンのテーマは人間すべての基本である〝愛〟と決めた。それは恋愛であり、隣人愛であると同時に、祖国愛も含まれる。いかにも幸一らしかった。

日本万国博覧会全体のメインテーマは〝人類の進歩と調和〟だが、その根底には〝愛〟があるべきだと世に問うたのである。経済的繁栄に目を奪われている人々にとって、その問題提起は新鮮に映った。

ワコール・リッカーミシン館の設計はル・コルビュジエに学んだ進来廉《すずきれん》らに依頼し、ヤジロベエの原理を応用した円盤形の屋根のあるユニークなパビリオンになった。屋根にはハネがついていて、風向計のように風で回って向きを変える。柱はすごく細い。清潔な白一色に統一されて異彩を放った。

驚くのはそれだけではない。下着ショーの発想を万博にも応用したのだ。〝万博唯一のヌード〟の触れ込みで、男女が裸で戯れたり、派手なメークの女性が全裸で踊る映画を流した。これが話題を呼び、数時間待ちの長蛇の列ができた。

世界中に声をかけ、会期中の毎土・日曜日には館内の「愛の空間」で結婚式（エキスポ・ウエディング）が行われた。幸一も時間の許す限り仲人役として参加し、会期中に一三ヵ国五二組が式を挙げた。そのほか七月七日には愛の七夕まつりを行うなど、アイデアで勝負した。

ミシンの心臓部にあたるボビンの部分の大模型が音楽や照明と一体になって動く「リッカーミシンコーナー」もあるにはあったが、ほぼ全館、ワコール色で染まっていた。

共同出展でも費用は二億円に上った。前年度の経常利益が一二億円という時代だから大きな負担であったが、ＰＲ効果は絶大であった。

海外進出に弾みをつけ、韓国ワコール、タイワコール、台湾ワコールと相次いで合弁会社を設立していく。業績も伸張し、万博の翌年（昭和四六年）の一月には東京・大阪両証券取引所第二部から第一部への指定替えをすることができた。名実ともに一流企業の仲間入りを果たしたのだ。

だが万博出展には後日談がある。

幸一の強引な説得と酒の勢いで共同出展を承諾したリッカーミシンはこれをうまく生かせ

ず、業績不振に陥った末、リクルートの江副浩正《えぞえひろまさ》に株の空売りの標的にされるなどした結果、昭和五九年（一九八四）、あえなく倒産してしまう。

創業から四五年。彼らは創業五〇年を祝うことはできなかったのだ。

## シー・ユー・アゲイン！

仕事が充実する一方で、気晴らしを夜の世界に求める生活が続いていた。

幸一は毎晩のように、京阪三条駅前の三条大橋のたもとにあったベラミというナイトクラブにでかけていた。京都では〝夜の商工会議所〟として知られていた店だけに客層がいい。

祇園にて（一番左幸一）

ビジネスのネタが落ちていることもしばしばだったが、

「私の会社の製品を使ってくださるお客さまのところを巡回訪問してお礼にまわってるだけですよ」

というのが幸一の口癖だった（「下着を制服する〝夜の帝王〟」『サンデー毎日』昭和四一年九月一一日号）。

ワコールのブラジャーをしていない女性が横に座ると、ちらっと見ただけで、

「君のはワコールじゃないな」

と指摘する。背中の留めホックがワコールのものは独特だからすぐにわかるのだ。

そしてこんな質問もした。

「君はどんなズロースはいてるんや？」

この店のホステスは一流である。その女性たちがどんな下着を着けているのかは格好の調査対象だった……ことになっているが、もちろんからかい半分である。

文字通り〝エロ商事のエロ社長〟のセクハラ発言に、ホステスの中には、

「あの人イヤやわぁ。変態ちゃう？」

といやがる者もいたが、伝説のママだった山本千代子は、

「何言うてるの？　今に見てなさい。あの人はすごい大物になるわよ！」

と言ってたしなめたという（「ベラミ伝説」『紙の爆弾』平成一九年一一月号）。

ある日もベラミに行くと、後ろの席に大変な美女がいた。得意な絵で彼女の顔を写生したりして意気投合。

「次の店、ご一緒しましょう」

ともちかけ、花見小路の芸妓がやっている行きつけのバーに連れていった。

そこで彼女は幸一にマッチゲームを挑んできた。マッチを何本か動かしてある形を作るパズルだ。

「もしできたらキスだな」

と言って、その美女にうんと言わせた。

それまで誰もできなかった難しいものだ。

（できるはずないわよ）

と彼女は高をくくっていたが、なんと幸一は二分三〇秒くらいでぱっと作ってしまった。

その瞬間、彼女は、

「きゃーっ！」

と叫んで店内を逃げ回り、結局キスはさせてもらえなかった。

その美女の名をデヴィ・スカルノという。デヴィ夫人の若き日のエピソードだ。

「本当にふるいつきたくなるような美人だった」

そう幸一は述懐している（「日本女性の平均はブラジャー8枚、パンティ20枚」『週刊文春』平成三年四月一八日号）。


もともと社交的な性格である幸一のまわりには、自然と人が集まった。そんな彼が大事にしていた集まりに大正会がある。

思えば大正生まれほど損な世代もない。明治生まれからは青二才と言われ、戦争に駆り出されてその多くが命を落とし、命からがら復員しても英雄扱いどころか白眼視が待っていた。

大正会は、そんな彼らが日頃の鬱憤を晴らすべく作った会であった。

幹事役は石橋湛山《いしばしたんざん》首相の名参謀として知られた石田博英《いしだひろひで》（元運輸大臣）。会員には中曽根康弘《なかそねやすひろ》（後の首相）や帝国ホテルの犬丸一郎《いぬまるいちろう》社長などの有力政治家や斯界の名士が名を連ね、三船敏郎《みふねとしろう》、森繁久彌《もりしげひさや》に森光子《もりみつこ》といった、きら星の如き売れっ子芸能人も会員だった。

大正生まれということだけが入会資格のはずなのだが、これほど入るのが難しい会もなかった。厳しい審査があったからだ。だが幸一は千の推薦によりフリーパスで入会させてもらった。

月一回集まって大いに盛り上がり、幸一の人脈は一気に広がっていった。

昭和三九年（一九六四）七月、大正会のメンバーである中央公論社の嶋中鵬二《しまなかほうじ》社長の勧めで日本ＹＰＯ（YOUNG PRESIDENTS' ORGANIZATION:青年社長会）にも入り、いつしか会のリーダーとなっていく。

ここで得た一番の収穫はサントリーの佐治敬三との出会いであった。佐治も大正会のメンバーで、幸一より一歳年上と年齢が近いことから、千同様、終生の友情を温めることとなる。そして幸一は佐治のあとを受け、日本ＹＰＯ第四代会長に就任している。

そんな彼は、ついに憧れの経営者と会う機会を得た。それこそ〝経営の神様〟松下幸之助であった。

松下は当時、政治改革構想を抱き始めており、若い経営者たちの意見を聞きたいと、彼の方から会合の申し出があったのだ。こうして昭和四〇年（一九六五）春、二〇人ほどの日本ＹＰＯ会員とともに、幸一は東山にある松下幸之助の別邸「真々庵《しんしんあん》」を訪れた。

五〇計画が松下幸之助の二五〇年計画をモデルにしたものであることはすでに触れた。範にしたのはそれだけではない。幸一はある〝年表〟を作っていた。それは松下電器の事業規模と松下の年齢に和江商事の規模と自分の年齢を並記したものであった。

松下幸之助は、幸一が事業を始めた時からの大きな目標だったのだ。

会ってみると松下は思っていた以上に雄弁で、七〇歳とは思えない情熱で政治の無策と腐敗について悲憤慷慨《ひふんこうがい》した。

「もう黙っておれん。政治がよくならんと、この国は衰退していく一方や！」

松下がこの国に求めたのは、国家としての理念であり、経営の観点であった。

国家経営という言葉がありながら、為政者に経営理念が感じられないし、経営能力にいたっては話にならない低さだ。政治家に求心力がないと、どれだけ素晴らしい政策を掲げても国民はついてこない。政治家の〝思い〟は届かない。

当時の松下は声がかすれて聞き取りにくくなっていたが、身にまとったオーラは衰えていない。経験に裏付けられた深い思索や思いの強さ。どれをとっても圧倒される思いだった。

（さすがは〝経営の神様〟や！　考えていることのレベルが違う）

かつて労働争議で苦しんでいた際、神の啓示のような言葉に聞こえた出光佐三の講演と同様の感動を覚えた幸一は、全身に震えが来るほど興奮していた。

そして感極まった彼は、思わずこう叫んでいた。

真々庵にて。中央松下幸之助、右幸一(昭和50年(1975) 10月31日撮影)

「松下さん、命と金をくれませんか！」

後に自分の無鉄砲ぶりを冷や汗ものだと語っているが、当時の幸一は四四歳。この国を変えるという大事業は、むしろ若い自分たちがやるべきである。しかし、担ぎ上げる神輿《みこし》と資金が必要だ。彼はその思いを松下にぶつけたのだ。

「それはどういうことや？」

松下の細くて鋭い眼がギロッと向けられた。いつもは柔和な表情なのだが、真顔になった時の松下ほど迫力のある人間はいない。猛烈な風圧を感じながら、幸一は必死に話した。

自分はインパール作戦の生き残りであること、復員後に抱いた生かされているという思い、女性下着を商売とし、女性とともに女性のために世の中をよくしていこうという覚悟で頑張っていること。

「経済成長は果たしたものの、こんな国にするために戦友たちは命を落としたのか、自分たちはこのままでいいのだろうかという疑念がいつも頭を離れんのです！」

その漠然と抱えていた危機感に対し、松下は明快な答えを出してくれたのだ。

「松下さんなら新政党を作って日本を良くすることができます。しかし政治の道は命がけ。しかも金がいります。だから命と金をくださいと言ったんです」

松下は幸一の話をじっと黙って聞いていた。すぐにその場でそれに対する答えを口にしはしなかったが、別れ際、にこっと笑いながらこう言った。

「シー・ユー・アゲイン！」

ユーモアを込め、君はもう一度話を聞いてみたい相手だと言ってくれたのだ。天にも昇る気持だった。

それから二人はしばしば会うようになり、やがて幸一は、二人が不思議な縁でつながっていたことを知る。

松下が幼くして失った一人息子の名前が幸一だったのだ。髄膜炎にかかり、わずか八ヵ月の命だった。

「『わしが何か悪いことしたか！　殺すならわしを殺してくれ！』言うて叫んだんや」

松下は涙ながらに、その時の思いを吐露してくれた。

その後、彼は男子に恵まれなかった。松下は幸一に、幼くして亡くした自分の息子を重ね合わせていたのかもしれない。

そもそも松下は大変な苦労人だ。和歌山市郊外の富裕な農家に生まれながら、幼い頃父親が米相場に失敗して全財産を失い、赤貧洗うが如き状況の中で八人兄姉のほとんどを病気で亡くしていた。

長男と次男を失って男子は末っ子の幸之助だけになり、大阪に出て盲学校の事務員を始めた父親は、尋常小学校四年生の彼を船場の商家へと奉公に行かせた。奉公先なら少なくとも食事は出してもらえるからだ。だがその父親もやがて病を得、申し訳ないと病床で繰り返しあやまりながら死んでいき、母親は再婚して松下のもとを去っていった。

（この人は俺以上の地獄を見てはる……）

幸一は激しく心揺さぶられ、ますますこの松下幸之助という経営者に教えを乞いたいと思った。日本を変えてもらいたいと思った。

時は流れて昭和五四年（一九七九）、八四歳の松下幸之助は松下政経塾を設立し、自ら塾長となることを発表する。理事兼評議員には幸一も名を連ねた。

ところが開塾から一〇年後の平成元年（一九八九）四月二七日、松下は志半ばにしてこの世を去ってしまう。九四年の生涯であった。今少しの寿命を天が与えていれば松下新党が立ち上がっていたかもしれないが、残念ながらわずかに届かなかった。

だが幸一は松下政経塾が設立される前から松下の志を継ぎ、自分なりの戦い方を始めていたのである。

## パンツ屋の虎退治

万博開催前、不愉快な出来事があった。

万博出展企業のための説明会を通産省（現在の経済産業省）が開催した時のこと、幸一は次のように訴えた。

「大阪での万博開催とは言っても、大半の見物客は『せっかく関西に来たのだから京都観光をして帰ろう』と足を延ばすはず。彼らを受け入れるため、京都の道路網、駐車場整備に国の助成を期待したい」

ところが担当官の答えは彼を落胆させるものだった。

「そもそも京都の蜷川虎三府知事は、『万博は資本家や金持の遊びである』と言って反対しておられますよね。まずは知事を説得し、万博に賛成してもらってからにしてください」

彼の言うことはもっともだ。幸一は蜷川知事の無理解に心から憤りを覚えた。まさに松下幸之助が言っていた通り、政治が変わらなければこの国は衰退していく一方だ。

蜷川革新府政は、万博の頃には絶頂期を迎えていた。

暮らしは質素で志の高い人物ではあったが、長期政権になったことから〝権力は腐敗する、絶対的権力は絶対に腐敗する〟というセオリーが彼にも当てはまった。

支持母体である日教組（日本教職員組合）もやりたい放題で、週に二～六時限の自習は当たり前。高校で一日六時間の授業のうち半分は自習ということもあり、午後四時には職員室はがら空きだったという（「京都における教育の退廃」石井一朝著『経済往来』昭和四五年四月号）。

当時府議だった自民党の野中広務《のなかひろむ》は、回顧録でこう嘆いている。

〈正規の府職員としての給料をもらいながら、一時間も勤務しないで、自宅から組合本部に行き共産党の活動をしている。建物も京都府の建物、電話も府の電話。こんな馬鹿なことがあるか〉（『聞き書　野中広務回顧録』御厨貴、牧原出編）

さすがに蜷川が命じたわけではなかろうが、京都府の職員はポケットに『蜷川語録』を持っていたという。まるで中国の『毛沢東語録』だ。

蜷川の言葉に、人を惹きつける魅力があったのは事実であった。

中でも有名なのが、

「一五の春は泣かせない」

である。

地元に京都大学や同志社大学、立命館大学などの有名大学があることもあり、京都は進学熱が高く、受験戦争は激しかった。受験に失敗して涙を流す若者たちも多かったのだ。

そこで蜷川は悪名高い「総合選抜入試制度」を導入する。進学先は選べない代わり、ほとんどの受験生がどこかの高校に入れるようにしたのだ。要するに名門校つぶしである。

この制度は大いに裏目に出る。洛北をはじめとする名門府立高校の進学実績が悪化の一途をたどったのは狙い通りだったかもしれないが、その一方で私立の洛星や洛南などが人気を集め、結局、受験戦争はなくならなかったのだ。

だが平等を重んじ、経済的に厳しい人たちの味方を標榜している革新陣営は、総合選抜入試こそ理想の制度だと、この結果に十分満足していた。


そして、その革新陣営が敵視していた集団があった。労働者を搾取《さくしゅ》する資本家たちである。中でも京都商工会議所や経済同友会は、搾取する者たちの巣窟《そうくつ》という位置づけであった。敵視している彼らからの陳情に耳を貸すはずもない。そのため京都財界は府知事に期待せず、ほとんど接触を持たないまま企業活動を行っていた。

京都に数多くのユニークなグローバル企業が存在している背景には、逆説的なことながら、行政に頼ることなく自身の力で成長することを運命づけられた京都企業の宿命があったのである。


だがここで、黙って見ておれないと立ち上がった男がいた。それが塚本幸一だった。

「命と金をくれませんか!」

そう松下に迫っておいて、自分が傍観者でいるのは彼の男気が許さない。蜷川府政に終止符を打つべく立ち上がったのだ。

そして堀場製作所の堀場雅夫《ほりばまさお》や京セラの稲盛和夫、村田機械の村田純一《むらたじゅんいち》(後の京都商工会議所会頭)などの友人たちに協力を求めた。〝虎退治の一〇年戦争〟の幕は、こうして切って落とされたのである。

まず家の玄関に虎の敷物を敷き、毎日踏みつけて出ていった。

蜷川も負けてはいない。様々な会合で幸一のことを、

「パンツ屋が騒いでおりますが」

と言って笑いを取るようになる。

知事が地元企業のことを〝パンツ屋〟と揶揄《やゆ》するとは世も末だが、当時の京都では、蜷川に刃向かう幸一の方がどうかしているという意見も多かったのだ。

そして万博開催中の昭和四五年（一九七〇）四月に行われた京都府知事選は、まさに京都財界対革新府政という、京都を二分する全面戦争となった。

六期目を目指す蜷川の対抗馬として、幸一たちは前自治省事務次官の柴田護《しばたまもる》を担ぎ出した。大変な大物候補である。それでも役所や学校をがっちり押さえている革新勢力は盤石で、蜷川の圧勝に終わった。


幸一は諦めない。次の戦場を市長選に定めた。府知事同様、京都市長もまた革新陣営の富井《とみい》清《きよし》だったのだ。

革新側は富井に替えて京都市助役の舩橋求己《ふなはしもとき》を候補に立ててきた。対する幸一は、地元財界人以外も味方に付ける作戦に出た。文化人、学者、医師グループなどを集めて「京都を愛する会」を発足させ、民社党衆議院議員だった永末英一《ながすええいいち》を担ぎ出したのだ。

こうして京都市長選は新人同士の争いとなった。

昭和四六年（一九七一）二月、幸一は朝礼で、きたるべき市長選に全力で保守候補を応援することを社員に告げた。

「これまで、出張中はいざ知らず、京都にいて出社しない日は一日たりとてなかった。しかし今回は責任を持って選挙戦を戦わねばならなくなった。選挙期間中は会社に出てこられないが了解してほしい」

京都への思いのたけを込め、涙ながらに訴えた。

そして二月一日の告示から投票前日までの二〇日間、幸一は永末を必死に応援した。だが相手も新人ながら手強い。永末陣営は劣勢のままであった。

そして迎えた二月二一日の投票日。結果は明らかであった。

その晩、幸一は比叡山ホテルに泊まり、京都の町の明かりを眼下に眺めながら、翌日の開票を待った。彼の心は沈んでいた。いくら自分たちが熱くなっても京都市民は冷めている。

果たして永末は大差で敗れた。

その後も奮闘及ばず、虎退治は結局、幸一サイド全敗のまま、昭和五三年（一九七八）、蜷川が八期目を前に引退を表明することで幕引きとなる。

この年四月に行われた知事選では自民と新自由クラブの推す林田悠紀夫《はやしだゆきお》が勝利。二八年間続いた京都の革新府政にようやく終止符が打たれた。

取材の際、幸一の同志だった村田機械の村田純一会長は、当時を振り返ってこう語った。

「京都を支配した平家の天下が二四年ですから、平家より長かったんです。その間に京都経済は本当に沈滞してしまっていた。ところがお寺のお坊さんや大学の先生なんかはあまり危機感を抱いていない。唯一立ち上がったのが、塚本さんを中心にした新興中堅企業の社長連中でした。若かったけど塚本さんが大将になったんです。でも革新勢力は本当に強かった……」

『ワコール50年史　ひと』は社史としては珍しく、次のような異例とも言うべき言葉を幸一に贈っている。

〈幸一は戦った。経済人といえども、政治という土台をきちんと作らないと経済の発展は望めない。経済人は経済だけという単純なことでは、決してうまくいかない。そのための戦いを、幸一は身をもって示したのである〉

## 坊主頭で誓った常在戦場

社会情勢はファッションにも影響を与える。

昭和三九年（一九六四）八月に起こったトンキン湾事件以降、泥沼化していくベトナム戦争に一一年間も苦しみ続けたアメリカが好例だろう。

自由主義を守ろうとするアメリカの正義が、民族主義を掲げるベトナムの革命指導者ホー・チ・ミンの巧妙な対外宣伝工作の前にぐらつき始め、大義なき戦場に送られる若者たちの怒りは、ヒッピー文化に代表されるドラッグと反戦を叫ぶカウンターカルチャーを生み出すこととなった。

ジーンズにTシャツ姿が日常となっていき、高価な下着を身につけてドレスアップする機会が減っていく。だが、それは〝予兆〟にすぎなかった。万博が終わる頃から、ウーマンリブ（女性解放運動）を背景にした〝ノーブラ運動〟が世界中を席巻し始める。日本にもその波が押し寄せてきた。

ブラジャーをつけないのでは話にならない。ワコール商品の売れ行きがてきめんに鈍り始めた。そしてその影響はブラジャーにとどまらなかった。

昭和四六年（一九七一）春、例年なら売上げの伸びる季節にもかかわらず、前年比マイナスになる商品が目立ち始めた。特にガードルやスリップにその傾向が顕著で、かつて経験したことのない市場収縮だった。

何度も倒産の危機に直面した創業期は別にして、それ以降は売上げも収益も資本金も従業員数も、すべてがずっと右肩上がりであったため、ワコールの従業員は本格的な不況を知らない。それだけに精神的にもろかった。お先真っ暗という雰囲気が社内に広がり出したのだ。

「落ち着け、この流れは一時的だ！」

時代の転換と一時の流行の違いを熟知している幸一は、そう言って社内の動揺を鎮めようとしたが、パニックに陥っている社員は聞く耳を持たない。常勝軍がいったん形勢不利になった時の弱さがいみじくも露呈した形だった。

しかしそれは皮肉にも社員たちだけではなかったのだ。幸一たち経営陣も、相互信頼の経営をうたって労働組合の要求を一〇〇パーセントのむとした約束が重荷になってきた。

そんな折も折、労働組合側は五年前に約束していた週休二日制の導入を要求してくる。

この厳しい時期に大幅な労働時間の短縮は会社にとって大きな痛手だ。さすがに、この時ばかりはどうしても組合の要求をのむことができなかった。

同年一一月三〇日、幸一自ら、組合幹部に頭を下げた。

「確かに組合側の言い分を一〇〇パーセント承認すると約束したが、わが社を取り巻く環境がこれだけ悪化している時だ。実施時期を延期してはもらえないだろうか？」

だが労働組合側は譲らない。

「我々の要求をすべてのむと仰ったのは社長じゃないですか！」

「よしわかった！」

弱音を吐いたのは一度きりであった。


幸一はその足で理髪店に向かった。店に入って椅子に座るや否や、

「大将、丸坊主にしてくれ！」

と頼んだ。

「今、何と？」

「坊主頭にしてくれと言ってるんだ。すぱっとやってくれ！」

「本当にええんやね？」

「いい！」

行きつけの店である。目の前の鏡に映っている人物が誰かはもちろんわかっている。主人はおそるおそる頭にバリカンをあてた。

当時は長髪が流行っていたから、幸一も髪はやや長めである。豊かな髪が美しくウェーブしているのが自慢でもあった。

「社長、終わりました……」

鏡の中の自分を見つめ、頭をなでた。見事な五分刈りになっている。この感触は出征していた時以来だ。あの時の緊張感が胸中によみがえった。

（これやこれ。ビジネスはいつも常在戦場なんや！）

覚悟が決まった。

この日、東京出張が入っていた。東京店長以下幹部社員が東京駅まで出迎えに来ている。彼らはホームに降り立った幸一の姿を見て息をのんだ。

「社長……その頭……」

みな絶句している。

翌一二月一日、東京店の朝礼に出た。

最初はざわついていたが、

覚悟を示すため坊主頭にした幸一

『知己』昭和 47 年(1972) 2 月号

「危機は長くは続かない。今が踏ん張りどころだ！」

と語る幸一の熱い言葉は、いつも以上の迫力で社員の心に届いた。

坊主頭は効いた。心が一つになった。社内報『知己』(昭和四七年（一九七二）二月号）にも、「こうして非常時を突破しよう」という見出しとともに坊主頭の幸一の写真が掲載されている。

幸一はこの時、五一歳。経営者として脂ののりきった時期のことであった。

この非常時を、ワコールは守りでなく攻めで脱出していく。

突破口を開いたのは、このわずか三ヵ月後に開発された「シームレスカップブラ」だった。「ノーブラブラ」と命名されたこの商品の製法は独特だ。一枚の布に熱を加えて丸みを型で起こす。すると継ぎ目のないブラジャーができあがる。ブラジャーをつけても前に線が見えずノーブラに見える商品とすることで、ノーブラ運動の最中でも売上げを伸ばすことができた。

そして再び業績を好転させた頃には、ノーブラ運動は幸一の言った通り下火になっていく。頭を丸めて兵隊時代に戻り、銃弾の雨の中、敵中突破を成功させた思いだった。

だが、一難去ってまた一難というのは人生でも企業活動でも同様であろう。

ノーブラ運動は女性下着業界が影響を受けたくらいにとどまったが、やがて日本経済全体を震撼させる大事件が勃発する。

それが昭和四八年（一九七三）一〇月の第一次石油ショックだった。

第四次中東戦争を機に国際原油価格が約四倍に高騰、その影響はエネルギーを中東の原油に依存していた先進工業国の経済を直撃したのだ。

日本でもほとんどすべての物価が急騰し、〝狂乱物価〟なる言葉が新聞紙上に躍った。原材料費が高騰したことで、ワコールも他の製造業同様、苦境に立たされることになる。

製品の値段を上げるのが常識的行動であり、もしワコールがそうしたとしても誰もそれを非難しなかっただろう。値上げをする必要のない業界までがこの機に乗じて値上げし、〝便乗値上げ〟という言葉が飛び交っていたが、原材料費が実際に上がっているワコールには値上げの大義名分があったからだ。

ところがここで幸一は、再び破天荒な行動に出て世間を驚かす。

年が明けた昭和四九年（一九七四）一月、恒例の年頭記者会見で〝値上げ凍結宣言〟を行ったのだ。〝便乗値上げ〟が怒りを買っていただけに、その逆を行こうというのである。この義挙に世間は喝采を送り、ワコールの社会的信用を大いに高めた。

それだけではない。値上げ凍結による売上げの増加が仕入れ価格の上昇を上回り、収益が拡大していくという好循環を作り上げることに成功する。

これはしばしば松下幸之助の使った手法だ。名経営者の共通した資質は、ピンチをチャンスに変える手腕にあるのだ。

だがほっとする間もなく、次の危機が襲いかかってくる。

オイルショックが一段落すると、今度は皮肉にも「値段をもっと下げろ」という声に翻弄されることになるのだ。

背景にあったのが、ダイエーを筆頭とするスーパーによる安売り攻勢であった。本格的な大量消費時代が到来し、メーカーでなく小売りが価格決定権を握る流通革命が起ころうとしていた。

量販店からの大量仕入れによる大幅値下げの申し入れに応じることは、高品質のイメージが定着していた〝ワコール・ブランド〟を損ないかねない。だが、ダイエーを率いる中内㓛《なかうちいさお》は〝価格破壊〟のスローガンを掲げ、消費者を味方に付けて強気の姿勢を崩さなかった。

そんな中内の姿勢に幸一は激しく反発したが、誰よりも怒ったのが、あの松下幸之助であった。商品には〝正価〟というものがあるとし、割り引いて販売することを強く戒めていただけに、中内のやり方は許せなかったのだ。

彼は次のような言葉で、世間に目を覚ませと訴えた。

「価格破壊でダイエーのような量販店は繁盛するでしょう。しかし、価格競争力を持たない零細な小売店は存続できなくなります。最後にはダイエーの一人勝ちになるということに、皆さん気づいてはるんですか？」

その上で、ダイエーへの商品供給を停止することを発表した。後に〝三〇年戦争〟と呼ばれることになる激しい戦いの始まりであった。

中内も負けてはいない。正規ルートで商品が入ってこなくなると、裏から問屋に手を回して松下製品を買い、店頭に並べた。すると松下側はダイエーの仕入れ先を調べ上げ、彼らに売った問屋には厳重注意して、ダイエーとの戦いに落伍者を出さないよう徹底した。

両者にらみ合いが続く中、幸一は自分たちの商品に関しては知恵を出した。安価な別ブランドを立ち上げたのだ。昭和五〇年（一九七五）に発売したワコールのセカンドライン「ウイング（WING）」がそれだ。

ウイングは一〇〇〇〜一三〇〇円を中心価格帯としていた。量販店での他社ブランドの価格が五〇〇〜六〇〇円だったことを考えるとまだ割高だが、それでも爆発的に売れ、売上げは毎年倍々ゲームで伸びていった。

松下電器が販売価格の主導権を巡って中内ダイエーと真正面からぶつかり、両社とも激しく消耗していったのに対し、幸一はしなやかな戦略でこの危機を乗り切ったのだ。

「ウイング」の広告

## 社長退任宣言

すでに一流経営者として押しも押されもしない存在になっていた幸一は、ここにきて創業経営者のすべてが直面する最も難しい課題に向き合おうとしていた。後継者問題である。

その点、彼に迷いはなかった。近江商人が全般にそうであったように、ファミリーの求心力にワコールの将来を託そうとしたのだ。

これまでも長男の能交には後継者候補として厳しく接してきた。

城山三郎との対談の中で、彼はこう語っている。

「息子は一人だったもんですから小学校四、五年生までは、ものすごく厳しいことをやった。泣こうが何をしようが、物置に縛りつけて一日中放っておくとか。よく殴り、蹴飛ばしもしました」

「厳しくやっておいてよかったんでしょうか？」

「決してマイナスではなかったと私は見ています」（「肉弾戦と創業家魂」『現代』平成三年八月号）

だが、それは幸一の独りよがりな見解でしかなかった。

そもそも彼は息子に父親らしく接することのできない人間だった。娘は思いきりかわいがったが、能交には愛情表現の方法がわからない。将来の後継者候補だと意識すればするほど態度や言葉がきつくなった。

一方で本人には、後継者として考えていることはまったく口にしなかったから、能交からすればただ厳しくされるだけで、理由がわからない。自然と内向的な性格に育っていった。

〈小さい頃は、顔を合わすのは月に一度か二度。会うたびになんやかやと叱られるので一緒にいたくなかった。学校ではパンツ屋の息子といじめられた。だから、パンツ屋にだけはなりたくない。トラックの運転手になろうと思っていた〉（「『財界二世』たちの秘められた『葛藤』」『プレジデント』昭和六三年九月号）

そしてパンツ屋の息子と冷やかされる度、

「パンツがなかったら、おまえのお母ちゃん困るやろう！」

と言い返すのを常としていた。

中学二年の頃、ギア付きのスポーティーな自転車が欲しくてねだってみたことがあった。

「友だちがみんな乗ってるから買ってくれへん？」

「友だちがみんな持っているというのは買う理由にならん」

「電車やバスなら移動のたびにお金がかかるけど、自転車やったら一度買ったらあとはいらんやん」

「それなら歩け！」

会話はここで終了である。

だが能交はどうしても諦められず、知恵を絞った。友だちを家に呼んで、彼らから頼んでもらったのだ。

「お父さん、塚本君が可哀想やから買ってあげてください！」

これには幸一も参った。念願叶ってようやく買ってもらえた。

だが子どもがかわいくないはずもない。内田は取材の際、こう話していた。

「会長さん（内田は幸一のことを後々までこう呼んでいた）は、家族のことほんまはすごく大事におもてはるんやけど、家庭的な旦那さんじゃなかったのは確かです。でも私が大阪の高島屋の売場に立ってる時、おもちゃ売り場や子供服売り場に行けばかわいいもんいっぱい売ってるわけです。それでボン（能交のこと）のために服買うてあげてね、照れくさいから奥さんにも言わんと、帰って家の洋服ダンスにこそっと入れてはった」

家庭面では実に不器用な男なのである。


能交は中学、高校、大学と慶應に挑戦したが落ち続け、東京で一年浪人生活を送った末、新設の芦屋大学教育学部に進んだ。ゴルフ部の練習とアルバイトに明け暮れる毎日だった。

大学生になっても説教は続いた。

「お前の眼は死んだ魚のような眼だな。金庫破りでも、金庫のダイヤルを回してる時は目を輝かせとるやろう」

とため息をつき、

「何でもいいから何かで一番になってみろ！」

と尻を叩いた。

能交は自分の得意分野は何かを考えてみた。一つ自慢できるのは、酒だけはものすごく強かったことだ。若い頃はウイスキーなら二本、お銚子の日本酒だと、まず一杯飲み屋で二、三〇本飲んでから、また飲みに出かけていた。

「仲間に『こいつは酒すごいよ』って言われることに唯一、存在感を感じていたんでしょうね

え」（「わが父、塚本幸一」『経済界』平成一〇年八月二五日号）

と自身、語っている。

幸一は創業二六年目にしてようやく借家住まいをやめ、下鴨中川原町《しもがもなかがわらちょう》に家を新築した。春には賀茂川沿いの桜並木が楽しめ、夏には五山《ござん》の送り火が見える好立地だ。毎年、観桜会《かんおうかい》と五山の送り火を見る会を、東京に住んでいる友人まで招いて開催するのが恒例になった。

「長寿のまじないや。杯に酒を満たし、大文字の火を映して飲みなはれ」

招待客の一人である松下幸之助が、幸一に助けられながら真剣な顔をして杯に大文字の火を映して飲んでいる写真が残っている。松下は九四歳の長寿をまっとうしたが、あるいはこのご利益にあずかっていたのかもしれない。

家を建てる際、桜並木を一階からも見られるよう少し盛り土をして高くした結果、面白い半地下室ができた。そこをホームバーにし、カラオケも設置して、「エスカルゴ」と命名した。やっと〝宿借り〟から家持ちの〝でんでん虫〟になったという意味である。

稲盛とは、ここのカラオケでよく歌った。

妹を故郷鹿児島に残している稲盛は『人生の並木路』が、幸一は『青葉城恋唄』や『マイ・ウェイ』が持ち歌だった。幸一は『マイ・ウェイ』を歌う際、「私には愛する歌があるから」という歌詞を必ず、「私には愛するワコールがあるから」と替えて歌うのがお決まりだった。

ところが、幸一が留守がちなことをいいことに、能交がしばしば悪友たちと集まって、棚に並ぶ高級ウイスキーを次々とあけて騒ぎ始めたのだ。

ある日、その最中を幸一に見つかったから大変だ。

「稼ぎもない学生の分際で、夜中まで酒を飲んで騒ぐとは何ごとか！」

と大声で叱られたが、能交も酔っているから気が大きくなっている。

「バイトで稼いでるから文句ないやろ！」

と口答えしたから大変だ。

「酒代はお前のものでも、この家は俺のもんだ！」

と頬を思いっきり張り飛ばされた。

「フライパンのような手をしてましたわ……」

取材の際、能交は自分の手を広げながら、ついこの間のように、その痛かった青春の思い出を語ってくれた。


ただでさえ少なかった父子の会話が、それを機にさらに少なくなってしまった。

そんな能交に人生の転機が訪れる。幸一の指示でアメリカへの留学が決まったのだ。

今後のワコールは海外が主戦場だ。帝王学として、大学三年生の時、米国ミシガン州中南部に位置するオリベット・カレッジという小さな大学に留学させることにしたのだ。幸一の知人が理事をしている大学だった。

能交からすれば、父親から離れることができるのだから万々歳だ。

こうして片田舎での寄宿舎生活が始まった。外為規制があった頃だから仕送りなど微々たるもの。ミルクとチョコレートだけで過ごしたことさえあった。

小学校の頃はクラスで一番小さかった能交も成人すると一七八センチと長身になり、体格こそアメリカ人に見劣りしなかったが、英語はからきしダメ。知っている単語をとにかく並べ、ボディーランゲージと〝飲みニケーション〟でカバーした。

田舎町だから大学内のパーティーくらいしか遊ぶ場がない。引っ込み思案だった性格も、度胸を決めてそうしたイベントに参加するうち変わっていった。飲酒運転をして車ごと川に落ちたこともあったが、アメリカでは週刊誌に載る心配もない。思い切り羽を伸ばすことができた。

一年半後、帰国した能交は見違えるほど明るくなっていた。

以前なら人前で歌うことなど考えられなかった彼が、カラオケ好きになったのもアメリカ留学のおかげだった。帰国後、ようやく父子の会話が復活した。

幸一はまず、能交に他人の飯を食わせてみようと考えた。

昭和四七年（一九七二）四月、ワコールに入社したことにして、一日も出社させずに伊藤忠商事に出向という形を取り、貿易本部繊維貿易部に勤務させた。

出向期間は三年である。

だが当の本人は三年が過ぎたら、伊藤忠でなくていいから、とにかくワコール以外に行くつもりだった。そんな能交の心を開き、説得したのは、彼のことを幼い頃から面倒を見てきた川口だった。

口下手な川口のことだから、強引に説得したわけではない。

月に一度ほど能交を麻雀に誘い、世間話をするように、

「そうはいってもなぁ。親父かて内心では、あんたがかわいいてたまらん。本当は帰ってきてほしいんや」

そうささやき続けたのだ。

この仕事の将来性を、そして幸一の期待を諄々《じゅんじゅん》と説いて聞かせ、ついにはワコールで働くことを納得させた。川口の誠意のある説得がかたくなだった能交の心を開いたのだ。

「両親の葬式でも涙は見せませんでしたが、川口さんの葬式だけは泣けて泣けて……」

取材の際にそう語る能交の言葉から、川口に対する感謝の念が痛いほど伝わってきた。いぶし銀の働きをした川口郁雄。もって瞑《めい》すべしである。


三年後、能交はワコールに戻り大阪店物流課に配属された。

仕事は倉庫番。まずは現場を知れというわけだ。伝票が回ってくると品物を出してくる。何億円のビジネスから一枚八〇〇円といった下着を出庫する仕事になったのは衝撃だった。

教育係の現場のおばちゃんたちは容赦ない。

「社長の息子だからってトロトロしてんじゃないよ！」

と叱られたのはむしろ嬉しかった。

そして単価の低い商品で五〇〇億円近い売上げを挙げている父親を心底すごいと見直した。

バーゲン前になると全員で値札の付け替えをする。当時の大阪店は三〇〇人ほどだったが、店長もパートのおばちゃんも関係ない。全員で作業するのだ。

（親父の会社って、いい会社なんだなぁ……）

しみじみとそう思った。

だが、まだ父親は仰ぎ見る存在であり、同じことができるなどとはつゆほども思っていない。

ところが大阪店に配属となって二年後の昭和五二年（一九七七）七月二三日、幸一は突如、こう宣言する。

「一〇年後には社長を退く。後継者には長男の能交を考えている」

幸一はこの時五六歳。能交はまだ二九歳であった。

世間はあっと言ったが、一番驚いたのは能交本人だろう。倉庫番からバイヤーに昇格し、大阪店仕入課の主任になったばかりだった。

会社に戻ると同僚がみな驚いた顔で彼のことを見ている。

「お前、一〇年後に社長になるんやて？　夕刊に載っとったぞ！」

「何のことです？」

能交には寝耳に水の話だった。

幸一にしても、悩まなかったといえば嘘になる。

奥はもういないとはいえ、中村もいれば、木本も川口もいる。しかし中村を社長にすれば、部下からの信頼厚い川口率いる営業部門がモラルダウンする。かといって、川口をトップに据えたら中村は黙っていないだろう。木本はリーダーシップを発揮するには実力不足だ。

近江商人はファミリーの血の求心力で長い年月繁栄を続けてきた。企業の私物化という非難はもとより覚悟の上。幸一はここでも機先を制したのだ。

「経営学は教えることはできるが、経営は教えることができない」

とは松下幸之助の名言だが、幸一も能交に経営を教えられるとは思っていない。

だが能交の中に、自分と同じ近江商人の血が流れていることを感じていた。それは間違いなく商売人のサラブレッドのDNAのはずだった。

そして一〇年後というのがポイントだ。十分な準備期間を設けたのだ。五〇年計画に忠実に経営してきた幸一は、社長退任もまた計画的だったのである。

ここにきて能交も、ようやく腹をくくり始めた。

幸一の社長退任宣言の四年後、これで塚本家の将来は安心だとほっとしたのか、幸一の愛する母信がこの世を去った。昭和五六年（一九八一）一二月六日のことであった。

三ヵ月ほど前、腎臓病が悪化して入院し闘病していたのだが、最後は眠るような大往生であった。

くれぐれも自分の葬式は質素にしてくれというのが信の遺言であったが、幼い頃から愛情をたっぷりかけて育ててくれた母のことをどうしても質素な葬式で送る気になれない。幸一は菩提寺の佛光寺本堂で盛大な葬儀を営み、参列者は三〇〇〇人に上った。

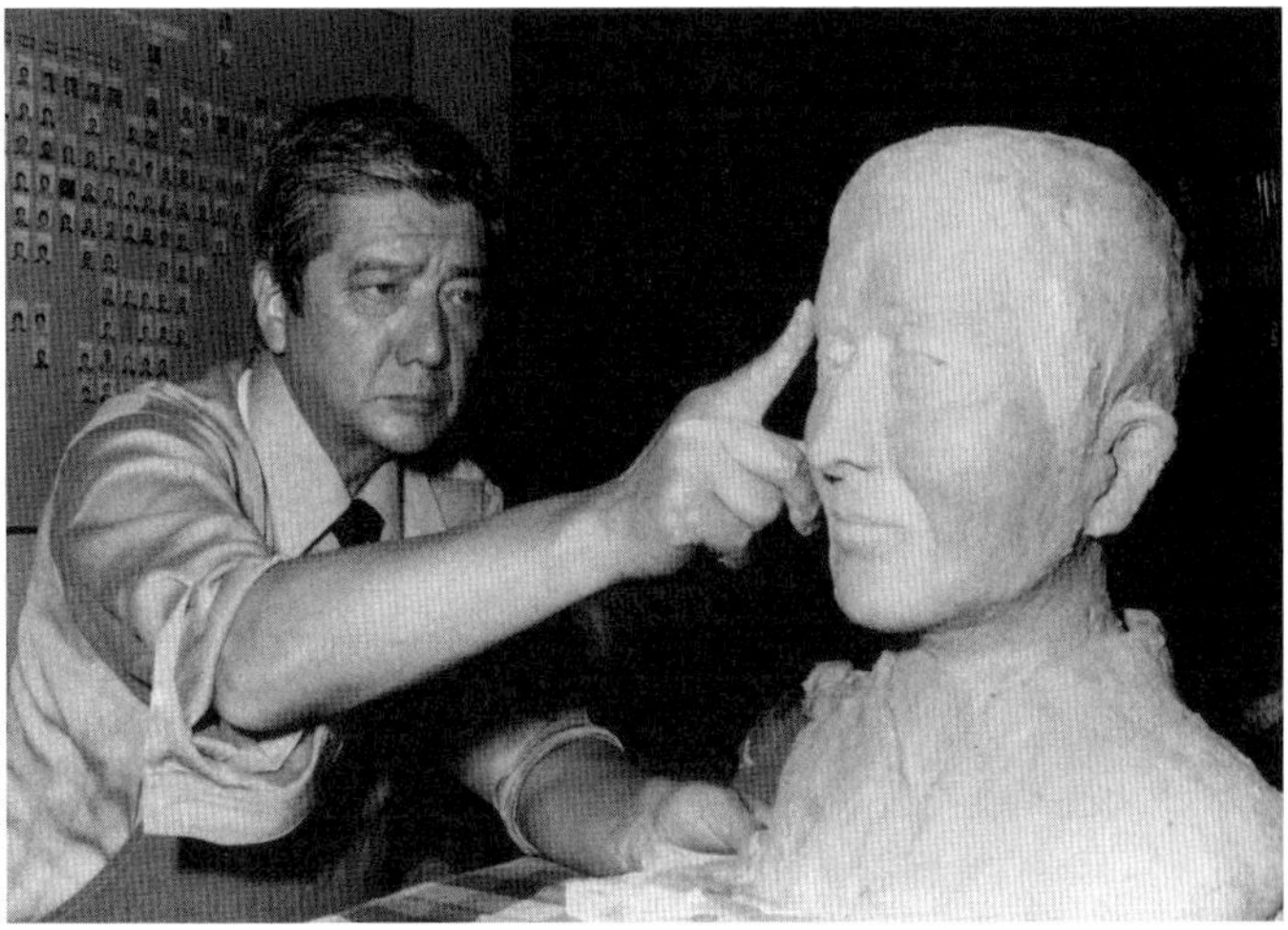

執務の合間に母信の胸像に向かう幸一

（お袋、すまん。これが俺の最後の親不孝や。堪忍してや……）

心の中で手を合わせた。

母親の死というのは、そう簡単に癒えるものではない。

彼は四九日を過ぎた頃から、信の胸像を作ろうと決意し、多忙な業務の合間を縫って粘土と格闘し始めた。字も絵もうまい彼は、ここでも素人とは思えない腕を見せる。一〇ヵ月ほどで完成させ、一周忌にはこれを原型にしたブロンズ像を披露することができた。

その後、この胸像は自宅に飾られることになる。生前同様、まるで彼女が見守ってくれているようであった。

# 第五章　アメリカに商売を教えてやる！

## アメリカ進出

幸一は能交に社長を譲る前に、自分の仕事に一つの区切りをつけたいと考えていた。それは自分が立てた五〇年計画の第三節の仕上げとして、できれば七〇年代のうちに「海外市場の開拓」を完成させておくことであった。

「海外市場の開拓」の最終目標は、言うまでもなく世界最大の市場である米国を押さえることだ。女性のために女性とともに、戦後再び立ち上がった彼が、欧米との戦いに今度こそ勝利する。それは長年の夢であった。

彼が七〇年代前半をアジアの拠点作りに費やしてきたことはすでに述べた。だが同じ「海外市場の開拓」でも、アジアと欧米とでは天と地ほどの違いがある。アジアではワコールはむしろ指導的立場であり、合弁会社は最初から黒字だった。ところが欧米市場ではまだまだ挑戦者である。幸一は慎重に歩を進めた。

まずは知名度を上げ、社会的信用をつかむことだ。

そこで昭和五二年（一九七七）一月、米国証券市場でＡＤＲ（米国預託証券）の発行を実施し、市場からドルを調達した。米国進出の第一歩を、下着市場ではなく金融市場から始めたわけである。

ＡＤＲ発行には米国金融当局の厳しい審査を経なければならないため、日本企業でこれに成功したのはわずかでしかない。第一号のソニー以来、松下、ホンダ、京セラなどに次いで八番目という快挙であった。

出だしは上々に思われたが、ここからが茨《いばら》の道だった。

単独で米国に進出するのは難しいと判断し、まずはロサンゼルスに本社を置くオルガ社と資本提携することにした。

米国市場のブラジャー部門で第三位のシェアを持ち、有名百貨店の高級品売り場にも商品を展開している。堅実経営を旨とし、高級品というブランド・イメージを確立している。労使関係も良好で、ワコールと経営思想を共有できるという確信を持てた。

昭和五三年（一九七八）三月に資本提携の調印が行われ、幸一は同社の社外役員となり、毎月行われる役員会にも極力出席し、米国流経営についての理解を深めていった。そして提携から三年後の昭和五六年（一九八一）六月、満を持して米国ワコールを設立する。

ところがオルガ社との資本提携は、はかばかしい成果を生まなかった。

提携のメリットは日本で自社製品の販売ができるようになったオルガ社に大きく、ワコール製品の米国進出は遅々として進まない。

（こうなったら契約を切るしかない）

幸一は撤退を決断した。

昭和五八年（一九八三）二月、四年間の提携期間を経て、ワコールはオルガ社株を売却し、関係を解消するのである。

替わって浮上してきたのが、かつて技術提携したことのあるティーンフォーム社だ。

オルガ社との提携を解消した一〇ヵ月後の昭和五八年一二月、後継者難で悩んでいたティーンフォーム社の買収に踏み切った。ラバブル・ブラジャー社の日本上陸に黒船来襲だと震え上がり、渡辺あさ野とともに工場を見学して技術の彼我《ひが》の差に唖然とさせられた日から実に三〇年の年月が経っていた。

そして今、アメリカの下着メーカーを買収するところまで来た。感無量である。だが喜んだのもつかの間、問題が発覚する。

身売りをしてきた会社の経営計画書を信じていけないのは常識なのだが、長い付き合いだから正直に数字を出してくれると信じていた。これが間違いだったのだ。売れ行き好調が見込まれていると説明を受けていた商品がまったく売れない。

米国ワコールの社長は現地の人間だったが、三年間は社長を交代させないという契約をしたことも痛恨のミスだった。無謀な投資を行ってまたたく間に倉庫は在庫であふれ、赤字が天井知らずに積み上がっていった。

一方で、能交への社長交代の時期は刻一刻と迫ってくる。心労が重なり、昭和五九年（一九八四）九月、幸一は吐血する。以前患った胃潰瘍が再発したのだ。

「これ以上アメリカで赤字を出したら命取りになるのでは？」

という声が社内でも出始めた。

若い社員に囲まれて

会社も自分も満身創痍《まんしんそうい》でありながら、それでも幸一は諦めなかった。

役員会の席上、彼は熱弁を振るった。

「悪かったら引き揚げると考えるのなら、アメリカでのビジネスなどやらないほうがいい。やり抜くんだということでスタートをしたんだ。世界のワコールを目指してきたのは、アメリカで成功するためだ。ここで退いたら、ワコールの世界戦略は水の泡ではないか。田舎のワコールになるか、世界のワコールになるか、今はその分かれ目だ。悪い時期だからこそやるのだ!」

最後の〝悪い時期だからこそやるのだ〟と口にした時には、ほとんど涙声であったという。

幸一は〝ワコール百年の大計〟のために撤退論を断固として退けたのである(「会社を変える『鉄の信念』」『プレジデント』平成一六年一一月一一日号)。

米国の小売業界は当時、日本同様、不毛な価格競争で収益性を低下させていた。

当初訪米した頃とは様変わりで、百貨店ですらまともなものを売っていない。下着売り場に行っても、これまで懇切丁寧に接客してきた百貨店の店員が誰も声をかけてこない。進歩したのは、高級品には紐がついていて、万引きしようとするとベルが鳴る仕組みになっていたことくらいだった。

女性下着の商売とはこんなものではなかったはずだ。

〈私にワコールの商売を教えてくれた米国が、商売の本道を忘れてしまって、価格一本槍の迷路に入ってしまっている。そんな米国に対して、本当に良い商品はこういう形でつくり、こういう販売方法で売るんですよ、と教え返したい〉（『女性を創造する――ワコール物語』立石泰則著）

米国が変わっても、ワコールを変えるつもりはなかった。ハイクオリティ、ハイセンスの旗を掲げ続けた。

そのうちアメリカに変化が訪れる。景気が好転し、やはり良いものが欲しいという声が上がってきたのだ。だがその要求を満たしてくれる商品はもうアメリカにはなかった。次第に一流百貨店がワコール商品を下着売り場の中心に置いてくれるようになっていく。

「かつて下着業界のあるべき姿を教わったアメリカに、今度はこちらが商売の仕方を教えてやる！」

幸一の思いは、やがて能交に引き継がれていくのである。

## “新経営の神様”稲盛和夫との友情

稲盛は『塚本幸一追想録』の中で、幸一との最初の出会いは昭和四六年（一九七一）頃だったと述懐しているから、大阪万博の一年後ということになる。

この年の一〇月一日、京セラは大阪証券取引所第二部、京都証券取引所に上場。スタートアップ企業の域を脱し、中堅の急成長企業として大きく雄飛しようとしていた。

幸一から電話があったのは、そんな時のことであった。

「あなたは京都で会社を興し、上場も果たして立派に経営をしておられるようだが、京都の経営者の方々とはお付き合いもなさそうだし、私もお目にかかったことがない。実は京都の大正生まれと昭和生まれの経営者の集まりで『正和会《しょうわかい》』という会を作っているんだが、入る気はありませんか？　いろいろな方を紹介してあげたい」

稲盛はこれまで事業一筋。それ以外のものは全部無駄だとみなして一切顧みてこなかった。にもかかわらず、この時の幸一の申し出には断ってはいけない運命的な何かを感じた。

こうして二人の交流が始まり、京都一の遊び人である幸一と京都一堅物の経営者と言っていい稲盛との、不思議なコンビができあがった。この時、幸一は五一歳、稲盛はまだ三九歳であった。

「稲《いな》ちゃん、今日、夜空いてへんか？」

と幸一から声がかかり、花柳界にもデビューを飾った。

ところが稲盛は、いくら祇園に連れてきてもらっても幸一のようには遊べない。遊びベタなのだ。そんな男は粋でないと京都では軽んじられるところだが、幸一はおかまいなしだ。むしろ稲盛とつきあえばつきあうほど、経営者としてのスケールの大きさがわかってきた。自分も松下幸之助から徹底的に学んできたつもりだが、稲盛は若いのにさらにその上を行っている。

稲盛が経営指針とした〝フィロソフィ〟にも感心したし、〝アメーバ経営〟の融通無碍《ゆうずうむげ》さにも、稲盛流会計学の精緻さにも驚嘆した。何より〝燃える闘魂〟を持って〝ど真剣〟に生きる姿勢には共感しかなかった。

幸一と稲盛がほかの経営者仲間と一緒に酒を飲んでいた時のこと。例によって稲盛は自らのフィロソフィについて〝ど真剣〟に語っていた。

すると、ある若い経営者（おそらく今をときめくN社のN社長）が軽い気持ちで、

「いや稲盛さん、私はそうは思いませんね。私の人生観は稲盛さんとはちょっと違う」

と横から口を出してきた。

その瞬間、幸一の顔色がさっと変わり、店中響きわたるような怒声を発した。

「おまえごときがそんなこと言えるレベルか！」

幸一の声はただでさえ大きい。その若い経営者は雷に打たれたように身体を硬直させた。

「俺でも稲ちゃんには一目も二目も置いて、経営哲学に関しては何も言えんと思ってるんや。

それなのに『私はそうは思わない』だと？　そんなことよく言えたもんや！」

相手は平身低頭である。幸一がいかに稲盛を高く評価していたかがわかるエピソードだ。


一方の稲盛も幸一のことを心底尊敬し、しばしば意見を求めた。

稲盛には技術的な相談をする学者は何人かいたが、ビジネスに関する相談をする相手は社外にはほとんどいない。そういう意味では、幸一は稲盛にとってかけがえのない先輩であった。

そして京セラが天然物と同じ化学成分と結晶構造を持った再結晶エメラルドの製造に成功した時も、売れるかどうかの目利きを幸一に依頼してきた。稲盛はできたてのエメラルドを二粒ほどガーゼに包んでポケットに忍ばせ、そっと見せてくれたが、これには驚いた。

「稲ちゃん、これは大変なことだ。こんなものがどうしてできるんだ。お前の会社、もう電子部品やめてこれ作ったら大儲けできるぞ！」

幸一は大きい目をさらにひんむいて口角泡を飛ばしていたが、稲盛はあくまで冷静である。

「本当に売れるかどうか、いろんな方の意見を聞いてみないと……。塚本さんのお知り合いに聞いてみてもらってもいいですか？」

「お安い御用や。任せとけ！」

ここで稲盛が言った〝お知り合い〟とは祇園の芸妓たちを指していた。なにせ彼女たちは宝石に詳しい。潜在的顧客という意味でも市場調査の対象としては格好の相手だった。

ところが聞いてみると散々だ。

「天然の宝石を高い値段で買ったのに、こんな美しいエメラルドが安く世の中に出回るのは困ります！」

「私が形見でもらったエメラルドの値打ちが下がるのは絶対に許せまへん！」

などと、口々にしかめ面で言われ閉口した。

「稲ちゃん、これは絶対うまくいかんわ。こんなん売ったら、女性の恨みを買うぞ」

幸一の評価は一八〇度変わってしまった。

それでも負けん気の強い稲盛はなんとか商品化し、クレサンベール（CRESCENT VERT）――フランス語で〝緑の三日月〟という意味のロマンティックなネーミングで売り出した。

事業開始のパーティーの席で、幸一は来賓として祝辞を述べたが、

「宝石を門外漢が扱って成功した試しはない。どうせ失敗するならやけどの小さい方がいい。最初のうちにできるだけ大きく失敗するように」

とスピーチして稲盛を苦笑いさせた。

後年、稲盛から同様の言葉を、息子の能交に対して〝倍返し〟されることになろうとは、この時の幸一は知るよしもなかった。

そのうち幸一は、稲盛を日本を代表する財界人として育てていこうと考え始める。

幸一の人脈は京都に限らず幅広い。先述の「正和会」だけでなく、次々と一流の政財界人を紹介し交流を促した。

そこで稲盛が築いた人脈は、ソニーの盛田昭夫、ウシオ電機の牛尾治朗《うしおじろう》、セコムの飯田亮《いいだまこと》、サントリーの佐治敬三、村田機械の村田純一、ヤクルトの松園尚巳《まつぞのひさみ》など錚々《そうそう》たる面々だ。

幸一は彼らとの社交クラブを作ろうと言い出し、

「稲ちゃんも金を出してくれないか」

と頼んで祇園の花見小路に「イレブン」という店を開いた。

稲盛を京都商工会議所の副会頭にも就任させた。もっともこちらは、自分は何もしないという条件付ではあったが。

結局、幸一のサポートによる人脈形成が、稲盛が人生最大の賭けをする際の大きな助けとなる。それが第二電電（DDI、現在のKDDI）の設立だった。

すべての始まりは、昭和五八年（一九八三）八月、幸一が京都商工会議所で講演会を企画したことにあった。

講師は電電公社近畿電気通信局技術調査部長の千本倖生《せんもとさちお》。佐治から紹介された人物だ。テーマが「超LSIの発展と高度情報社会の実現」ということなので、この分野に詳しそうな稲盛に協力を要請した。

稲盛は司会を務めることとなり、それを機に親しくなった千本を参謀に引き入れたことが、通信事業への新規参入につながっていく。

電電公社は民営化されてNTTとなるが、日本一の大企業であることに変わりない。その大企業に稲盛は挑戦状をたたきつけようとしたのだ。

「それはおもろいやないか！」

幸一は稲盛の壮挙に諸手《もろて》を挙げて賛成した。

イレブンに集ったソニーの盛田、ウシオ電機の牛尾、セコムの飯田なども出資してくれた。そもそも第二電電という社名を決めてくれたのは盛田なのだ。

電話サービス開始前日の昭和六二年（一九八七）九月三日深夜、稲盛たちは東京の半蔵門にあったＤＤＩ本社の会議室に集まってその時を待った。

やがて時計の針が午前零時を指した。待ちに待った電話回線開通の瞬間がやってきたのだ。ここで稲盛はおもむろに机上の電話の受話器を上げると、〝〇〇七七〟というＤＤＩに割り振られた市外局番の番号を押した。最初に電話したのは京都である。稲盛の電話を待っていたのは、ワコール本社で待機していた幸一だった。

やがて稲盛の耳に、幸一の大きな声が飛び込んできた。

「おめでとう、稲盛君！」

その瞬間、東京のＤＤＩ本社と京都のワコール本社が一つになって歓声が上がった。通信業界規制緩和の最初の一歩が、ここに踏み出されたのである。

塚本幸一なしに〝新経営の神様〟と呼ばれた稲盛和夫はいなかっただろう。次世代を育てるという大事な仕事を、幸一はまるで趣味のように楽しみながら黙々とこなしていたのである。

## 京都商工会議所会頭就任

幸一はしばしば、色紙にそう揮毫した。

——京都を愛す

近江八幡にルーツを持つ人間でありながら、生涯、ワコールを創業した京都の地を愛し続けた。

「東京発信の複雑多様な情報が途中で整理され、雑音は消されて、京都へは純粋なものだけが入り、かえって東京や世界が正しくわかる」

周囲にそう語り、本社を東京に移そうなどとは考えたこともなかった。

そんな彼は昭和五八年（一九八三）四月、京都商工会議所第一三代会頭に就任し、

「京都を文化的首都にしたい」

と抱負を語った。

会議所の定款に、わざわざ〝文化〟という言葉を入れ、事業内容に〝文化の振興、増進に資する〟という項目を新たに追加。京都サミットの誘致や京都駅ビル改築、平成六年（一九九四）の平安建都一二〇〇年記念事業の推進など、意欲的に京都の活性化構想を打ち出した。

会頭を引き受けるにあたって、幸一の念頭には、佐治が近々大阪商工会議所会頭になるだろうという読みがあった。実際、幸一の二年後に就任している。二〇年来の友人である佐治とな

らば一緒に大暴れできそうだと確信した。

幸一にはこんな思い出があった。

昭和二九年（一九五四）に京都で日米市長及び商工会議所会頭会の会合があった時のこと。後に親しくなる化粧品のコティの社長が代表の一人として出席しており、彼がどこかの国の経済顧問までしているという話を聞いて大きな衝撃を受けたのだ。

（企業の価値は重厚長大産業のように規模だけで判断されるべきではない。企業の評価が、文化への貢献度でなされる時代が日本にもきっと来る）

そんな予感がした。

そしてそれは京都商工会議所会頭になった時、確信に変わっていた。〝文化〟にこだわった理由はまさにそこにあったのだ。

「京阪の両会頭は、下着屋や酒屋がなる時代か？」

そんな声も聞こえてきたが、彼らには新しい市場を作り新しい時代を切り開いたという自負がある。自分たちのような経営者こそが社会のリーダーとして世の中を牽引していくべきだと胸を張った。

サントリーはウイスキーやビールで商売をしていたことから、佐治は水商売にかけて、

「うちの商売はウォーターービジネスや！」

としばしば冗談口を叩いたが、佐治のこの言葉に幸一はこう応じた。

「考えてみればワコールはファッション、つまりは空気の如きものを売り物にしているんやか

サントリーホール10周年記念イベントで佐治敬三会長と（平成8年（1996）10月10日撮影）

ら、エアビジネスと呼んでもええんとちがうか？　これからはウォータービジネスとエアビジネスの時代やで！」

そう語って怪気炎を上げた。それは財界の長老たちへの挑戦状でもあった。

彼は愛する京都のため、必死に汗をかいた。かけ声だけでなく実績を残そうとした。

さすがの幸一も自らの老いを感じずにはいられない。残された時間はさほどないかもしれないという思いが、強い焦りとともに彼に力を与えた。言葉に迫力が生まれた。

「大きな意味で二一世紀を見わたした場合、あらためてどういうバランスの国家を形成したらよいか、新しいレイアウトをすべきなんです。東京一点集中で進むのがいいのか、それとも東京は金融・経済・情報都市として世界的なインターナショナルシティとして発展し、一方、長い歴史の蓄積の上に民族のパワーが培われてきたとするならば、その原点である天皇に京都に戻っていただいてバランスをとるか」

「今世紀は経済力と軍事力が国力の目安だったが、二一世紀は〝文化力〟が大きく評価される。京都に戻った御所が、その核となるだろう」

それが彼の問題提起であった（「『ミカドを京都へ』還都こそ世紀末のしめくくりだ」『週刊ポスト』昭和六三年八月二六日号）。

その象徴的な試みが、京都をサミット会場にしようとしたことである。彼はサミットが東京でばかり開かれることに不満を抱いていた。京都で日本の伝統に触れてもらうことの重要性に何故政府は気づかないのか。

「それなら俺が京都にサミットを呼んでやる！」

ところが政府に働きかけると、すぐに警察から待ったがかかった。

「今の京都御所では警備ができません。それに京都には要人が泊まれるようなホテルがない」

警備もそうだが、泊ってもらうホテルがないという件に関しては反論が難しい。

幸一は京都ホテルを市中では異例の一〇階建て以上に建て替える計画を推進していたが、これさえも反対が多くて難航していた。

だが彼は諦めない。プリンスホテルを経営する西武鉄道グループ総帥の堤義明《つつみよしあき》のところへ直談判に行った。

「堤さん、堤家はうちと同じ近江商人の出だ。我々が動かずして誰が動くんですか」

稲盛和夫京都商工会議所新会頭から会頭慰労の品を受け取る（平成７年(1995) １月31日撮影）

幸一の言葉は、日頃から自分の出自と父康次郎のことを人一倍大切に思っている堤の心情を見事に突いた。

「いいでしょう。そういうことなら是非やりましょう！」

京都の北の郊外にあたる宝《たから》ヶ《が》池《いけ》には、松下幸之助が初代理事長を務めた国立京都国際会館がある。そこをサミット会場と想定し、各国首脳や随行者たちに宿泊してもらう立派なスイートルームを複数持つホテルを、同じ宝ヶ池の地に建設しようとしたのだ。

ところがここは風致地区であり、本来、ホテル建設はできない地域だ。

幸一は役所に陳情。条例改正までやってのけ、昭和六一年（一九八六）一〇月、京都宝ヶ池プリンスホテル（現在のザ・プリンス京都宝ヶ池）が竣工した。

だが残念なことに、今に至るまで還都はおろか、サミットさえ京都に来ていない。幸一が投げかけた東京一極集中の解消問題は、わが国が抱える今日的課題として依然残ったままなのである。

やるだけのことはやった。平成七年（一九九五）一月、幸一は京都商工会議所会頭の座を稲盛にバトンタッチする。嫌だと逃げ回る稲盛に、強引に引き受けさせたのだ。

こんなことができたのは、京都財界広しといえども幸一だけであろう。渋々就任した稲盛だったが、幸一の負託に応え、しっかりとその職をまっとうしてくれた。

幸一の死後、例の財界サロンのイレブンが赤字続きなので閉店させようということになった際、その負債のほとんどを引き受けたのも稲盛であった。

それはすべて、幸一に対する感謝の気持ちゆえであった。

## 能交への社長交代

時間は少し戻る。

幸一は京都商工会議所会頭として多忙な日々を過ごしながらも、能交への社長交代の準備を着々と進めていた。

能交に社長を譲る前の一〇年間、幸一は自分の経営者としての体験、学んできたことをこつこつと書きとめ、一冊のノートにまとめていた。だが、いざ社長を譲ろうとする際、そのノートを渡すのをやめた。

（やはり自分で体験させてみなければ……）

そう思い直したからだ。

そんなことは最初からわかっていたはずだ。だが二世だということで、能交はこの先もずっと父親と比較され続けることになる。そんな過酷な運命に引きずり込んだ後ろめたさもあり、幸一をこうした行動に駆り立てていたのだ。

そのノートをもう一度読み返しながら、自分の親馬鹿ぶりに苦笑するほかなかった。

第三七期がはじまる昭和五九年（一九八四）九月一日、常務となっていた能交をまずは代表取締役副社長に昇格させ、彼を補佐する機関として経営委員会が設置された。実質的には能交に社長業を代行させせつつ、社長の幸一と中村、川口両副社長の三人で彼を後見する形にしたのである。円滑な引き継ぎのための布石だった。

だがどうしても重要な判断となると、部下は能交よりも二人の副社長に話を持っていってしまう。その様子を見て幸一は悩んだ。悩んで悩んで悩み抜いた末、例によって持病の胃潰瘍を悪化させたが、二ヵ月後の一一月二九日、中村と川口の両副社長には取締役相談役に退いてもらうことを決めた。

これしか能交に求心力を持たせる方法はない。苦渋の決断だった。

そして昭和六二年（一九八七）六月一五日、能交が予定通り社長に就任し、幸一は会長に退いた。幸一は六六歳、能交は三九歳になっていた。

能交（左）の社長就任パーティー

社長交代パーティーは京都ホテルで行われた。二五年前、出光佐三の講演を聴いて相互信頼の経営に開眼した思い出のホテルだ。

「なにがなんでもここでなければならんと、私が決めた」

幸一はそう語っている（『週刊ダイヤモンド』昭和六二年八月一日号）。

この時、財界のお歴々を前にした能交の挨拶は堂々たるものであった。

政界も財界もそうだが、二代目、三代目の強みは子どもの頃から社会的地位の高い人を普通に見知っているがゆえに物怖じしない点にある。

「見かけ通りの若造で、自慢できるものと言えばカラオケ一〇〇〇曲と、毎晩一気飲みしてもへこたれない体力ぐらいです。力不足は間違いのないところ。一朝一夕で（親父の領域に）いけるわけはなく、一生かかって努力していきたい。厳しい目で叱ってもらい、社長のヒヨコを育ててもらいたい」

そう言い切った。

以降、幸一はワコールの経営をすべて新社長に任せた。実権を渡さなければ後継者は育たない。それは一つの賭けであった。

先代を超えようとするのは二代目の宿命である。能交もまたそれを目指した。

商社が新規ビジネスに参入してそれを大きく育てていくことにヒントを得て、自らも新規ビジネスに乗り出そうと考えた能交は、

「社長就任から五年で売上げを五倍にしてみせる！」

と大きなことを口にし始めた。

能交が選んだのは、フローズン・ヨーグルト、紳士もののアウターウェア「バッドスレッド」、スポーツカー「童夢」を核としたライセンスビジネスの三つだった。アウターウェアはさておき、あとの二つはおよそワコールのビジネスとのシナジーが期待できない分野である。

相談を受けた幸一は、いろいろ思うところもあったが、

「俺は本業以外わからん。黙認する」

と答えた。

やってみろと積極的に賛成しなかったのは不賛成と同義であり、〝黙認する〟とは、

（俺は知らんぞ）

という意味だったのだが、能交には伝わらなかったようだ。

事業開始までに人材と時間とコストはしっかりかかったが、利益はまったく挙がってこない。事業開始早々に敗色濃厚であった。

マスコミは失敗が大好物だ。競争激化で主力商品である女性下着の売上げが伸び悩んでいたこともあって、『財界』昭和六三年八月一六日号には「ワコールの落日」という見出しが躍り、「幸一氏と能交氏の違い」という小見出しで新社長の能力不足を指摘する記事が載った。

他のメディアも同様で、『週刊文春』昭和六三年九月一五日号の見出しは「セシール『五〇円パンスト』に敗れて問われるワコール塚本ジュニアの経営手腕」であり、小見出しはもっと強烈で「似て非なるオヤジと息子」であった。

こうなると稲盛も黙っていない。能交のやることに意識的に口を出さずにいる幸一に代わって、自分が親代わりになってやらねばと思っていただけに言葉はきつくなった。

「パンツ屋はパンツだけやっとったらええんや！」

この言葉はさすがに効いた。

結局、能交の始めた新規事業はことごとく失敗し、五年間でいずれも撤退を余儀なくされた。失敗したと思ったら早々に撤退する決断力を身につけたことが、収穫といえば収穫であった。

能交の失敗について、幸一は次のように語っている。

〈別に失敗を喜んでいるわけではないが、わかっていてもやらせ、失敗させた。失敗してこそ身にしみて勉強し、体で覚える。これこそ成長の要因になるからだ。親父の目の黒い間、息子が我慢に我慢を重ねてばかりいると、ひとたび親父が死ぬとそれまでたまっていた不満を爆発させ、大失敗する恐れがある。そういうことがあっては絶対にいけない〉（『週刊ダイヤモンド』九七年一月二五日号インタビュー）

失敗に学んだ能交は稲盛のアドバイス通り本業回帰することにしたが、彼にも意地がある。これまでの路線を踏襲するだけではなかった。

平成四年（一九九二）、〝よせてあげる〟をキャッチコピーにした「グッドアップブラ」を大ヒットさせた。現場から上がってくるアイデアを上手にボトムアップで汲《く》み取るなど、社内の意識改革の成果だった。

そして能交は、父親が血を吐きながら挑んでいった米国市場で見事な戦いぶりを見せていく。平成五年（一九九三）度、米国ワコールの累積赤字は一二〇億円と撤退寸前にまで追い詰められていたが、伊藤文夫の頑張りもあって、平成七年（一九九五）度には単年度黒字を実現した。八台のシルエット分析装置で全米三〇都市を回り、ワコール製ブラジャーの着用前と後とで体型変化を比較するデモンストレーションを展開。このシルエット分析キャンペーンは全米四大キー局で紹介されるなど反響を呼び、高級ブランドとしてのワコールの名が定着していく。

創立一五周年に社是を制定する際、〝世界のワコール〟という言葉を入れようとした幸一に役員の多くが反対したが、今まさに名実ともに〝世界のワコール〟になろうとしていたのだ。

能交には、幸一のように傑出した番頭格の役員がいたわけではない。だからこそ、会社全体が一丸となって能交を支えようとした。そして良く人の話を聞くタイプである彼は、最初に失敗したような自分の独断で物事を進めることを避け、衆知を集めることを徹底するようになった。これは忍耐力を必要とすることである。

経営者というものは、どれだけ優秀だろうが、自分の頭脳だけではたかが知れている。社員にやる気を出させ、知恵を出させ、働きがいを感じさせることで、会社は全体として機能し始めるのだ。能交はそのことに長けていた。

その結果、ワコールは幾多の荒波を乗り越えながら、さらなる成長を遂げていった。

能交は社長を三〇年間続け、二代目社長の成功事例として取り上げられるまでになる。そして幸一や稲盛同様、京都商工会議所会頭に就任し、愛する京都の発展のために尽くしていくのである。

# エピローグ　霊山観音

もう社業は能交に任せておけば安心だ。自分が八〇歳になる時には五〇年計画も完成する。幸一はそれを花道として会長職を退こうと考えていた。

（三〇周年には「三節《みふし》経《へ》て　心物一新　天高し」、四〇周年には「秋晴れや　過ぎし四節は実りけり」と詠んだが、さて五〇周年にはどんな句を詠もうか……）

そんなことも考え始めていたが、彼にはもうわずかな時間しか残されていなかったのである。

喜寿を目前にしても、相変らず多忙だった。

七六歳になっていた平成八年（一九九六）だけでも、国内出張のみならず、ペナン、クアラルンプール、シンガポールとアジアへの海外出張が続き、七月には米国のアトランタへと飛んだ。

ワコール女子陸上競技部の真木《まき》和《いずみ》がアトランタオリンピックの女子マラソン代表に選ばれ、現地で彼女の応援をするためだ。日中の最高気温三五度という猛暑であったが、幸一が両手に日の丸と扇子《せんす》を持って懸命に応援する様子はテレビにも映った。

その疲れが出たのか、帰国後一週間ほどが経った八月初旬、幸一は旅先の熱海駅で不調を感じ、京都本社の秘書課に電話を入れた。

「なんか急に、足が動かへんのや……」

それでもベンチで二〇分ほど休んだら回復したので、新幹線に乗り、京都駅から病院に直行した。診断結果は一過性脳虚血発作。動脈硬化が相当進んでいたことがわかる。しかし病状は軽く、一ヵ月ほど大事をとって入院した後、職場復帰することができた。

だが若い頃から身体を酷使してきたツケが回ってきていることを、幸一自身、自覚せざるを得ず、退院後はプールで水中歩行して体力回復を図ることにした。

その時のことを千玄室（当時は宗室）は筆者にこう語った。

「足腰を強くするためと言うんで、わざわざ都ホテル（筆者注：現在のウェスティン都ホテル京都）のプールへ、ほとんど毎日のように行って歩くんですわ。私は歩くより泳ぐほうが好きやったんやけど、つきおうてね。一生懸命やってましたわ」

プールでのウォーキングの甲斐あって、体調を戻した彼には嬉しい行事が待っていた。

年が明けた平成九年（一九九七）一月、子どもたちが金婚式パーティーを開いてくれたのだ。

会場となった京都宝ヶ池プリンスホテルには、二五〇〇人あまりの知人・友人がお祝いに駆けつけた。

金婚式にて、子どもたちの家族と一緒に(平成9年(1997) 2月3日)

凝った演出には、みな驚かされた。

五〇年前の結婚式のスライドを映して場を盛り上げ、食事には二人の好物を並べた。ニシンや煮豆の京のおばんざいあり、一口カツあり、フカヒレのスープあり。大好きな〝おはぎ〟のケーキカットまであった。子どもたちが二年前から計画した、心のこもった演出だった。

そして最後に、幸一が短く挨拶した。

「昔は遊んで(妻を)泣かしたこともあったでしょう。しかし、いまや〝戦意あれども戦力なし〟です」

これは大いに受け、楽しくて温かいパーティーだったと後々まで語り草となった。

金婚式は人生の最後に神様が与えてくれた幸一へのご褒美だったのかもしれない。

人はいつかは死なねばならない。生き方は選べるが死に方は選べない。幸一もまた例外ではなかった。

平成九年（一九九七）九月一七日、幸一が七七歳の誕生日を迎えたわずかその三日後、突然心筋梗塞で倒れ、大阪府枚方《ひらかた》市の枚方公済《こうさい》病院に担ぎ込まれた。

明日は人間ドックだというこの日、

「健康診断なんていうものは最悪の状態で受けるのがいいんだ」

と、周囲が止めるのも聞かず、夜遅くまで大好きな麻雀をしていて倒れたのだ。

一進一退を繰り返し、新年も病室で迎えた。病状は一向によくならない。

「京都に戻りたい……」

六月に入った頃、幸一はそうつぶやき、ワコール本社からほど近い武田病院に転院することになった。それは死期を悟った彼の、

（最後は愛する京都で死にたい）

という強い遺志だったのだろう。

転院して一週間後の六月九日、容態が急変し、千が病院に呼ばれた。病床の幸一はうっすら目を開けており、思ったほどやつれた様子はなかったという。

千は幸一の手を握り、

「幸ちゃん！　幸ちゃん！　幸ちゃん！」

と三度呼んだ。

幸一の葬儀で遺影に語りかける千宗室(現在の玄室)

昭和52年(1977)にビルマ(現ミャンマー)を訪れ、
日本人墓地の戦没者慰霊碑に手を合わせる幸一

その声に幸一はわずかに反応し、かすかな微笑みが浮かんだように見えた。

「頑張ってね！　生きるんだよ！」

千はなおも必死に呼びかけたが、これが二人の今生《こんじょう》の別れとなった。

平成一〇年（一九九八）六月一〇日午後〇時一七分、家族や千たちに見守られながら、塚本幸一はロマンに満ちたその人生を閉じたのである。享年七七。

午後三時、遺体を乗せたワゴン車は病院を出て、建設中だった新本社ビルの前をゆっくりと走り、本社ビルに着いた。約三〇〇人の社員が玄関に並んで最後の別れを告げた。

彼の死の翌日、異例のことが起こった。

母校八幡商業高校において授業開始に先立ち、全校一斉に黙禱が捧げられたのだ。〝近江商人の士官学校〟と呼ばれた同校にとって、みなが理想とする偉大な先輩こそ、ほかならぬ塚本幸一だったのである。

人たばこ煙となりて味ぞ知る

愛煙家でもあった幸一の言葉通り、棺を覆う段になって人々は彼の大きさを思い知った。

葬儀は東本願寺岡崎別院で行われたが、通夜の夜は激しい雨になった。その日、間違いなく、京都は泣いていたのである。

彼は生前、京都東山の霊山観音《りようぜんかんのん》によくお参りをし、清掃にも積極的に参加していた。ここには日本兵だけでなく、敵兵も含むすべての戦没者の霊が弔われている。

幸一は戦争では銃を持って戦い、戦後もビジネスという戦場を戦い抜いた。しかし戦いすんでみれば、もうそこには敵も味方もないのかもしれない。

ただ、あの世で出迎えてくれたインパールの戦友たちに、

「お前の戦いはしっかり見届けたぞ。天晴れ見事な人生だった！」

そう言ってもらえたに違いないのだ。

（了）

あとがき

「WINGはよく売れたそうですよ」

そう筆者に語ってくれたのは、ひふみ投信を扱っているレオス・キャピタルワークスの藤野《ふじの》英人《ひでと》会長兼社長である。

藤野社長の母妙子《たえこ》さん（昭和一八年生まれ）はかつて、ワコールのセールスレディだった。

世の中に、経営者の立身出世伝は立派だが、現場の社員たちは実は疲弊していたという話をよく耳にする。ところがワコールは妙子さんにとって夢のような職場だったようで、藤野社長の表現を借りると〝いつもルンルン〟して実に楽しそうだったという。

下着は消耗品だから、リピーターをつかむことが何より重要になる。彼女はお得意先の似顔絵を紙に書き、それに情報を書き込んで暗記していった。名前を覚えてくれていればお客さんも親近感を抱き自然と足が向く。実績は上がり何度も表彰を受けるまでになった。するとますます仕事が面白くなる。

そのため〝いつもルンルン〟な毎日になったというわけだ。

「売るものがいいから自信を持ってセールスできる」

「社内研修制度が充実している」

「職場の雰囲気がいい」

「若い人が生き生きと働いている」

「おまけに社長は男前で気さくである」

妙子さんの口からは、ワコールを褒める言葉が毎日あふれるように飛び出してきた。逆に不満は一言も聞いたことがなかったという。

(そんな天国のような職場が本当にあるんだろうか?)

成長し、マルクスを少々かじった高校時代の藤野青年が、

「おかあさんはだまされてるんだ。資本家は労働者を搾取してるんだよ!」

と疑問をぶつけてみたところ、

「あなたはいつからそんなこと言うようになったの……」

と憐憫《れんびん》に満ちたまなざしを送られ、一顧だにされなかったという。

毎日こんな調子だから〝仕事は楽しいものだ〟というのが母親から学んだ仕事観だったのだが、藤野さんが実際に社会に出てみるとそうではないことが多くて戸惑うことになる。

そこで独立してからは〝仕事は楽しい〟と社員に感じさせられる経営を心がけ、投資先を選定する際も、社員が楽しそうに働いている会社であることを選定基準の一つとした。これが不思議と好パーフォーマンスにつながった。

こうしてワコールきってのセールスレディは、日本有数のファンドマネージャーを生んだ。雇用を確保し労働環境を良くし、社員の子育てを支援することは企業の最大の社会貢献に他ならないが、藤野家の例を見ると、その企業風土が子どもたちにまで好影響を及ぼしている。最高のCSR（Corporate Social Responsibility；企業の社会的責任）事例の一つとして、ワコールが誇るに足るエピソードであろう。

このように女性が生き生きと働ける職場を提供していった塚本幸一だが、彼を突き動かす原動力となったのは陰惨な戦争体験だった。かの石原慎太郎は塚本からインパールの話を聞いた時、思わずあぐらから正座に座り直したという。

苛酷で理不尽な戦争体験をした塚本は、ビジネスという名の戦争も男だけでは勝てないことにいち早く気づき、女性のために女性とともに、戦後の混乱期をがむしゃらに生きていった。

あの時代は自分の生活だけでも大変だったはずだが、亡き戦友たちの分まで生きると誓い、背負いきれない重荷を負っての人生は想像以上に苛烈なものだったはずだ。

それでも、見事ワコールを世界に冠たる下着メーカーへと成長させた彼は、

「今度はアメリカに、ビジネスとはどういうものか教えてやる！」

と咆哮する。

それはまさに、戦勝国に再び戦いを挑んでいった勇者の勝利宣言であった。

これからの日本に、もっと女性のリーダーに登場いただきたいことは論をまたない。だがそ

の前に、少なくとも生き生きと女性がやりがいを持って働ける職場が必要だ。

それを実現してみせた彼の人生の中から、何か将来に役立つヒントを見つけていただければと願いつつ本書を世に送りたい。

発刊に際しては、ワコールホールディングスの塚本能交名誉会長はじめ、多くの方のご協力をいただいた。伝説の女傑の皆さんなどワコール創業期の方々への取材は実に感動的なものであった。それを実現して下さった小松原圭司さんなど同社のIR・広報関係の皆さん、ダイヤモンド・オンライン連載時に並々ならぬお世話をいただいたダイヤモンド社、加藤企画編集事務所の皆さんには、この場をお借りして厚くお礼申し上げたい。

なお書籍化にあたってはプレジデント社の桂木栄一書籍編集部長にご尽力いただいた。心より感謝申し上げる。

本書を、令和元年一一月に九八歳でお亡くなりになった渡辺あさ野さんに捧げたい。

令和五年五月二日

北　康利

## 塚本幸一関連年譜（年齢は、その年に迎える誕生日の満年齢）

大正九年　（一九二〇）〇歳　九月一七日、父塚本粂次郎、母信の長男として宮城県仙台市花壇川前町に誕生。

大正一〇年（一九二一）一歳　一〇月二九日、妹富佐子誕生。

昭和二年　（一九二七）七歳　四月、仙台市の片平丁尋常小学校入学。

昭和三年　（一九二八）八歳　三月頃、父粂次郎とともに仙台から近江八幡へ移住。四月、滋賀県蒲生郡宇津呂村の宇津呂尋常高等小学校に転入学。

昭和五年　（一九三〇）一〇歳　この頃父粂次郎、京都平野鳥居前町に嘉納屋商店の看板を掲げる。九月、京都の翔鸞尋常高等小学校に転入学。

昭和八年　（一九三三）一三歳　四月、滋賀県立八幡商業学校入学。

昭和一一年（一九三六）一六歳　塚本家、京都市二条通東洞院に新築の家を借りる。

昭和一三年（一九三八）一八歳　三月、八幡商業学校卒業、嘉納屋商店を手伝う。

昭和一五年（一九四〇）二〇歳　一二月一日、京都伏見の歩兵連隊入営。一二月二六日、中国安徽省蕪湖に上陸し、湾沚鎮の歩兵第六〇連隊編入。

昭和一六年（一九四一）二一歳　八月一〇日、乙種幹部候補生になる。

昭和一八年（一九四三）二三歳　南方に転進。一二月、インパール作戦の先遣隊として、ビルマのシャン高原で宿舎設営と宣撫工作に従事する。

昭和二〇年（一九四五）二五歳　一月、イラワジ会戦に参戦。八月一五日、終戦をタイ・バンコク近郊の集結地バンポンで迎える。

昭和二一年（一九四六）二六歳　六月一二日、復員船で帰国、一三日、浦賀港上陸。六月一五日、京都の自宅に帰る。この日、個人商店・和江商事創業。

昭和二二年（一九四七）二七歳　二月四日、上田良枝と結婚。五月頃、クローバー印の商標を考案し、使い始める。八月、同窓会で川口郁雄と再会。一一月、平野商会と取引開始。

昭和二三年（一九四八）二八歳　一月二九日、長男能交誕生。

昭和二四年（一九四九）二九歳　一月、川口郁雄入店。四月、中村伊一入店。八月、大宝物産からブラパットを仕入れ、販売。一〇月五日、父粂次郎死去。一一月一日、和江商事を株式会社とし、代表取締役社長就任。一二月八日、長女真理誕生。

昭和二五年（一九五〇）三〇歳　二月一日、社員を前に五〇年計画を語る。二月、自然社通いが始まる。三月頃ブラジャーを製作し、S・M・Lの三サイズを売り出す。三月頃、木原光治郎と出会い、木原縫工所と専属縫製工場契約締結。

昭和二六年（一九五一）三一歳　五月一日、木原縫工所と合併し、新生和江商事発足。幸一は社長を退任し、専務に降格。木原が社長に就任。

昭和二七年（一九五二）三二歳　一月、日本橋久松町に東京出張所開設。九月、幸一は社長に復帰。木原は会長に。秋、商標をクローバーからワコールに変更。

昭和二八年（一九五三）三三歳　日本ラバブル・ブラジャー社、エクスキュージットフォーム・ブラジャー社と国内の独占販売契約締結。

昭和三一年（一九五六）三六歳　六月一五日、創業一〇周年、欧米視察旅行に出発。七月五日、次女洋子誕生。

昭和三二年（一九五七）三七歳　五月、塚本家、京都北白川に転居。一〇月一日、関西ブラジャー・コルセット・アンダーウェア協会設立、会長就任。一一月一日、ワコール株式会社に社名変更。同月二八日、京都南ロータリークラブ入会。

昭和三三年（一九五八）三八歳　九月五日、京都経済同友会入会。一二月五日、日本青年会議所（JC）入会。

昭和三五年（一九六〇）四〇歳　一〇月、ブラジャー・コルセット・アンダーウェア協会（後のブラジャー・ガードル協会）を設立し、会長就任。

昭和三七年（一九六二）四二歳　七月二三日、出光佐三の講演会聴講。七月二四日、労働組合の要求は一〇〇％受け入れると役員会で宣言。一〇月一日、相互信頼の経営を断行。

昭和三九年（一九六四）四四歳　六月一日、社名を株式会社ワコールに変更。七月、日本青年社長会（日本ＹＰＯ）入会。九月七日、ワコールが東京・大阪両証券取引所第二部、京都証券取引所に株式上場。一一月一一日、創立一五周年記念式典にて社歌、社是を発表。

昭和四〇年（一九六五）四五歳　春、松下幸之助と出会う。夏、大正生まれと昭和生まれの京都若手リーダーで勉強会（後の正和会）結成。

昭和四三年（一九六八）四八歳　四月一日、京都商工会議所議員就任。

昭和四四年（一九六九）四九歳　七月、日本青年社長会（日本ＹＰＯ）会長就任。

昭和四五年（一九七〇）五〇歳　三月一五日、日本万国博覧会に出展参加、ワコール・リッカーミシン館開館。四月一日、ブラジャー・ガードル協会が日本ボディファッション協会と改称。八月、韓国ワコール設立。一〇月、タイワコール、台湾ワコール設立。

昭和四六年（一九七一）　五一歳　一月四日、東京・大阪両証券取引所第一部に指定替え。二月、京都市長選で永末英一を応援。四月二一日、京都経済同友会代表幹事就任。七月一二日、京都下鴨に初めて借家でない自宅購入。八月一六日、初の大文字会開催（一九九七年まで）

昭和四七年（一九七二）　五二歳　四月一日、能交ワコール入社、同日、伊藤忠商事出向。

昭和四八年（一九七三）　五三歳　四月二日、日本ボディファッション協会連合会設立、会長就任。

昭和四九年（一九七四）　五四歳　一月一一日、ワコール商品の価格凍結を宣言。四月五日、京都商工会議所副会頭就任、同時に同会議所ファッション産業特別委員会委員長就任。

昭和五〇年（一九七五）　五五歳　三月二五日、京都商工会議所の「現代衣服の源流展」を推進し、開幕。一〇月、社団法人日本ビルマ文化協会（現在の一般社団法人日本ミャンマー友好協会）会長就任。

昭和五一年（一九七六）　五六歳　一〇月一二日、タイのプラテープ・スクサ・スクールを訪問し、資金援助。以後、毎年継続する。

昭和五二年（一九七七）　五七歳　一月二八日、米国証券市場にてADR発行。三月、霊山顕彰会理事長就任。七月二一日、一般社団法人日本ボディファッション（NBF）協会発足、会長就任。七月二三日、一〇年後の社長交代を宣言、能交を後任社長候補に指名。一一月二日、能交、黒田有美子と結婚。

昭和五三年（一九七八）　五八歳　四月一日、財団法人京都服飾文化研究財団（KCI）が発足、理事長就任。一一月二〇日、藍綬褒章（産業振興功労）受章。

昭和五六年（一九八一）　六一歳　六月一二日、米国ワコール設立。七月二八日、経済団体連合会評議員就任。一一月二六日、能交、常務取締役就任。一二月六日、母信死去。

昭和五七年（一九八二）　六二歳　七月、京都商工会議所ファッション産業特別委員会主催の「ライブ・今知己陳」推進。

昭和五八年（一九八三）　六三歳　四月五日、京都商工会議所第一三代会頭就任、同時に日本商工会議所副会頭就任。一二月一二日、経済企画庁経済審議会委員就任。

昭和五九年（一九八四）　六四歳　九月一日、能交、代表取締役副社長就任。九月二三日、胃潰瘍で入院（入院期間四八日間）。一〇月六日、幸一が副会長を務める博覧会協会主催の「国際伝統工芸博・京都」開催。

昭和六〇年（一九八五）　六五歳　四月一七日、ワコール・京セラ共催の「現代日本画展」パリ展開幕、以後、世界五ヵ国七会場を巡回。六月一日、国土庁国土審議会近畿圏整備特別委員会委員就任。七月、平安建都千二百年記念協会副会長就任。一〇月、地域活性化センター初代理事長就任。一一月二二日、幸一、会長兼務。

昭和六一年（一九八六）　六六歳　三月、京都府総合見本市会館理事長就任。五月、経済団体連合会評議員会副議長就任。五月二八日、京都商工会議所初の欧州経済視察団団長として渡欧。六月一五日、自著『わが青春譜――出生から創業までの記録』発刊（非売品）。

昭和六二年（一九八七）　六七歳　五月、関西経済連合会副会長就任。六月一五日、社長を退任し会長職に専念。能交、代表取締役社長就任。

平成元年（一九八九）　六九歳　四月、京阪神三商工会議所に呼びかけ、「ワールド・ファッション・フェア’89」開催。

平成二年（一九九〇）　七〇歳　一月三日、ワコールフランス設立。四月四日、日本ファッション協会副理事長就任。四月一九日、企業メセナ協議会副会長就任。一一月三日　勲二等瑞宝章受章。

平成三年（一九九一）七一歳　一月二五日、自著『私の履歴書――塚本幸一』発刊。

平成四年（一九九二）七二歳　一一月一一日、自著『乱にいて美を忘れず――ワコール創業奮戦記』発刊。

平成五年（一九九三）七三歳　四月、地域活性化センター会長就任。

平成六年（一九九四）七四歳　一月一日、平安建都千二百年記念事業が始まる。一二月三一日、京都商工会議所会頭職を稲盛和夫に引継ぎ、退任。

平成七年（一九九五）七五歳　一月一日、京都商工会議所名誉会頭就任。

平成八年（一九九六）七六歳　四月、京都市社会教育振興財団理事長就任。四月一九日、パリ市から特別功労章授与。一一月二一日、自著『貫く――「創業」の精神』発刊。

平成九年（一九九七）七七歳　二月三日、金婚式を迎える。九月二〇日、心筋梗塞の発作で倒れる。

平成一〇年（一九九八）四月一〇日、フランスのレジオン・ド・ヌール（オフィシエ）勲章受章。六月一〇日午後〇時一七分、塚本幸一死去（享年七七）。法名「和江照院釋幸貫」。六月一九日、京都府特別功労賞受賞。六月三〇日、正四位叙位。七月一三日、京都商工会議所とワコールの合同葬「故塚本幸一さんとのお別れ会」が開かれる。八月、毎日ファッション大賞特別賞受賞。

## 参考文献

『私の履歴書――塚本幸一』塚本幸一著　日本経済新聞社
『塚本幸一――わが青春譜』塚本幸一著　日本図書センター
『ワコール三十年のあゆみ』ワコール編
『ワコール50年史』ワコール編
『ワコールの基本精神』ワコール編
『夢の行方――塚本幸一とワコールの戦後』塩澤幸登著　マガジンハウス
『貫く――「創業」の精神』塚本幸一著　日本経済新聞社
『県史25　滋賀県の歴史』畑中誠治ほか編　山川出版社
『街道の日本史31　近江・若狭と湖の道』藤井譲治編　吉川弘文館
『思い出の記――喜寿を迎えて』塚本信著　自費出版
『ワコールうらばなし』創立二〇周年記念『知己』特別号　ワコール編
『ザ・メッセージ　今　蘇る日本のＤＮＡ――塚本幸一　ワコール』（ＤＶＤ）日経ベンチャー編　日経ＢＰ社
『乱にいて美を忘れず――ワコール創業奮戦記』塚本幸一著　東京新聞出版局
『ワコールの挑戦――創業者塚本幸一の軌跡』高橋美幸・根本哲也著　ビジネス社
『女性を創造する――ワコール物語』立石泰則著　講談社文庫
『稲盛和夫のガキの自叙伝』稲盛和夫著　日経ビジネス人文庫
『塚本幸一追想録』ワコール編
『私の経営信念　その源流の記録』塚本幸一著　ワコール社長室

『努力前途三十年』塚本幸一著　ワコール
『へぼ和歌集』塚本信著　自費出版
『ワコール式経営――塚本幸一氏講演録』東海銀行編　東海銀行経営相談所
「あの伊東絹子さんが年下のエリート官僚と秘密結婚していた！」『ヤングレディ』昭和四四年二月一〇日号　講談社
『日本洋装下着の歴史　L'histoire des dessous féminins au japon』日本ボディファッション協会編　文化出版局
『生活文化史4――下着の革命と女性解放』（日本生活文化史学会編）雄山閣出版
『パンツが見える。――羞恥心の現代史』井上章一著　朝日新聞社
『私を支えた人生の座右書』扇谷正造監修　大和出版
『東京人』平成二年一月号　都市出版
『戦後70年――にっぽんの記憶』読売新聞取材班著　中央公論新社
『近江商人の経営』小倉榮一郎著　サンブライト出版
『人生幾春秋』中村伊一著　京都新聞社
「『生かされている』の思いとともに五〇年」塚本幸一語録『プレジデント別冊――仏教のチカラ』平成二三年八月一六日号
プレジデント社
『財界人文芸誌　ほほづゑ』三好企画
『幻の三中井百貨店――朝鮮を席巻した近江商人・百貨店王の興亡』林廣茂著　晩聲社
『「できません」と云うな――オムロン創業者、立石一真』湯谷昇羊著　新潮文庫
「パンティの㊙教えます／塚本幸一」『大宅壮一全集』第十五巻　蒼洋社
『太平洋戦争　最後の証言』門田隆将著　小学館
『四人のサムライ――太平洋戦争を戦った悲劇の将軍たち』アーサー・スウィンソン著　早川書房
「『税務署』の誕生」『税大ジャーナル』二〇一二年一一月号　税務大学校租税史料室研究調査員 今村千文著

『聞き書　野中広務回顧録』御厨貴・牧原出編　岩波書店
「京都における教育の退廃」石井一朝著『経済往来』昭和四五年四月号　経済往来社
「経営の系譜　会話を交わさぬ父から受け継いだ『相互信頼』の教え」『日経トップリーダー』平成二二年七月号　日経BP
「子息ら演出の金婚式に照れたワコール・塚本幸一　良枝夫妻の『戦いすんで……』」『DECIDE』平成八年八月号　サバイバル出版
『値段の明治・大正・昭和風俗史　上』週刊朝日編　朝日新聞社（現・朝日新聞出版）

本書は、ダイヤモンド社の「ダイヤモンド・オンライン」に二〇一六年四月一三日から二〇一七年四月一九日まで五三回にわたり連載配信された「ブラジャーで天下を取った男　ワコール創業者・塚本幸一」を改題し、大幅に加筆・修正したものです。

著者略歴
北 康利
（きた やすとし）

昭和35年12月24日、愛知県名古屋市生まれ。富士銀行入行。資産証券化の専門家として富士証券投資戦略部長、みずほ証券財務開発部長等を歴任。平成20年6月末にみずほ証券退職、本格的に作家活動に入る。

著書に『白洲次郎 占領を背負った男』（第14回山本七平賞受賞）『福沢諭吉 国を支えて国を頼らず』『吉田茂 ポピュリズムに背を向けて』（以上講談社）、『松下幸之助 経営の神様とよばれた男』『小林一三 時代の十歩先が見えた男』『稲盛和夫伝 利他の心を永久《とわ》に』（以上PHP研究所）、『陰徳を積む 銀行王・安田善次郎伝』（新潮社）、『胆斗の人 太田垣士郎 黒四《クロヨン》で龍になった男』（文藝春秋）、『乃公出でずんば 渋沢栄一伝』（KADOKAWA）、『本多静六 若者よ、人生に投資せよ』（実業之日本社）などがある。

装幀
間村俊一

ブラジャーで天下をとった男
ワコール創業者　塚本幸一

2023年6月2日　第1刷発行

著　者　北 康利
発行人　鈴木勝彦
発行所　株式会社プレジデント社
〒102-8641　東京都千代田区平河町2-16-1
平河町森タワー13階
https://president.co.jp/　https://presidentstore.jp/
電話　編集：03-3237-3732
販売：03-3237-3731

編集　桂木栄一
制作　小池 哉
販売　髙橋 徹、川井田美景、森田 巌、末吉秀樹

印刷・製本　ダイヤモンド・グラフィック社

 ISBN 978-4-8334-2502-5 Printed in Japan